Andrea Hausmann

Theater-Marketing

Forum *Marketing & Management*

PROBLEME • KONZEPTE • LÖSUNGEN

Herausgegeben von

Karlheinz Wöhler, Lüneburg

Claudia Fantapié Altobelli, Hamburg

Cornelia Zanger, Chemnitz

Bd. 7: A. Hausmann, Theater-Management

FORUM Marketing & Management ist konzipiert für Lehrende und Studierende an Hochschulen, insbesondere jedoch für die anwendungsorientierte Fortbildung in der Praxis. Die Bände wenden sich an alle, die

- auf der Basis des jeweiligen Forschungs- und Diskussionsstandes ihr spezifisches Marketing-/Managementproblem analysiert haben wollen,

- vor dem Hintergrund strategischer Setzungen bzw. Ziele mögliche Marketingmaßnahmen als ihre Problemlösungen kennenlernen wollen,

- die Durchsetzung von Marketingkonzeptionen beispielhaft demonstriert sehen wollen

Theater-Management

Grundlagen, Methoden und Praxisbeispiele

von Andrea Hausmann

mit 33 Abbildungen und 14 Tabellen

Lucius & Lucius · Stuttgart

Anschrift der Autorin:

Prof. Dr. Andrea Hausmann
Europa-Universität Viadrina Frankfurt (Oder)
Juniorprofessur für Kulturmanagement
Große Scharrnstr. 59
15230 Frankfurt (Oder)

Bibliografische Information der Deutschen Bibliothek

Die Deutsche Bibliothek verzeichnet diese Publikation in der Deutschen National-
bibliografie; detaillierte bibliografische Daten sind im Internet über http://dnb.ddb.de ab-
rufbar

ISBN 3-8282-0324-8

© Lucius & Lucius Verlagsgesellschaft mbH Stuttgart 2005
   Gerokstr. 51, D-70184 Stuttgart
   www.luciusverlag.com

Druck und Einband: Druckhaus »Thomas Müntzer«, Bad Langensalza

Printed in Germany

Vorwort

Wenngleich die Übertragbarkeit des Marketing auf Kultureinrichtungen in der Forschung seit längerem schon als nicht mehr umstritten gilt und sich der Einsatz dieses Konzepts vor allem auch in der Praxis des Museums- und Ausstellungsbereichs bereits hinreichend bewährt hat, ist Marketing ein in vielen Theatern noch immer mit großen Vorbehalten besetzter Begriff. Die Aussicht auf die Vermarktung kultureller Dienstleistungen und Produkte weckt die Befürchtung, dass hierdurch den (häufig genug gar nicht genau bekannten) Publikumsbedürfnissen beliebig Rechnung getragen werden soll. In vielen Häusern wird das Marketing daher nach wie vor sehr skeptisch beurteilt: Seine Anwendung gilt als weitgehend unvereinbar mit den klassischen Aufgabenfeldern und Funktionen von Theatern, und es wird eine Kommerzialisierung und Nivellierung der Theaterarbeit befürchtet. Oft genug wird darüber hinaus der Wirkungskreis des Marketing auf einzelne Instrumente wie Werbung oder Marktforschung begrenzt und das Konzept in seiner strategischen Bedeutung gar nicht erkannt.

Eine solch enge, ablehnende Sichtweise verstellt jedoch den Blick auf die Potenziale, die das Marketing für Kultureinrichtungen im Allgemeinen und für Theater im Speziellen bereithält. Diese werden sich allerdings nur dann entfalten können, wenn die Methodik des Marketing im Theaterbereich unter Berücksichtigung seiner besonderen Rahmenbedingungen eingeführt wird. Das vorliegende Buch berücksichtigt diese Spezifika und stellt das Marketing in seiner gesamten Bandbreite an Möglichkeiten für Theater dar. Zahlreiche aktuelle Beispiele aus der Theaterpraxis illustrieren dabei die theoretischen Ausführungen und geben wichtige Anhaltspunkte dahingehend, welche Wege von den Theatern zukünftig beschritten werden können.

Bei der Erstellung des vorliegenden Buches konnte ich auf die tatkräftige Unterstützung durch meinen Vater und Frau Dipl.-Kff. Alexandra Duda zählen, die mit wertvollen Anregungen und einer sorgfältige Redigierung des Manuskripts zu seinem Gelingen beigetragen haben. Schließlich möchte ich mich bei Herrn Dr. Wulf von Lucius für seine Geduld bis zur endgültigen Fertigstellung des Manuskripts und die reibungslose Zusammenarbeit bei der Drucklegung des Buches bedanken.

Frankfurt (Oder), im Oktober 2005   Andrea Hausmann

Inhaltsverzeichnis

Abbildungsverzeichnis

Tabellenverzeichnis

1. Einführung

1.1. Zur Situation der deutschen Theaterlandschaft

Die von öffentlichen Einrichtungen geprägte Theaterlandschaft in Deutschland weist (noch) eine weltweit einzigartige Dichte auf. Gleichwohl befindet sie sich im Umbruch. Aufgrund der Sparzwänge der öffentlichen Haushalte und vor dem Hintergrund der in diesem Zusammenhang geführten Legitimitätsdiskussion sind Fusionen oder Schließungen von Sparten und gesamten Einrichtungen kein Tabu mehr; vor allem auch an kleineren Theatern in den ostdeutschen Bundesländern wurde der Spielbetrieb mit eigenen Ensembles eingestellt, wurden Sparten aufgelöst und Theater fusioniert. In etlichen Theatern werden frei werdende Arbeitsplätze nicht wieder besetzt und Stellen abgebaut. Mitunter weigern sich spargeplagte Intendanten, wie etwa der Generalintendant des Saarländischen Staatstheaters im Frühjahr 2005, unter Berufung auf ihre künstlerische Freiheit und ihren Qualitätsanspruch, die zum Teil dramatischen Sparauflagen umzusetzen (vgl. Wagner 2004, S. 21; Duda 2005, S. 40).

Bei der Krise des Theaters handelt es sich jedoch keineswegs nur um ein konjunkturelles Phänomen; es haben sich vielmehr die externen Rahmenbedingungen für die Theaterarbeit strukturell verschoben: Auf Zuschusskürzungen, den Rückzug der öffentlichen Hand aus zwar staatlichen, aber letztlich freiwilligen Aufgabenfeldern, auf Kostensteigerungen und den zunehmenden Wettbewerb um Besucher aufgrund anderer Freizeit- und Kulturangebote müssen die Häuser mit nachhaltig tragfähigen Veränderungen reagieren. Inzwischen ist es offenkundig, dass es sich bei der prekären finanziellen Situation der Haushalte der Kommunen und Länder nicht allein um die Auswirkungen einer schwachen Konjunktur oder die Abwälzung staatlicher Aufgaben auf die Ebene der Kommunen, sondern um eine strukturelle Krise des deutschen wohlfahrtsstaatlichen Systems und eine Überforderung des Staates mit immer stärker gestiegenen Ansprüchen handelt (vgl. Wagner 2004, S. 21).

Theater – häufig die prominenteste, teuerste und umstrittenste Institution einer Kommune zugleich – sind komplexe Apparate. Sie sind einerseits Hort der schönen Künste und andererseits Betriebe, in denen Produktionsfaktoren zu Leistungsbündeln kombiniert und auf Märkten angeboten werden. In letzterer Eigenschaft sind sie genuines Untersuchungsobjekt der Betriebswirtschaftslehre. Das heißt: Theater müssen immer auch unter ökonomischen Gesichtspunkten betrachtet und bewertet werden (vgl. Duda 2005, S. 40). In diesem Kontext werden nachstehend einige Kennzahlen aus der jüngsten Veröffentlichung des

Deutschen Bühnenvereins (vgl. Deutscher Bühnenverein 2004) vorgestellt, welche die Leistungen und den Ressourcenverbrauch der öffentlichen Theater in Deutschland in der Spielzeit 2002/2003 illustrieren
(vgl. Tab. 1).

Tab. 1: Kennzahlen der Theaterstatistik 2002/2003

Öffentliche Theaterbetriebe	150
Eigene Veranstaltungen am Standort	65.000
Besucher	19,9 Mio.
Ständig beschäftigtes Personal	40.000
Betriebsausgaben	2,5 Mrd. EUR
Betriebseinnahmen	400 Mio. EUR
Betriebszuschuss (je Besucher)	2 Mrd. EUR (95 EUR)
Einspielergebnis	16%

Aus der Statistik wird ersichtlich, dass von den 150 öffentlichen Thea-
terbetrieben in der Spielzeit 2002/2003 rund 65.000 Veranstaltungen
(Opern, Ballette, Operetten, Musicals, Schauspiele etc.) am eigenen
Standort durchgeführt wurden und knapp 20 Millionen Menschen diese
Veranstaltungen besucht haben. Die Häuser beschäftigten in dieser
Spielzeit rund 40.000 feste Mitarbeiter und wurden mit über 2 Milliarden Euro öffentlicher Gelder unterstützt – den Großteil davon tragen
die Kommunen, die in den letzten Jahren allerdings zum Teil drastische
Etatkürzungen vorgenommen haben. Die Betriebsausgaben, die zu
74% auf Personalkosten entfallen, lagen bei rund 2,5 Milliarden Euro,
die Betriebseinnahmen der Theater betrugen in der betrachteten Spielzeit knapp 400 Millionen Euro. Der Betriebszuschuss lag bei 95 EUR je
Besucher, die Betriebseinnahmen der Theater in Prozent der Betriebsausgaben betrugen rund 16%, die durchschnittliche Ausnutzung
der Platzkapazität in der Spielzeit 2002/2003, das heißt die Zahl der
Besucher in Prozent des Platzangebots, lag für die Veranstaltungsarten
Oper, Ballett und Schauspiel bei rund 70%.

Aus diesen Zahlen wird die hohe Abhängigkeit des Theaterbetriebs von
den Zuschüssen der öffentlichen Hand deutlich; gleichzeitig wird offenkundig, wie gering der Anteil an eigenen Einnahmen am Gesamtetat
der Theater ist (dabei setzen sich die Eigeneinnahmen überwiegend aus
dem Verkauf von Tageskarten zusammen, Einnahmen aus wirtschaftlicher Tätigkeit und Fundraising spielen dagegen noch eine untergeordnete Rolle). Darüber hinaus zeigt ein Vergleich mit den Besuchszahlen
in den vergangenen Jahren, dass der Publikumszuspruch tendenziell
rückläufig ist (die Veränderung der Besuchzahlen gegenüber der Spielzeit 1997/1998 beträgt zum Beispiel –4%). Dabei trifft dieser Besu-
cherverlust in erster Linie die Bereiche Oper, Operette und Schauspiel
und damit die teuren und repräsentativen Sparten (vgl. Wagner 2004, S.

29f.; Klein 2004, S. 127ff.). Diese wenig erfreuliche Entwicklung würde bei altersspezifischer Untergliederung noch drastischer ausfallen: Ein dringliches Problem auf der Nachfrageseite liegt für die Theater darin, dass vor allem junge Menschen nicht (mehr) erreicht werden – die Überalterung des Publikums ist dabei nicht nur ein legitimatorisches Problem, sondern kann in absehbarer Zeit auch existenziell bedeutsam werden (vgl. Sievers 2005, S. 32).

Angesichts dieser Entwicklungen ist es unerlässlich, sich mit dem Marketing einem Konzept zuzuwenden, das sich in der Privatwirtschaft seit langem bewährt hat, und dessen Einsatz zum Beispiel im öffentlichen Museumsbereich bereits zu beachtenswerten Erfolgen geführt hat. Dreh- und Angelpunkt im Denken und Handeln des Marketing ist das Herstellen von langfristigen Austauschbeziehungen und der richtige Umgang mit den verschiedenen Interessengruppen. Genau dieser Ansatz kann auch den öffentlichen Theatern eine Hilfestellung bei der Lösung der oben skizzierten und einer Vielzahl weiterer Problemstellungen geben. In den nachfolgenden Kapiteln wird deutlich werden, dass Marketing weit mehr ist als die isolierte Anwendung einzelner Instrumente wie Werbung oder Besucherforschung, und dass seine Umsetzung keineswegs das Ende aller künstlerischen Freiheit bedeutet. Ziel wird es sein, die gesamte Bandbreite an Möglichkeiten des Marketing für Theater darzustellen.

Trägerschaft der öffentlichen Hand

Im Mittelpunkt der nachfolgenden Ausführungen stehen die öffentlichen Theater, das heißt jene Häuser, deren rechtliche und wirtschaftliche Träger Länder, Gemeinden oder Gemeindeverbände sind, gleich ob sie in eigener Regie oder in privater Rechtsform betrieben werden (vgl. Deutscher Bühnenverein 2004, S. 9). Aus Tabelle 2 wird deutlich, dass die Mehrzahl der öffentlichen Theater in kommunaler Trägerschaft steht.

Tab. 2: Rechtsträger öffentlicher Theater (Spielzeit 2002/2003)

Rechtsträger	Anzahl
Land	29
Gemeinde	77
Mehrträgerschaft	44
Summe	**150**

Kategorien

Im Hinblick auf die verschiedenen Trägerschaften der öffentlichen Hand lassen sich die Häuser in folgende Kategorien einteilen (der Fokus liegt hierbei auf stehenden Theatern und Landesbühnen mit eigenem Ensemble):

- Staatstheater, die aus den früheren Hof- und Residenztheatern hervorgegangen sind und heute in der alleinigen Rechtsträgerschaft des jeweiligen Bundeslandes stehen.

- Stadttheater, die auf die bürgerlichen Bühnen des 18. Jahrhunderts zurückgehen und von den jeweiligen Kommunen getragen werden.

- Landestheater (Wanderbühnen), die von dem jeweiligen Bundesland getragen werden, über ein festes Ensemble verfügen und deren Aufgabe darin besteht, in Kommunen zu spielen, die sich kein eigenes Theater leisten, aber einen Spielort zur Verfügung stellen können.

- Städtebundtheater, die gemeinsam getragen werden von Kommunen, die jeweils allein kein Theater finanzieren könnten.

Die weiteren Ausführungen gehen damit nicht explizit auf Häuser in privater Trägerschaft ein, die in der Regel keine oder nur geringe öffentliche Zuschüsse erhalten, kommerziell ausgerichtet sind und zum Beispiel auch im Rahmen ihrer Produkt- und Leistungspolitik ganz andere Ziele verfolgen (müssen). Viele der im Folgenden gewonnenen Erkenntnisse werden aber auch auf diese Theater übertragbar sein.

1.2. Charakteristische Merkmale öffentlicher Theater

Spielbetrieb

Ein wichtiger Parameter für das Theatermarketing ist die Art des Spielbetriebs eines Theaters (vgl. Wahl-Zieger 1978, S. 93; Beutling 1983, S. 14; Hilger 1985, S. 16); hierbei kann unterschieden werden zwischen Repertoire-, Stagione- oder Semistagionesystem. Im Folgenden werden die Varianten in ihren Grundzügen skizziert; im Vordergrund steht dabei die Perspektive des Marketing (zu anderen Aspekten wie zum Beispiel Kosten und Wirtschaftlichkeit vgl. Schneidewind 2000, S. 56; Röper 2001, S. 418ff.).

Repertoire-System

Theater mit Repertoiresystem verfügen über ein festes Ensemble und sind in der Regel Mehrspartenbetriebe, das heißt es werden zwei oder drei künstlerische Grundgattungen – Sprechtheater (Schauspiel), Tanztheater (Ballett) und Musiktheater (Oper, Operette und Musical) – sowie gegebenenfalls zusätzlich noch ein Kinder- und Jugendtheater angeboten. Repertoirebetriebe bieten ihrem (heterogenen) Publikum eine abwechslungsreiche Palette an Aufführungen an, der Spielplan setzt sich dabei aus Neuinszenierungen und Wiederaufnahmen zusammen. Anders als im Stagionesystem können besonders erfolgreiche Produktionen in einer oder mehreren Spielzeiten eine hohe Anzahl von Vorstellungen erreichen, ohne dass dadurch das Theater auf Wochen mit dem gleichen Programm blockiert sein muss (vgl. Röper 2001, S. 419). Durch die kontinuierliche Verfügbarkeit von Stücken ist es zum einen möglich, einen täglichen Spielplanwechsel vorzunehmen, zum anderen kann das Theater mit möglichst wenigen oder sogar ohne Schließzeiten zwischen den wechselnden Aufführungen betrieben werden. Aus der Sicht des Theatermarketing verfügt ein solcher Spielbetrieb des weiteren über den Vorteil, dass ein ausdifferenziertes Abonnementsystem eingerichtet werden kann.

Theater mit Stagione-System (im Schauspielbereich als En Suite-System bezeichnet) erarbeiten ein Stück, das ab der Premiere über einen längeren Zeitraum hinweg aufgeführt wird; um den beteiligten Künstlern Ruhephasen zu ermöglichen, sind regelmäßige Schließtage erforderlich. Im Anschluss an die Absetzung einer Produktion erfolgt eine längere Schließphase, in der ein neues Stück geprobt und zur Aufführung vorbereitet wird – Theater mit Stagionebetrieb spielen deshalb in der Regel erheblich weniger Vorstellungen je Spielzeit und bieten dem Publikum damit ein deutlich geringeres Angebot als die Repertoirebühnen (vgl. Röper 2001, S. 420). Die bereits abgespielten Produktionen werden im Gegensatz zum Repertoiresystem nicht noch einmal in der laufenden Spielzeit aufgeführt; eine Wiederaufnahme in der nächsten Spielzeit ist möglich. Aufgrund der Tatsache, dass die jeweilige Aufführung nur für eine begrenzte Zeit auf dem Spielplan steht, liegt eine wesentliche Herausforderung für das Marketing darin, das Publikum innerhalb kurzer Zeit in das Theater zu holen beziehungsweise für ein Stück zu interessieren – jede neue Produktion muss unmittelbar ihre Besucher finden. Da ein Publikumsflop im Rahmen dieses Spielbetriebs besonders spürbare (finanzielle) Folgen hat, bleibt die Risikofreude bei der Gestaltung des Spielplans entsprechend gedämpft. Das Stagionesystem findet sich in Deutschland vor allem bei privaten Boulevardtheatern und Musicals (vgl. Heinrichs/Klein 2001, S. 90; Röper 2001, S. 421; Salzbrenner 2004, S. 192). **Stagione-System**

Theater mit einem sogenannten Semistagione- oder En Bloc-System verfügen über eine Mischform aus Repertoire- und Stagionesystem: In diesem Spielbetrieb werden mehrere Produktionen zu einem Block zusammengefasst und dann im Wechsel aufgeführt. Der Spielplan ist in der Regel so aufgebaut, dass die Stücke eine Spieldauer von bis zu drei Wochen haben („Serien"), wobei die einzelnen Produktionen nicht täglich gespielt werden. Die sich hierdurch ergebenden Lücken im Programm führen jedoch nicht zu Schließtagen, sondern sie werden für andere (eigene oder eingekaufte) Produktionen genutzt, die entweder ebenfalls in Serie oder auch als Einzelvorstellungen gespielt werden (vgl. Röper 2001, S. 421ff.). Ähnlich wie beim Stagione-System ist es bei dieser Form des Spielbetriebs wesentliche Aufgabe des Marketing, durch Werbung, Öffentlichkeitsarbeit und andere kommunikationspolitische Instrumente die Theaterleistungen innerhalb einer relativ kurzen Zeit dem Publikum bekannt zu machen. Durch die Möglichkeit, ver- **En Bloc-System** schiedene Serien rollierend zu einem abwechslungsreichen Spielplan zusammenstellen zu können, ist jedoch gegenüber dem Stagionebetrieb ein differenzierteres (und risikofreudigeres) Vorstellungsprogramm mit entsprechenden Möglichkeiten zur Ansprache unterschiedlicher Besuchersegmente realisierbar.

Trotz der seit Jahren kontroversen Diskussion um seine Zweckhaftigkeit gilt das historisch gewachsene Repertoire- und Ensembletheater noch vielfach als eine Errungenschaft von besonderer Qualität, die es trotz der damit verbundenen Probleme vor allem im Bereich der Bühnendienste (tägliche Neueinrichtung der Bühne, Rotation der Ausstattungen unterschiedlicher Produktionen zwischen Bühne und Magazin etc.) zu schützen gilt: „Nur ein Repertoire-Theater garantiert die Vielfalt der Häuser in Deutschland, die Variationsbreite der Spielpläne, die Vielzahl der Neuinszenierungen und letztlich auch den Publikumserfolg" (Nevermann 2004, S. 199). Dennoch sind in den letzten Jahren immer mehr Häuser dazu übergegangen, zumindest für einzelne Produktionen das Repertoireprinzip zu durchbrechen und diese in (Kurz-) Serie anzubieten.

Rechts- und Betriebsformen

Ein weiteres Datum für das Theatermarketing ist die Rechts- und Betriebsform eines Hauses: Sie regelt das Verhältnis zwischen Träger und Einrichtung und entscheidet über den Grad der Einfluss- und Kontrollmöglichkeiten von Seiten des Trägers. Die Wahl der Rechts- und Betriebsform und der daraus resultierende Freiraum für Gestaltungsmöglichkeiten im Bereich betriebswirtschaftlich orientierter Steuerung hängen im Theaterbereich grundsätzlich eng zusammen und betreffen auch die Aktivitäten des Marketing. Folgende Rechts- und Betriebsformen lassen sich unterscheiden:

- öffentlich-rechtliche (Regiebetrieb, Eigenbetrieb, Zweckverband, Anstalt des öffentlichen Rechts, Stiftung des öffentlichen Rechts)

sowie

- privatrechtliche (Gesellschaft mit beschränkter Haftung, Aktiengesellschaft, eingetragener Verein, Gesellschaft bürgerlichen Rechts, eingetragener Verein, privatrechtliche Stiftung).

Nachfolgend werden die beiden in der Praxis von Theatern dominierenden Betriebs- und Rechtsformen – Regiebetrieb und Gesellschaft mit beschränkter Haftung – in ihren Grundzügen insoweit skizziert, als es von Bedeutung für das Theatermarketing ist (vgl. zu anderen Aspekten Küppers/Konietzka 2004, S. 200ff.). Aus Tabelle 3 wird die Verbreitung der verschiedenen Optionen im Theaterbereich deutlich (vgl. Deutscher Bühnenverein 2004, S. 178).

Tab. 3: Rechts- und Betriebsformen öffentlicher Theater (Spielzeit 2002/2003)

Rechts- und Betriebsform	Anzahl
Regiebetrieb	65
Aktiengesellschaft, Gesellschaft mit beschränkter Haftung	43
eingetragener Verein	8
Zweckverband	8
Sonstige (Eigenbetrieb, öffentlich-rechtliche Anstalt, Gesellschaft bürgerlichen Rechts)	26
Summe	**150**

Die meisten öffentlichen Theater werden derzeit noch als Regiebetriebe **Regiebetrieb** geführt. Regiebetriebe sind organisatorisch, wirtschaftlich und rechtlich unselbständig: Sie sind in die kommunale Verwaltung als Amt oder Abteilung eines Amtes eingebunden und Teil einer öffentlichen Behörde. Der Finanzplan des als Regiebetrieb geführten Theaters ist in den Haushaltsplan der jeweiligen Gemeinde eingebunden; er orientiert sich damit nicht an der Spielzeit des Theaters, sondern an dem Wirtschaftsjahr der Kommune. Das Rechnungswesen erfolgt in der Regel nach den Grundsätzen der Kameralistik; beim optimierten Regiebetrieb wird die kaufmännische Buchführung eingesetzt. Zentrale Querschnittsaufgaben, zum Beispiel in der Verwaltung, werden von der Kommune wahrgenommen (vgl. Röckrath 1994, S. 2ff.; Meyer 1995, S. 11f.).

Aus der Perspektive des Theatermarketing ist vor allem von Relevanz, dass Regiebetriebe aufgrund ihrer Eingliederung in die Verwaltung des Trägers meist bürokratisch und mitunter wenig effizient arbeiten. Der Erfolg des operativen Marketing hängt jedoch auch von kurzen Informations- beziehungsweise Kommunikationswegen und schnellen Entscheidungen ab. Darüber hinaus fehlen in Regiebetrieben mit kameralistischer Wirtschaftsführung Anreize zur Erhöhung von Eigeneinnahmen oder Einwerbung von Drittmitteln (vgl. Kapitel 4) – damit aber mangelt es häufig an einer professionellen Strategie für den Umgang mit privaten Financiers, die zum Beispiel auch bereit sind, innovative Marketingprojekte zu unterstützen.

Als Ergebnis der Diskussion in den letzten Jahren über die Notwendig- **GmbH** keit administrativer Veränderungen an den öffentlichen Theatern und die mit einem Wechsel vom Regiebetrieb zu alternativen Rechts- und Betriebsformen verbundenen Möglichkeiten zu weitreichenden Strukturverbesserungen (mehr Flexibilität in der Personalwirtschaft, höhere Wirtschaftlichkeit durch mehr Eigenverantwortung etc.) sind etliche

Theater in die Rechtsform der Gesellschaft mit beschränkter Haftung (GmbH) überführt worden. Diese Rechtsform bietet unter anderem den Vorteil, dass das Theater nicht in die öffentliche Verwaltung eingebunden ist, sondern in personalwirtschaftlichen, finanziellen und organisatorischen Fragen eigenverantwortlich handeln kann (soweit dies nicht durch den Gesellschaftsvertrag eingeschränkt wird). Die GmbH ist eine selbständige juristische Person; ihre verantwortlichen Organe sind die Gesellschafterversammlung, die (künstlerische und kaufmännische) Geschäftsführung und der Aufsichtsrat.

Aus Sicht des Marketing ist von Interesse, dass mit der (unechten) Privatisierung des Theaters ein größerer Anreiz zu wirtschaftlichem Handeln verbunden ist: Die volle Verantwortlichkeit für das Budget, die Übertragbarkeit der Mittel, die gegenseitige Deckungsfähigkeit von Einnahme- und Ausgabepositionen sind neben anderen Aspekten auch ein Ansporn für die Umsetzung entsprechender Marketingaktivitäten. Ein Theater in der Rechtsform der GmbH kann seine Eigeneinnahmen im Rahmen privatwirtschaftlicher Aktivitäten steigern und diese Einnahmen (anders als bei der kameralistischen Haushaltsführung) auch behalten: Damit „lohnt" es sich zum Beispiel, Drittmittel zu akquirieren, Mäzene und Freundeskreise zu aktivieren, Sponsoren unter Vertrag zu nehmen und Räume zu vermieten (vgl. Küppers/Konietzka 2004, S. 202ff.; Nevermann 2004, S. 196ff.).

Eine generelle Aussage darüber, welche Rechts- und Betriebsform für ein Theater geeignet ist, kann allerdings nicht getroffen werden: Es gibt erfolgreiche Regiebetriebe und GmbH-Theater, die weniger erfolgreich sind. In jedem Fall muss davor gewarnt werden, in der (unechten) Privatisierung von Theatern ein Allheilmittel zu sehen – wesentlich ist vielmehr ein umfassender Entscheidungsprozess, in dem alle relevanten Auswahlkriterien sorgfältig abgewogen werden (vgl. Meyer 1995, S. 2ff.; Küppers/Konietzka 2004, S. 200ff.).

Funktionen Einen weiteren wichtigen Parameter des Marketing stellen naturgemäß die vielfältigen Funktionen der Theater dar – dabei ist es unbedingtes Ziel des Theatermarketing, die Umsetzung dieser Funktionen zu fördern: Denn erst dann, wenn die Zuschauer ihren Weg in die Säle finden, kann das Theater wirken (vgl. Kapitel 2). Aufgrund der Erfahrungen mit der Usurpation von Kunst und Kultur durch die Nationalsozialisten wurde die Freiheit künstlerischer Betätigung im Grundgesetz gesetzlich festgelegt: „Kunst und Wissenschaft, Forschung und Lehre sind frei" (Art. 5 Abs. 3 GG). Hieraus ergibt sich allerdings immer wieder die Schwierigkeit, dass allenthalben von den kultur- beziehungsweise gesellschaftspolitischen Funktionen der Theater gesprochen wird, eine substanzielle Konkretisierung, die den Häusern auch als Orientierungshilfe dienen könnte, jedoch oftmals ausbleibt. Als eine weitere Problematik bei der Spezifizierung der

Funktionen von Theatern ist zudem zu nennen, dass Träger, Theaterschaffende, Publikum und allgemeine Öffentlichkeit über zum Teil sehr unterschiedliche Sichtweisen und Erwartungen verfügen. Allerdings dürfte über alle Interessengruppen hinweg weitgehend Konsens darüber herrschen, dass das Theater ein Ort der künstlerischen Auseinandersetzung mit der Wirklichkeit, mit ihren Werten, Orientierungen und Strömungen ist (vgl. Heinze1990, S. 31ff.): „Nur im Theater können sich Expeditionen in die geheimnisvollen Bezirke unserer Existenz ereignen, ohne die sich keine Gesellschaft dynamisch und aufrecht erhalten kann. Im Theater kann man einer Realität als experimenteller Setzung auf der Bühne zuschauen und dabei auch noch sich selbst beobachten und an sich selbst beobachten, wie einen das Gezeigte bewegt, berührt, verstört und beglückt. So fremd die dramatischen Figuren zuerst einziehen in unser kollektives Gedächtnis, so nahe kommen sie uns bald als Spießgesellen unserer geheimen Träume. Sie kommen uns nahe als Kartographen unbekannter Seelenregionen, als entlarvtes Über-Ich wie als Projektionsflächen für schillernd ausgemalte Perspektiven. Sie packen uns und krempeln uns um im besten Sinn" (Weiss 1994, S. 9).

Neben dieser Funktion als moralischer Anstalt, die Vertrautes in Frage stellt, Fragwürdiges vertraut macht und wie ein sensibler Seismograph auf gesellschaftliche Veränderungen und Entwicklungen reagiert, ist das Theater in seiner über zweitausendjährigen Geschichte immer auch ein Ort der Unterhaltung, der Begegnung und der Kommunikation gewesen: „Theater und Musik zielen auf Anwesenheit des Publikums, auf Präsenz, auf gemeinsame Erfahrung von Gegenwart. Kein Bildschirm, keine Leinwand, kann die direkte Kommunikation zwischen Künstlern auf der Bühne und Zuschauern ersetzen. Dass Menschen im Theater anderen Menschen etwas vorspielen, macht den besonderen Reiz aus. Das Theater ist und bleibt ein Unternehmen, das – wie Bertolt Brecht einmal gesagt hat – Abendunterhaltung verkauft, also auch Freude machen soll" (Arbeitsgruppe „Zukunft von Theater und Oper in Deutschland" 2004, S. 344).

Aber auch die ökonomische Funktion von Theatern als Wirtschafts- und Standortfaktor wird im Zuge der Legitimitätsdiskussionen immer wieder in die Waagschale geworfen und soll deswegen hier kurz angerissen werden: Theater prägen das kulturelle Angebot einer Stadt oder Region, sie tragen zur Attraktivität eines Standortes bei, erhöhen die Lebensqualität, sorgen als Arbeitgeber und Nachfrager nach Vorleistungen für die Entstehung von Einkommen und bedienen das prosperierende Marktsegment des Kulturtourismus mit attraktiven Angebotselementen. Allerdings hat sich in verschiedenen empirischen Studien der letzten Jahre auch gezeigt, dass die Bedeutung öffentlicher Theater als positiver Standortfaktor (vor allem auch in der Relation zur erforderlichen Bezuschussung durch den Rechtsträger) nicht überschätzt werden darf – erst mit einem Kulturangebot von überregionaler Bedeutung können das Image und die Attraktivität eines Standorts wirksam beeinflusst werden (vgl. Fuchs 1988, 52f.; Heinrichs/Klein/Bendixen 1999, S. 152; Röper 2001, S. 530ff.).

2. Konzeptionelle Grundlagen des Theatermarketing

2.1. Begriff, Aufgaben und Merkmale

Marketing stellt im Konsumgüter- und Business-to-Business-Bereich eine Führungskonzeption dar, bei der sämtliche Unternehmensaktivitäten auf die aktuellen und potenziellen Märkte so auszurichten sind, dass die Unternehmensziele durch eine dauerhafte Befriedigung der Kundenbedürfnisse verwirklicht werden (vgl. Nieschlag/Dichtl/Hörschgen 2002, S. 13; Meffert 2000, S. 8). Die Entstehung und Verbreitung dieses Ansatzes resultiert aus der Erkenntnis, dass der Erfolg eines Unternehmens entscheidend vom Absatzmarkt beziehungsweise von der Orientierung an seinen Kunden abhängt; Marketing ist damit im wesentlichen als Ausdruck eines marktorientierten Denkstils zu verstehen (vgl. Meffert 1995, Sp. 1472; Backhaus 2003, S. 44). Dabei unterlag das Verständnis des Marketing-Begriffs im Laufe der Zeit einer erheblichen Wandlung: Wurde Marketing zunächst noch überwiegend funktional interpretiert, so wird das Konzept nunmehr in einer funktionsübergreifenden Perspektive betrachtet. Hierbei kommt dem Marketing eine Koordinierungsaufgabe zu, in deren Rahmen sämtliche Funktionen eines Unternehmens auf die (Absatz-)Markterfordernisse auszurichten sind. Dies führt zu einer umfassenden, integrativen Sichtweise des Marketing, in deren Mittelpunkt die Kundenorientierung als Mittel zur Erzielung von Wettbewerbsvorteilen steht (vgl. Backhaus 1992, S. 775; ders. 1999, S. 7f.).

Marketing als Führungskonzeption

Wenngleich die Übertragbarkeit des Marketing auf Kultureinrichtungen in der Forschung seit längerem schon als nicht mehr umstritten gilt und sich bereits eine Vielzahl von Publikationen mit Fragestellungen zu diesem Thema auseinandergesetzt hat, ist „Marketing" ein in vielen Theatern und Orchestern noch immer mit großen Vorbehalten besetzter Begriff. Die Aussicht auf die Vermarktung kultureller Dienstleistungen und Produkte weckt die Befürchtung, dass hier den – oftmals als beliebig und seicht eingestuften – Publikumsbedürfnissen Rechnung getragen werden soll. Viele Mitarbeiter und Führungskräfte beurteilen das Marketing nach wie vor sehr skeptisch: Sie halten seine Anwendung für unvereinbar mit den klassischen Aufgabenfeldern und Funktionen des Theaters und befürchten eine Kommerzialisierung und Nivellierung ihrer Arbeit. Vor allem wird befürchtet, dass die künstlerische Kernleistung durch das Marketing einem vermeintlichen Publikumsgeschmack in einer solchen Art angepasst werden soll, dass das (manchmal) Sperrige, Widerständige, Unkonventionelle der Kunst wegfällt und künstlerische Innovationen unmöglich gemacht werden. Darüber hinaus führen die häufig nur unzureichenden Methodenkenntnisse dazu, dass der Wirkungskreis des Marketing auf einzelne Instrumente wie Werbung, Öffentlichkeitsarbeit, Verkaufsförderung oder Marktforschung begrenzt bleibt und das Konzept in seiner strategischen Bedeutung gar nicht erkannt wird.

Eine solch enge, ablehnende Sichtweise verstellt jedoch den Blick auf die Potenziale, die das Marketing für Kultureinrichtungen im allgemeinen und für Theater im speziellen bereithält. Diese werden sich allerdings nur dann entfalten können, wenn die Methodik des Marketing im Theaterbereich unter Berücksichtigung seiner Spezifika und besonderen Rahmenbedingungen eingeführt wird. Denn gerade auch für die Implementierung des Marketing im Kulturbereich gilt: „Marketing has most to contribute when it has been thoroughly translated into the situation and culture of the organization that it is intended to serve" (Wright 1990, S. 13). Damit ist das Theatermarketing nicht als eine unterschiedslose Übertragung des Konsumgüter- beziehungsweise Business-to-Business-Marketing auf die Stätten der Darstellenden Kunst zu verstehen, sondern es stellt vielmehr eine eigenständige Umsetzung dieser bewährten Führungsphilosophie unter Berücksichtigung der besonderen Charakteristika von Theatern dar.

Bei einem solchen Verständnis des Marketing wird auch nachvollziehbar, dass die künstlerische Kernleistung durch den Einsatz des Marketinginstrumentariums nicht gefährdet ist, sondern vielmehr den Ausgangspunkt aller Überlegungen darstellt: Der Inhalt, die künstlerische Idee wird dabei nicht angetastet. In diesem Sinne wird das Marketing nicht eingesetzt, um durch populistische, am (vermeintlich seichten) Publikumsgeschmack orientierte Aufführungen die Theatersäle zu füllen. Viel interessanter ist der Einsatz des Marketing dann, wenn es zum Beispiel darum geht, ein innovatives, gewagtes Stück oder eine experimentelle Neuinterpretation durch die richtigen Marketingmaßnahmen so zu begleiten, dass möglichst viele Besucher kommen und sich mit dem Neuen, Noch-Nicht-Gesehenen auseinandersetzen. Damit aber wird deutlich, dass das Marketing für Theater die Erreichung organisationsinterner Zielsetzungen unterstützen und die Position der Häuser in der kulturpolitischen (Legitimitäts-)Diskussion maßgeblich stärken kann.

Austausch-beziehungen

Für eine richtige Interpretation des Marketing im Theaterbereich ist zunächst der zentrale Gedanke des Marketing herauszustellen, wonach zwei Parteien in eine Austauschbeziehung miteinander treten, um den Spannungszustand zwischen Güterbestand und Güterbedarf abzubauen: Unter Austausch ist dabei ein Prozess zu verstehen, durch den eine Partei ein gewünschtes Produkt erhält, indem sie einer anderen Partei eine Gegenleistung dafür anbietet. Ob ein Austausch auch tatsächlich zustande kommt, hängt davon ab, inwiefern sich die beiden Parteien über die Austauschbedingungen einigen können, die für beide eine Verbesserung (oder zumindest keine Verschlechterung) gegenüber der Ausgangsituation darstellen (vgl. Kotler/Bliemel 2001, S. 16; Plinke 2000, S. 9). Im Mittelpunkt eines Marketing für Theater steht dementsprechend der Austausch von Leistungen zwischen den jeweiligen Häusern und ihren relevanten, aktuellen und potenziellen Märkten. Hierbei sollte der Austausch im Sinne eine Wertmehrung wirken: Das Theater und die anderen beteiligten Marktparteien stehen nach dem Austausch besser da als vorher (zum Beispiel tauschen Besucher und Theater Eintrittsentgelte gegen Bildungs- und Unterhaltungserlebnisse).

Wer aber sind nun die Austauschpartner von Theatern? Hierfür kommen jene Personenkreise in Betracht, die ein spezifisches Interesse an den Häusern und ihren Leistungen haben und darum in eine Austauschbeziehung treten wollen: So möchte zum Beispiel das Publikum eine interessante Aufführung sehen, die Sponsoren wünschen sich ein attraktives Werbeumfeld, die Träger erwarten möglichst hohe Besuchszahlen etc. (vgl. Abb. 1).

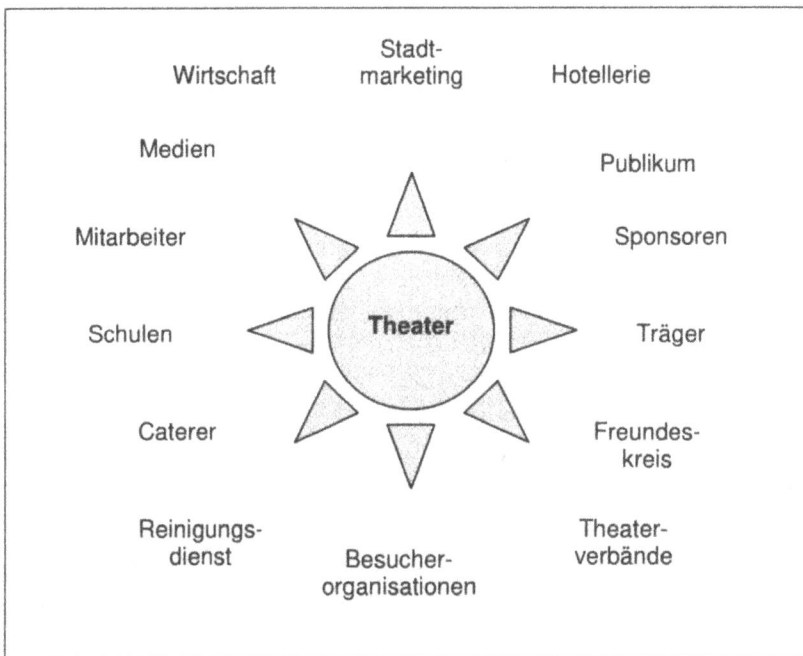

Abb. 1: Mögliche Austauschpartner eines Theaters

Dabei wird bereits deutlich, dass mit der Vielzahl an Austauschpartnern auch eine Vielzahl an unterschiedlichen Interessen und Ansprüchen einhergeht. Daher werden diese Austauschpartner, die mehr oder weniger nachdrücklich auf die Theater Einfluss zu nehmen versuchen, auch als „Stakeholder" (to have a stake = interessiert sein, Anteil haben) beziehungsweise als Interessen- oder Anspruchsgruppen bezeichnet.

Stakeholder-Ansatz

Der Stakeholder-Ansatz geht von einer engen Einbindung der Anspruchsgruppen in den strategischen Entscheidungsprozess von Organisationen aus (vgl. ausführlich hierzu Janisch 1993). Stakeholder sind dabei:

- beeinflussend, das heißt sie üben auf ihr Umfeld im allgemeinen und das Theater und seine Zielerreichung im besonderen (unterschiedlich starken) Einfluss aus,

- dynamisch, das heißt die Ziele und Ansprüche der Stakeholder sind nicht zwangsläufig konstant und können sich im Zeitablauf ändern,

- vernetzt, das heißt die Stakeholder stehen in einem dichten Beziehungsgeflecht untereinander.

Beziehungs-marketing

Damit aber muss auch die Betrachtungsweise des Marketing von einem reinen Transaktionsmarketing, in dessen Mittelpunkt der Austausch von Gütern beziehungsweise die Durchführung von einzelnen Transaktionen zwischen den Austauschpartnern steht, hin zu einem Beziehungsmarketing, das sich mit den Beziehungen der am Austauschprozess beteiligten oder einwirkenden Partner zum Theater aber auch untereinander befasst, erweitert werden. Aufgabe des Beziehungsmarketing ist die bewusste Steuerung und Ausgestaltung langfristiger, zufriedenstellender Beziehungen mit wichtigen Partnern – Besuchern, Sponsoren, Besucherorganisationen, Medien etc. –, um mit diesen eine gegenseitig bevorzugende geschäftliche Zusammenarbeit sicherzustellen (vgl. Kotler/Bliemel 2001, S. 19).

Wie bereits dargestellt wird es jedoch zwischen den einzelnen Anspruchsgruppen und einem Theater nur dann zu einem Austausch beziehungsweise zu langfristigen Geschäftsbeziehungen kommen, wenn diese Gruppen im Gegenzug eine Leistung anbieten können, die für die Theater gleichfalls von Interesse sind – auch das Theater sollte durch den Austausch in einer besseren Situation als vor der beziehungsweise den Transaktion(en) sein. So zahlen etwa die Besucher ein Eintrittsentgelt und tragen so zu den Eigeneinnahmen bei, die Sponsoren stellen Finanz- und/oder Sachmittel zur Verfügung und ermöglichen bestimmte Projekte, die Träger fördern das Haus mit finanziellen Mitteln und gegebenenfalls politischer Unterstützung. Die nachstehende Tabelle 4 zeigt exemplarisch ausgewählte Leistungen möglicher Interessengruppen und entsprechende Gegenleistungen der Theater (vgl. Hausmann 2001, S. 111).

Tab. 4: Leistungen und Gegenleistungen der Austauschpartner

Anspruchsgruppen	Leistungen	Gegenleistungen des Theaters
Interne Anspruchsgruppen 1. Träger (Länder, Kommunen)	• Etat • Verwaltungsleistungen • politische Unterstützung	• attraktive Inszenierungen, die eine Stadt oder Region für den (Kultur-) Tourismus interessant machen • Verbesserung der Lebensqualität in einer Stadt oder Region
2. Management (Intendanz, Verwaltungsleitung)	• Kompetenz • Engagement • Leistung	• Einkommen (Arbeitsplatz) • soziale Sicherheit • zwischenmenschliche Kontakte (Gruppenzugehörigkeit) • Status, Einfluss, Anerkennung, Prestige („ego-needs") • Entfaltung eigener Ideen und Fähigkeiten, Arbeit = Lebensinhalt
3. Mitarbeiter (Künstler, Verwaltungsmitarbeiter, Techniker)	• Kompetenz • Engagement • Leistung	• Einkommen (Arbeitsplatz) • soziale Sicherheit • zwischenmenschliche Kontakte (Gruppenzugehörigkeit) • Status, Einfluss, Anerkennung, Prestige („ego-needs") • Entfaltung eigener Ideen und Fähigkeiten, Arbeit = Lebensinhalt
Externe Anspruchsgruppen 4. Publikum	• Eintrittspreis • Kauf im Shop • Weiterempfehlung • ehrenamtliche Mitarbeit	• Bildung • Unterhaltung, Freizeiterlebnis • ästhetische Erlebnisse • entspannende Atmosphäre • Service
5. Sponsoren	• Finanzielle Unterstützung • Sachleistungen • Know-how	• Namensnennung (Werbeeffekt, Imageförderung) • Privilegien (Club-Raum, Empfänge)
6. Lieferanten (Bühnenbildner, Druckereien etc.)	• termingerechte Leistung • hochwertige Leistungen	• stabile Liefermöglichkeiten • Zahlungsfähigkeit des Theaters
7. allgemeine Öffentlichkeit	• Öffentliche Sicherheit und Ordnung • Infrastruktur • Goodwill • Legitimität	• positive Beiträge an die Infrastruktur • Teilnahme an der politischen Willensbildung • Erfüllung gesellschaftspolitischer Aufgaben

Multidimensio-
nalität

Neben dem Austauschgedanken ist es für eine richtige Interpretation des Marketing im Theaterbereich des weiteren wesentlich, die Multidimensionalität dieses Konzepts herauszustellen, um ein einseitiges und zu kurz greifendes Verständnis zu verhindern. Das Marketing ist durch seine konsequente Ausrichtung bestimmter Entscheidungen an den Besucherbedürfnissen „Maxime", durch die im Rahmen der Entscheidungsfindung systematisch genutzten, modernen Techniken der Informationsgewinnung, -verarbeitung und -auswertung „Methode" und im Bemühen um die Schaffung von Präferenzen und damit die Erringung von Wettbewerbsvorteilen durch den gezielten Einsatz marktbeeinflussender Maßnahmen ebenso „Mittel" (zur Einordnung der verschiedenen Maßnahmen in die vier Teilbereiche des Marketingmix vgl. ausführlich Kapitel 4).

Begriffs-
abgrenzung

Auf der Grundlage der vorangegangenen Ausführungen lässt sich der Begriff des Theatermarketing nunmehr wie folgt umschreiben: Marketing ist eine Führungskonzeption für Theater, bei der die Aktivitäten auf die aktuellen und potenziellen Märkte so auszurichten sind, dass die Ziele der Theater durch eine dauerhafte Orientierung an den Bedürfnissen der Besucher (und anderer relevanter Austauschpartner) verwirklicht werden. Für dieses Verständnis des Marketing sind verschiedene Merkmale typisch (vgl. auch Meffert 2000, S. 8f.), die in den angegebenen Kapiteln jeweils ausführlicher diskutiert werden:

Merkmale

- Die bewusste Besucherorientierung der verschiedenen Arbeitsbereiche eines Theaters, die sich unter anderem auch darin ausdrückt, dass die Wünsche und Bedürfnisse des Publikums bereits frühzeitig in den Leistungserstellungsprozess einbezogen werden (Kapitel 2).

- Die frühzeitige Erfassung und Analyse der für das Theater relevanten Anspruchsgruppen, wie zum Beispiel der Wettbewerber, Kooperationspartner und Besucher (Kapitel 2 und 3).

- Die Anwendung des Prinzips der differenzierten Marktbearbeitung, bei dem der Gesamtmarkt eines Theaters nach bestimmten Kriterien zerlegt wird (Kapitel 3).

- Die Festlegung marktorientierter Ziele und Strategien, das heißt den Entwurf eines längerfristigen, auf die relevanten Marktteilnehmer (Besucher, Kulturpolitiker, Sponsoren, Kooperationspartner etc.) und die relevante Umwelt ausgerichteten Verhaltensplans (Kapitel 4).

- Der planmäßige und zieladäquate Einsatz der verschiedenen Instrumente des Theatermarketing (Kapitel 4).

- Die Koordination aller marktgerichteten Theateraktivitäten, zum Beispiel auch durch eine organisatorische Verankerung des Marketing innerhalb des Theaters (Kapitel 5).

2.2. Charakteristika der Theaterleistungen

Theater stellen ihrem Publikum ein sehr vielfältiges Angebot an Leis- **Leistungs-** tungen bereit; dieses setzt sich zusammen aus mehreren homogenen **bündel** oder heterogenen Wirtschaftsgütern, die zur Befriedigung spezifischer Besucherbedürfnisse dienen und am Markt unentgeltlich oder gegen Entgelt verwertet werden. Damit werden von Theatern nicht nur einzelne Leistungen, sondern ganze Bündel von Teilleistungen („Leistungsbündel") erbracht und abgesetzt (vgl. allgemein Engelhardt et al. 1992, S. 23ff.).

Innerhalb dieses Leistungsbündels können die so genannten Kern- und Zusatzleistungen unterschieden werden. Dabei werden im Marketing allgemein jene (Grund-)Leistungen zum Kernbereich im engeren Sinne gezählt, die (tatsächlich oder vermeintlich) im Vordergrund des Austauschprozesses stehen. Als Kernleistung im weiteren Sinne gilt der sogenannte Basisservice, den alle Wettbewerber auf einem Markt aufweisen (müssen) und der aus Sicht der Nachfrager weniger Differenzierungspotenzial aufweist. Zusatzleistungen gehen über die eigentliche Kernleistung hinaus: Sie dienen aus Sicht des Nachfragers zur Differenzierung der angebotenen Leistungen und schaffen aus Sicht des Anbieters entsprechende Wettbewerbsvorteile. Wenngleich diese Unterscheidung zwangsläufig nicht überschneidungsfrei vorgenommen werden kann, so unterstützt sie doch das Verständnis von Theatern als kulturelle Serviceeinrichtungen.

Dementsprechend werden hier zum Kernbereich („core service") jene **Kernleistungen** Theaterleistungen gezählt, deren Erstellung und Absatz ganz unmittelbar die originären Aufgaben und Ziele der Theater betreffen. Hierzu gehören in erster Linie die Aufführungen, die zum Beispiel im Rahmen des vom Träger vorgegebenen Vorstellungssolls erbracht werden. Darüber hinaus werden hier auch die Leistungen der Dramaturgie und der Pädagogik zum Kernbereich (im weiteren Sinne) gezählt, da diese aus Sicht des Publikums häufig in unmittelbarem Zusammenhang mit der Aufführungsleistung stehen: So kann manche (zeitgenössische) Vorstellung erst durch die Inanspruchnahme der von Dramaturgie oder Pädagogik angebotenen Hilfestellungen (Werkstattgespräche, Publikumsgespräche, Werkeinführungen etc.) ihre volle Wirkungskraft entfalten.

Neben diesen Kernleistungen enthält das Leistungsbündel von Thea- **Zusatz-** tern auch Leistungen aus dem sogenannten Zusatz- beziehungsweise **leistungen** Servicebereich („secondary or augmented service"); die nachstehende Abbildung 2 enthält Beispiele für solche Leistungen, die vor, zwischen oder nach der Aufführung vom Theater angeboten und von den Besuchern nachgefragt werden.

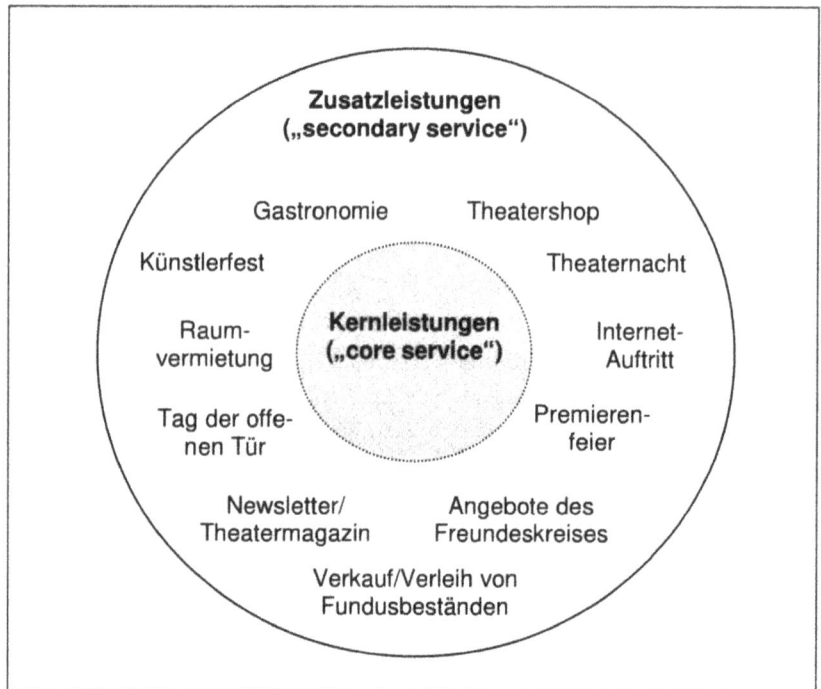

Abb. 2: Ebenen des Leistungsprogramms von Theatern

Dabei ist offenkundig, das die in Abbildung 2 vorgenommene Zuordnung eine von mehreren Möglichkeiten darstellt. So mag mancher Besucher den Internet-Auftritt eines Theaters als Kernleistung (im weiteren Sinne) beurteilen, während ein anderer dieses Angebot als besondere Serviceleistung schätzt, die seine Bindung an ein bestimmtes Haus verstärkt. Für alle Besucher lässt sich aber festhalten, dass Kern- und Zusatzleistungen grundsätzlich eng miteinander verwoben sind, sie bilden zusammen das Kultur- und Freizeiterlebnis „Theaterbesuch" und prägen daher gemeinsam den Gesamteindruck des Besuchers vom Theater. Während jedoch im (engeren) Kernbereich künstlerische und ästhetische Interessen im Vordergrund sämtlicher Entscheidungen stehen, muss in den in die Besuchersphäre unmittelbar hineinreichenden Leistungsbereichen zusätzlich zur Orientierung an fachlichen Standards eine Ausrichtung am Publikum und seinen Bedürfnissen erfolgen.

Leistungsdimensionen

Obgleich aus den vorangegangenen Ausführungen deutlich geworden ist, dass die Leistungsbündel von Theatern neben den immateriellen, das heißt nicht greifbaren, auch materielle Bestandteile in unterschiedlicher Zusammensetzung enthalten, und daher auf eine Dichotomie von Sach- und Dienstleistungen streng genommen zu verzichten wäre (vgl. hierzu Engelhardt et al. 1993, S. 404f.), werden Theater als Dienstleistungsbetriebe bezeichnet. Diese Einordnung ist insoweit von Bedeutung, als hieraus wesentliche Konsequenzen für das Theatermarketing entstehen. Diese werden offenkundig, wenn die Spezifika von Dienstleistungen näher betrachtet werden. So lässt sich das Wesen von Dienstleistungen ausgehend von einer phasenbezogenen Betrachtung als eine Kombination von drei Leistungsdimensionen – der Potenzial-, der Prozess- und der Ergebnisdimension – erfassen und beschreiben (vgl. Hilke 1989, S. 10ff.; Nowicki 1999, S. 63ff.). In diesem Kontext können Dienstleistungen von Theatern als selbständige, marktfähige Leistungen definiert werden, bei denen

- ein Leistungspotenzial existiert, das sich in der Fähigkeit und Bereitschaft eines Theaters zur Erbringung einer Leistung ausdrückt (Potenzialorientierung),

- im Rahmen des Leistungserstellungsprozesses interne (vom Theater zur Verfügung gestellte) und externe (vom Besucher zur Verfügung gestellte) Faktoren kombiniert werden (Prozessorientierung) und

- die Faktorenkombination des Dienstleistungsanbieters mit dem Ziel eingesetzt wird, an den externen Faktoren ein Leistungsergebnis mit nutzenstiftender Wirkung zu erzielen (Ergebnisorientierung) (vgl. Kleinaltenkamp 1998, S. 42).

Auf den Theaterbereich bezogen impliziert das Leistungspotenzial die Fähigkeit (Know-how des Regisseurs in Arrangement- und Organisationsfragen, Ausdrucksfähigkeit und Körpergefühl der Schauspieler, ausreichendes Budget etc.) und die Bereitschaft (Besetzung der Theaterkassen, Erscheinen der Künstler etc.) eines Theaters beziehungsweise seiner Mitarbeiter zur Dienstleistungserstellung. Dabei können diese von einem Theater geschaffenen persönlichen, organisatorischen und sachlichen Leistungsvoraussetzungen sowohl immateriell als auch materiell sein. **Leistungspotenzial**

Der Leistungserstellungsprozess umfasst demgegenüber sämtliche Aktivitäten eines Theaters, die im Laufe der Dienstleistungserstellung vollzogen werden. Charakteristisch für diese Phase ist zum einen die Integration des sogenannten „externen Faktors", das heißt die Einbeziehung des Besuchers: Das Theater kann beispielsweise mit einer theaterpädagogischen Einführungsveranstaltung oder mit einer Aufführung erst dann beginnen, wenn sich der Besucher einbringt (durch seine Anwesenheit im Zuschauerraum etc.). Der Besucher steht damit in direktem Kontakt zum Dienstleistungserstellungsprozess und kann diesen nicht nur positiv befördern, sondern auch behindern oder unterbrechen, zum Beispiel durch lautstark zum Ausdruck gebrachte Missbilligung. Zum anderen kommt in dieser Phase die Nichtlager- und Nichttransportfähigkeit von Theaterdienstleistungen zum Tragen, welche bedingt, dass zwischen der Erstellung und Inanspruchnahme beziehungsweise Rezeption dieser Leistungen Synchronität herrscht („uno-actu-Prinzip"): Im Gegensatz zu einem lagerfähigen Gut, wie **Leistungserstellung** zum Beispiel einem Buch oder einer CD, können die Aufführungen oder theaterpädagogischen Leistungen nicht „vorproduziert" und „aufgehoben" werden, sondern sie sind vergänglich und müssen zum Zeitpunkt ihrer Erstellung am Ort der Dienstleistungsproduktion vom Publikum in Anspruch genommen und verbraucht werden; bis zum Zeitpunkt der Aufführung nicht verkaufte Plätze können nicht der weiteren Nutzenstiftung zu einem späteren Zeitpunkt dienen (vgl. hierzu ausführlicher Hilke 1989, S. 12f.; Haller 1998, S. 53ff.).

Leistungs-ergebnis

Während bei der Prozessorientierung im Vordergrund steht, "wie" die Leistungserstellung erfolgt, dominiert bei der Ergebnisorientierung der Dienstleistung "was" der Besucher erhält: Die Ergebnisdimension beinhaltet den Grad der Erreichung der Leistungsziele – sie stellt den Vollzug der Dienstleistung dar; dabei können die Ergebnisse der Dienstleistung sowohl in materieller (der Besucher kauft nach einem ausführlichen Beratungsgespräch im Theatershop eine CD) als auch in immaterieller Form (der Besucher hat nach seinem Theaterbesuch das Gefühl, einer anregenden Aufführung beigewohnt zu haben) vorliegen.

Abbildung 3 verdeutlicht den Zusammenhang zwischen den genannten Spezifika von Dienstleistungen anhand eines allgemeinen Modells, das hier auf den Theaterbereich angewandt wird. Dabei wird deutlich, wie wichtig die Integration des Theaterbesuchers als externer Faktor in die Dienstleistungsprozesse eines Theaters ist: Der Besucher muss aktiv an der Leistungserstellung (hier: eine theaterpädagogische Einführungsveranstaltung) mitwirken und sich selbst in den Prozess einbringen beziehungsweise in diesem bestimmte Aufgaben übernehmen (zum Beispiel der Theaterpädagogin aufmerksam zuhören und Verständnisfragen stellen), da ansonsten das Ergebnis der Dienstleistungserstellung unbefriedigend bleibt.

Besucher-kontaktpunkte

Die im Rahmen des Dienstleistungsprozesses entstehenden Kontaktsituationen zwischen Besucher und Theater werden auch als „service encounter" oder „Augenblicke der Wahrheit" bezeichnet, da jeder dieser Momente des Zusammentreffens die Wahrnehmung des Besuchers von der Qualität der Theaterleistungen verändern kann (vgl. allgemein Bitner/Hubbert 1984; Stauss 1995). Dementsprechend stellt jeder Punkt, an dem der Besucher in Kontakt mit dem Theater tritt („Besucherkontaktpunkt"), eine wichtige, nicht repetierbare Möglichkeit für ein Haus dar, sich beim Besucher als „exzellenter Dienstleister" zu präsentieren. Dabei kann dieses Denken in Besucherkontaktpunkten das Verständnis von Theatern als Dienstleistungsbetriebe weiter fördern. Dem Begriff der Besucherkontaktpunkte werden sämtliche personal- und nicht personalbezogenen, gewöhnlichen und außergewöhnlichen Kontakterlebnisse zwischen einem Theater und seinen Besuchern subsumiert. Während die personalbezogenen Kontaktpunkte die Interaktionen des Besuchers mit den Mitarbeitern des Dienstleistungsbetriebes Theater umfassen, beziehen sich die nicht personalbezogenen Kontaktpunkte auf die tangiblen Elemente des Theaterumfeldes (zum Beispiel der Vorplatz des Theaters oder die Sitzgelegenheiten im Foyer, aber auch die Ausstattung im Theatershop). Gegenüber den gewöhnlichen Kontakterlebnissen, die auf die vertraute Erfahrung von Interaktionssituationen abstellen, beinhalten die außergewöhnlichen Erlebnisse die von den Besuchern als besonders (positiv oder negativ) wahrgenommenen, kritischen Kontaktsituationen.

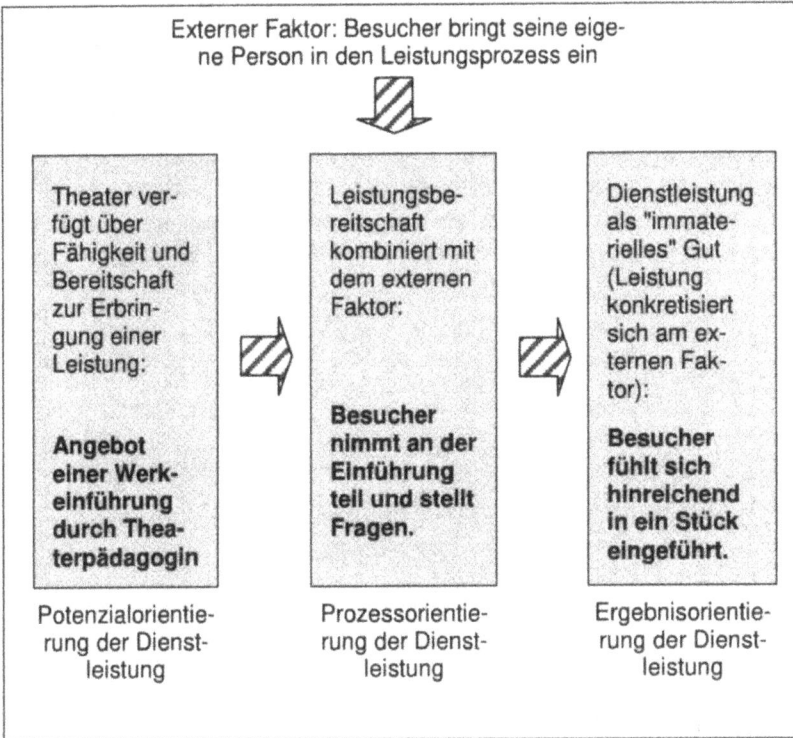

Externer Faktor: Besucher bringt seine eigene Person in den Leistungsprozess ein ⇩		
Theater verfügt über Fähigkeit und Bereitschaft zur Erbringung einer Leistung: **Angebot einer Werkeinführung durch Theaterpädagogin**	Leistungsbereitschaft kombiniert mit dem externen Faktor: **Besucher nimmt an der Einführung teil und stellt Fragen.**	Dienstleistung als "immaterielles" Gut (Leistung konkretisiert sich am externen Faktor): **Besucher fühlt sich hinreichend in ein Stück eingeführt.**
Potenzialorientierung der Dienstleistung	Prozessorientierung der Dienstleistung	Ergebnisorientierung der Dienstleistung

Abb. 3: Zusammenhang zwischen den Dienstleistungsmerkmalen

Zum Schluss der Darstellung zu den charakteristischen Eigenschaften des Leistungsbündels von Theatern und in Ergänzung zu den Ausführungen zum Austausch als einem der Kerngedanken des Theatermarketing sei darauf hingewiesen, dass die verschiedenen Theaterleistungen in vielen Fällen nicht nur ein einziges Bedürfnis stillen, sondern in aller Regel über mehrere Nutzen für den Besucher verfügen: Ein Theaterbesuch dient nicht nur der geistigen Auseinandersetzung mit einem bestimmten Thema, sondern zum Beispiel auch dem Treffen von Freunden oder etwa der Unterhaltung. Theaterleistungen umfassen deshalb ein Set von möglichen Nutzen beziehungsweise Vorteilen. Wesentlich ist hierbei, dass im Hinblick auf die Nutzenabgrenzung weniger die Sicht der Theater im Mittelpunkt steht, als vielmehr die Sicht des Publikums: Die Besucher sind es, die ein Theater bezüglich seiner Fähigkeit einschätzen können, ihre jeweiligen und unterschiedlichen Bedürfnisse tatsächlich zu befriedigen. Theatermarketing ist damit nur dann erfolgreich, wenn es einem Haus gelingt, den Nutzen der eigenen Leistungen durch die „Brille" des Publikums zu betrachten. Diese Sichtweise wird umso wichtiger, wenn berücksichtigt wird, dass ein Theaterbesuch überwiegend freiwillig erfolgt: Damit aber wird der Besucher nur dann eine Austauschbeziehung mit den Häusern eingehen, wenn das Angebot auch einen entsprechenden Nutzen bereithält und der Besucher nach dem Besuch besser dasteht als vorher.

Nutzen-
dimensionen

Nach Klein können vier Dimensionen unterschieden werden (vgl. Klein 2005, S. 18ff.), die – obgleich in ihrer Abgrenzung nicht überschneidungsfrei – doch geeignet sind, die unterschiedlichen Nutzen zu verdeutlichen, die mit der Inanspruchnahme einer Theaterleistung verbunden sein können (vgl. Abb. 4); dabei steht die Differenzierung in verschiedene Nutzendimensionen in engem Zusammenhang mit der oben vorgenommenen Unterscheidung in Kern- und Zusatzleistungen.

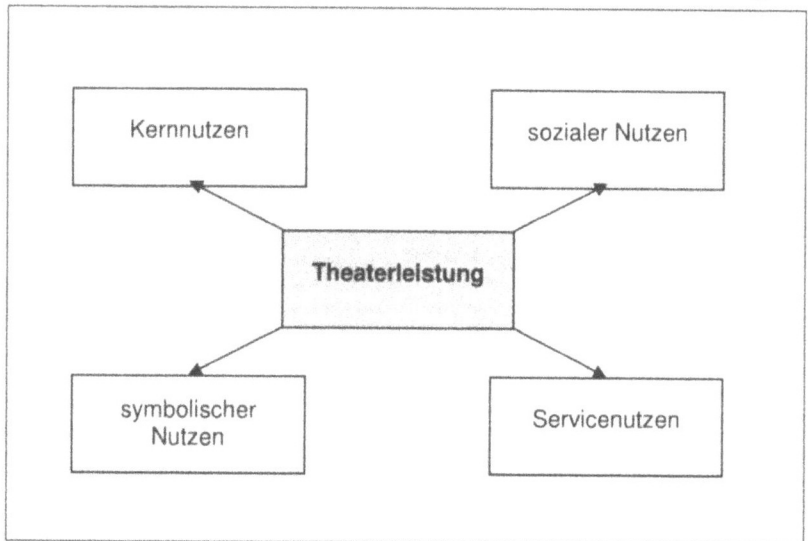

Abb. 4: Nutzendimensionen von Theaterleistungen

- Kernnutzen

Hierbei handelt es sich um den direkten Nutzen, der einem Besucher durch das Eintreten in eine Austauschbeziehung mit dem Theater gestiftet wird. Dies kann zum Beispiel die kritische Auseinandersetzung mit einem aktuellen politischen Thema oder das Erleben witzig-heiterer Dialoge auf der Bühne sein. Der Kernnutzen steht zwar im Vordergrund der fachlich-künstlerischen Theaterarbeit, er kann jedoch nicht isoliert gesehen werden: Im Rahmen des Marketing wird es mit Blick auf die Erreichung des Publikums immer auch auf die Erfüllung der anderen Nutzendimensionen ankommen. Dabei kann es sein, dass mancher Besucher nicht primär auf den Kernnutzen, sondern auf die anderen Nutzendimensionen abstellt.

- Sozialer Nutzen

Kulturelle Dienstleistungen werden häufig in einem bestimmten sozialen Kontext nachgefragt. So ist es bei einem Theaterbesuch, vor allem auch bei Premieren und anderen besonderen Anlässen, für viele Besucher wichtig, dass sie „sehen und gesehen werden": Sie wollen zum Beispiel geschäftliche Kontakte knüpfen oder pflegen und persönliche Bekanntschaften vertiefen. Theater, die im Rahmen ihres Marketing (auch) diesen Nutzen bedienen wollen, werden großen Wert auf eine gelungene Premierenfeier legen, bei der das Zustandekommen von Kontakten durch ein ansprechendes Ambiente (Sitzgelegenheiten etc.) gefördert wird. Auch neue Wege können eingeschlagen werden, zum Beispiel durch einen „Single-Brunch" im Operncafé.

- Symbolischer Nutzen

Ein Theaterbesuch verfügt in der Regel immer auch über einen symbolischen Nutzen beziehungsweise einen affektiven Wert: Die Theaterleistung fügt sich in das Bild beziehungsweise Image, das der Besucher von sich selbst hat beziehungsweise das er nach außen vermitteln will. So kann beispielsweise der Besuch eines zeitgenössischen Konzertes Modernität und Offenheit symbolisieren.

- Servicenutzen

Eine weitere Dimension des Besuchernutzens liegt im Service, den ein Theater seinen Besuchern rund um die möglichst reibungslose Wahrnehmung des Kernnutzens bietet (Kinderbetreuung während einer Aufführung, Kartenreservierung per Internet, gastronomischer Service in der Pause und nach der Aufführung etc.). Wie in den Ausführungen zum „secondary service" deutlich geworden ist, hat diese Servicefunktion eine große Bedeutung im Hinblick auf die Gesamtbewertung eines Theaterbesuchs.

2.3. Wettbewerbsvorteile und Publikumsorientierung

Aus der Perspektive des Marketing wird ein Theater nur dann langfristig bestehen und seine Ziele verfolgen können, wenn es sich Wettbewerbsvorteile erarbeitet und diese auch nachhaltig zu sichern vermag. Wettbewerbsvorteile stellen besondere Fähigkeiten dar, die im Vergleich zu sämtlichen anderen, von den verschiedenen Adressaten eines Theaters – insbesondere aber von den Besuchern – in Betracht gezogenen Kultur- und Freizeitanbietern als überlegen, einzigartig und unverwechselbar wahrgenommen werden sowie auf Dauerhaftigkeit angelegt sind: So verfügt ein Theater zum Beispiel über ein einzigartiges Ensemble, ein besonders innovativ-kritisches Programm, einen herausragenden Besucherservice und/oder eine unvergeßliche Atmosphäre in den Räumlichkeiten.

Begriff

Die Schaffung von Wettbewerbsvorteilen führt dazu, dass die Besucher ein bestimmtes Theater den übrigen aus ihrer Perspektive relevanten Konkurrenten vorziehen; damit können Wettbewerbsvorteile die Position eines Hauses in der kulturpolitischen Diskussion stärken und zu einem entscheidenden Argument bei der Verteilung öffentlicher Mittel werden (vgl. Günter 1997a, S. 13; ders. 1998a, S. 52). Wettbewerbsvorteile drücken sich konkret in der Fähigkeit eines Theaters aus, im Vergleich zu seinen aktuellen oder potenziellen Konkurrenten nachhaltig effektiver zu sein, das heißt mehr Nutzen für den Besucher zu schaffen (Besuchervorteil), und/oder effizienter zu sein, das heißt die Leistung in einem relativ gesehen besseren Input-/Output-Verhältnis als die Wettbewerber zu erstellen (Anbietervorteil). Aus der Perspektive des Theaters stellt ein Wettbewerbsvorteil damit das Resultat der Addition von Besucher- und Anbietervorteil dar (vgl. allgemein hierzu Plinke 2000, S. 89). Dabei ist offenkundig, dass ein Anbietervorteil allein sich als wenig hilfreich erweist, wenn das Theater nicht gleichzeitig im Besitz eines Besuchervorteils ist (vgl. allgemein hierzu die Diskussion bei Günter 1997b, S. 215ff.; Backhaus 1999, S. 26ff.).

Voraussetzungen

Von den zwei Dimensionen steht hier der Besuchervorteil im Fokus des Interesses, da er unmittelbar mit dem Absatzmarkt verknüpft ist. Der Besuchervorteil ist der größere Nutzen (intensivere Bildungserlebnisse, sinnvollere Freizeitgestaltung etc.), den ein Besucher aus dem Angebot eines Theaters im Vergleich zu den Leistungen anderer Kultur- und Freizeitanbieter zieht und ergibt sich damit als die vom Besucher wahrgenommene Differenz der Nettonutzen (Nutzen-Kosten-Differenz) von zwei Austauschbeziehungen; dabei ist dieser Vorteil grundsätzlich relativ und unterliegt der subjektiven Abwägung des Besuchers (vgl. allgemein Plinke 2000a, S. 85ff.; Backhaus 1999, S. 29ff.). Das Vorliegen eines Besuchervorteils ist dabei an eine Reihe von Voraussetzungen geknüpft:

- Das Theater muss über besondere Fähigkeiten (personelle, organisatorische etc.) und Ressourcen (Mitarbeiter-Know-how, Räumlichkeiten, Kooperationsbeziehungen etc.) verfügen.

- Diese Fähigkeiten müssen für den Besucher bedeutsam sein, das heißt sich auf die Lösung eines Problems beziehungsweise die Erfüllung eines Bedürfnisses (sinnliches Erlebnis, geistige Anregung, Aufenthalt in außergewöhnlichem Ambiente etc.) beziehen.

- Der Besuchervorteil muss vom Besucher als solcher wahrgenommen und geglaubt werden.

- Der Besuchervorteil muss im Vergleich zu sämtlichen relevanten Wettbewerbern bestehen; relevant sind dabei jene Konkurrenten (anderes Theater, Kino, Konzert etc.), die der Besucher als Alternative zum Besuch des jeweiligen Theaters in Betracht zieht, um sein bestehendes Bedürfnis zu befriedigen.

- Der Besuchervorteil sollte möglichst dauerhaft und verteidigungsfähig sein.

Auch wenn die oben genannten Voraussetzungen hohe Anforderungen an die Theater stellen, so verfügen diese erst dann über einen (echten) Besuchervorteil, wenn alle Kriterien gleichzeitig erfüllt werden. Damit lässt sich festhalten, dass das Theatermarketing in seinem Kern das Management von Besuchervorteilen beinhaltet: Es hat die Aufgabe, Ansatzpunkte für Besuchervorteile zu identifizieren und zu analysieren und diese Vorteile schließlich zu realisieren; die primäre Zielsetzung liegt darin, Präferenzen bei den Besuchern zu schaffen sowie eine gegenüber den relevanten Konkurrenten bessere Wettbewerbsposition zu erlangen.

Besuchervorteile lassen sich allerdings nicht ohne eine profunde Kenntnis der Interessen, Bedürfnisse und Erwartungen des Publikums aufbauen; als zentrales Vehikel zur Erreichung von Wettbewerbsvorteilen gilt daher die Publikums- beziehungsweise Besucherorientierung. Entsprechend hat die Forderung nach mehr Publikumsorientierung auch im Theaterbereich in den letzten Jahren stetig an Bedeutung gewonnen. Dabei stehen die Theater wie andere Kultureinrichtungen vor der Herausforderung, einerseits das Publikum in den Mittelpunkt ihrer Aktivitäten zu stellen und ihre Veranstaltungen zu einem (sinnlichen, anregenden, kontroversen, unterhaltsamen etc.) Erlebnis für das Publikum werden zu lassen, ohne andererseits dadurch die kulturelle Kernleistung und die künstlerische Autonomie zu beeinträchtigen. Vor diesem Hintergrund erscheint es umso wichtiger, das Konstrukt der Publikumsorientierung in seinen charakteristischen Merkmalen eindeutig abzugrenzen.

Publikums- orientierung als zentrales Vehikel

So impliziert Publikumsorientierung keineswegs die uneingeschränkte Ausrichtung eines Theaters an den Bedürfnissen und Anforderungen der Besucher oder die uneingeschränkte Erfüllung aller Erwartungen. In gleicher Weise birgt jedoch die Vernachlässigung jeglicher Ausrichtung der Theaterleistungen an den Kriterien der Publikumsorientierung die Gefahr, dass Barrieren für den Besucher errichtet werden (wenn dieser zum Beispiel eine unfreundliche Auskunft an der Theaterkasse bekommt, der gastronomische Service minderwertig ist oder im Theatershop keine Einspielungen von aktuellen Produktionen zu finden sind), die auf dessen Gesamtbewertung eines Theaterbesuchs durchschlagen und damit die zentralen Ziele eines Theaters gefährden können, wie zum Beispiel theaterpolitische beziehungsweise künstlerisch-fachliche Ziele, aber auch damit verbunden zum Beispiel das Bestreben, Erstbesucher langfristig an das Haus zu binden. Publikumsorientierung verlangt damit ein regelmäßiges Umschalten der Denkweise auf die Sicht der Adressaten, die Wirkungen bei Zielgruppen. Es verlangt Antworten auf die Frage, ob es den anvisierten Zielgruppen leicht gemacht wird, die Leistungen des Theaters in Anspruch zu nehmen (Günter 1993, S. 60; ders. 2001, S. 22f.; Hausmann 2001, S. 66).

Die von den Theatern und anderen Kultureinrichtungen häufig gestellte Frage nach dem Nutzen, den die Häuser ihrerseits aus der Umsetzung von Publikumsorientierung ziehen können, lässt sich dahingehend beantworten, dass es ohne Publikumsorientierung schwierig wird, Besucher zu gewinnen, sie von den Leistungen des Theaters zu überzeugen und langfristig an ein Haus zu binden. Darüber hinaus finden sich zahlreiche weitere Argumente für die Notwendigkeit zur Umsetzung von Publikumsorientierung (vgl. Günter 1999a, S. 110):

- ...damit die (inhaltlich-künstlerischen) Ziele des Theaters erreicht werden und nicht durch Unzufriedenheit des Publikums (mit Serviceleistungen) überlagert werden.

- ...damit (mehr) Besucher kommen.

- ...damit das Publikum positiv über das Theater spricht und einen Besuch weiterempfiehlt.

- ...damit das Theater vom Publikum Gegenleistungen (Eintrittsentgelt, Weiterempfehlung, Engagement im Freundeskreis etc.) erhält.

- ... damit sich Theatermitarbeiter durch positives Feedback des Publikums bestätigt fühlen und mit ihrer Tätigkeit zufrieden sind.

- ...damit mehr finanzielle Mittel der öffentlichen Hand, aber auch von Sponsoren akquiriert werden können.

- ... damit sich Besucher für das Theater engagieren, zum Beispiel in kulturpolitischen Diskussionen oder bei der ehrenamtlichen Mitarbeit.

Eine sinnvolle Herangehensweise bei der Auseinandersetzung mit Publikumsorientierung ist die Abgrenzung von Voraussetzungen, Maßnahmen und Zielen (vgl. Abb. 5), die in der Literatur auch als Bausteine der Publikumsorientierung bezeichnet werden (vgl. hierzu Günter 1997a, S. 14ff.; Hausmann 2001, S. 67ff.).

Voraussetzungen für Publikumsorientierung	Denk- und Führungsstil Publikumsanalyse Besuchersegmentierung
Maßnahmen der Publikumsorientierung	Besucherbehandlung (Maßnahmen im Kern- und Servicebereich)
Ziele der Publikumsorientierung	Zufriedenheit des Publikums Publikumsbindung

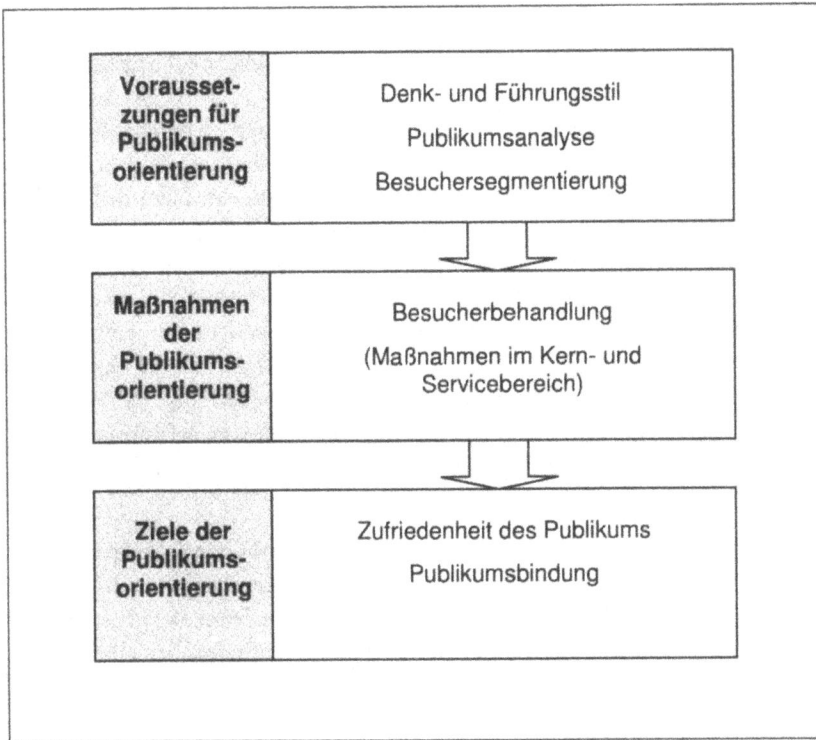

Abb. 5: Bausteine der Publikumsorientierung

Erste elementare Voraussetzung für eine erfolgreiche Umsetzung von **Denk- und** Publikumsorientierung ist dabei die Implementierung dieses Prinzips als **Führungsstil** Denk- und Führungsstil, der das Verhalten sämtlicher Mitarbeiter und Führungskräfte im Theater prägt. Publikumsorientierung sollte als institutionelle Richtlinie die Theaterarbeit in allen zentralen Funktionen durchdringen, denn nur wenn das gesamte Theaterteam die Orientierung am Publikum als gemeinsames Ziel akzeptiert und internalisiert, können erfolgreiche Maßnahmen zur Erhöhung der Publikumsorientierung ergriffen werden.

Ein solch hoher Anspruch lässt sich jedoch nur dann von den Mitarbeitern einfordern, wenn auch die Führung des Theaters Entsprechendes vorlebt und die Mitarbeiter darüber hinaus in den Marketingprozess gezielt einbezogen werden. So können sie zum Beispiel durch entsprechende Schulungen, Anreizsysteme, den Aufbau kooperativer Teams, eine Führung durch Zielvereinbarungen und eine Entbürokratisierung und flexiblere Kompetenzverteilung in die Lage versetzt werden, das Publikum in das Zentrum ihrer Bemühungen zu stellen und einen besucherfreundlichen Service zu gewährleisten (vgl. Klein 2003, S. 115ff.).

Ob eine Maßnahme tatsächlich an den Bedürfnissen des Publikums **Publikums-** ausgerichtet ist, lässt sich im Rahmen der Publikumsforschung heraus- **analyse** finden, die eine weitere wichtige Voraussetzung für die Umsetzung von Besucherorientierung darstellt: Hierdurch können die Stärken und Schwächen des Theaters aus Sicht des Besuchers genauso wie auch die Merkmale, Erwartungen, Bedürfnisse, Erfahrungen, Entscheidungsindikatoren und das Verhalten des Publikums, aber auch der Noch-Nicht- und der Nicht-Mehr-Besucher ermittelt werden. Ziel der Publikumsanalyse ist nicht nur die Verbesserung des Ist-Zustandes, sondern auch eine höhere Planungssicherheit für künftige Vorhaben im Rahmen der Publikumsorientierung (vgl. Hausmann 2001, S. 68 sowie auch Kapitel 3). Nicht zuletzt aufgrund der knappen Ressourcen ist die Kompass- und Navigationsfunktion von Publikumsanalysen hervorzuheben: Ohne die Verifizierung werden gegebenenfalls aufwendige Maßnahmen ergriffen, die jedoch in der Besucherwahrnehmung wenig publikumsorientiert sind, weil sie an den tatsächlichen Bedürfnissen des Publikums vorbeigehen.

Besucherseg-mentierung

Die im Rahmen einer Publikumsforschung gewonnenen Informationen lassen sich nutzen, um die Gesamtheit der Besucher zu differenzieren. Diese Aufgliederung der Besucher in Teilgruppen (zum Beispiel junges Publikum – älteres Publikum, Einmalbesucher – Stammbesucher), die homogener als die Gesamtmenge auf bestimmte Maßnahmen des Theatermarketing reagieren, wird als Besuchersegmentierung bezeichnet und bildet das dritte Element der Publikumsorientierung. Die Segmentierung des Publikums ist eine fundamentale Voraussetzung dafür, dass zielgruppenspezifische, das heißt auf die jeweiligen Bedürfnisse und Erwartungen eines Segments bezogene Marketingmaßnahmen ergriffen werden. Die Segmentierung kann mit Hilfe verschiedener Abgrenzungskriterien vorgenommen werden (zum Beispiel soziodemografischen, psychografische und verhaltensorientierte Merkmale; vgl. ausführlich hierzu Kapitel 3).

Publikums-behandlung

Wenn diese drei Voraussetzungen geschaffen wurden, können in einem nächsten Schritt die konkreten, passgenauen Maßnahmen zur Umsetzung von Besucherorientierung eingeleitet werden: die Publikumsbehandlung. Hierunter wird ein Umgang mit dem Besucher verstanden, der die Bedürfnisse des Besuchers umfassend berücksichtigt und von zielgruppengerechten Öffnungszeiten über Preisdifferenzierung, interessantem Angebot im Theatershop bis hin zu kompletten "Servicepaketen" und anderen Maßnahmen des Theatermarketing reicht. Im Vordergrund sämtlicher Aktivitäten steht die Schaffung von Präferenzen beim Besucher und damit die Realisierung von Wettbewerbsvorteilen.

Zufriedenheit des Publikums

In einem nächsten Schritt seien die Ziele der Publikumsorientierung, Besucherzufriedenheit und Besucherbindung, erläutert. Besucherzufriedenheit verkörpert das Resultat eines komplexen psychischen Vergleichsprozesses: Das Publikum stellt seine Erwartungen an die Theaterleistungen (Soll-Wert) den subjektiv wahrgenommen Leistungen (Ist-

Wert) gegenüber. Ein Theaterbesucher wird immer dann zufrieden sein, wenn das Haus beziehungsweise dessen Angebot seine Erwartungen erfüllen oder sogar übertreffen konnte. Dabei beeinflussen eine Vielzahl von Faktoren das Zufriedenheitsurteil des Besuchers: Neben der Kernleistung wirken sich insbesondere auch die Leistungen in den Servicebereichen auf das Zufriedenheitsurteil des Besuchers aus (vgl. Helm/Klar 1997, S. 22).

In Abbildung 6 ist der Entstehungsprozess von Besucherzufriedenheit schematisch dargestellt; dabei wird deutlich, dass die Erwartungsbildung des Besuchers vor allem beeinflusst wird durch eigene Wünsche, Bedürfnisse und (bisherige) Erfahrungen, durch Kommunikationsmaßnahmen des Theaters (Tag der offenen Tür, Außenwerbung etc.) und die interpersonelle Kommunikation (Mundwerbung). Die tatsächliche Leistungserfahrung beruht auf eigenen Anwendungs- beziehungsweise Nutzungserfahrungen sowie auch auf dem Erfahrungsaustausch mit anderen Personen (vgl. allgemein hierzu Helm 2000, S. 45).

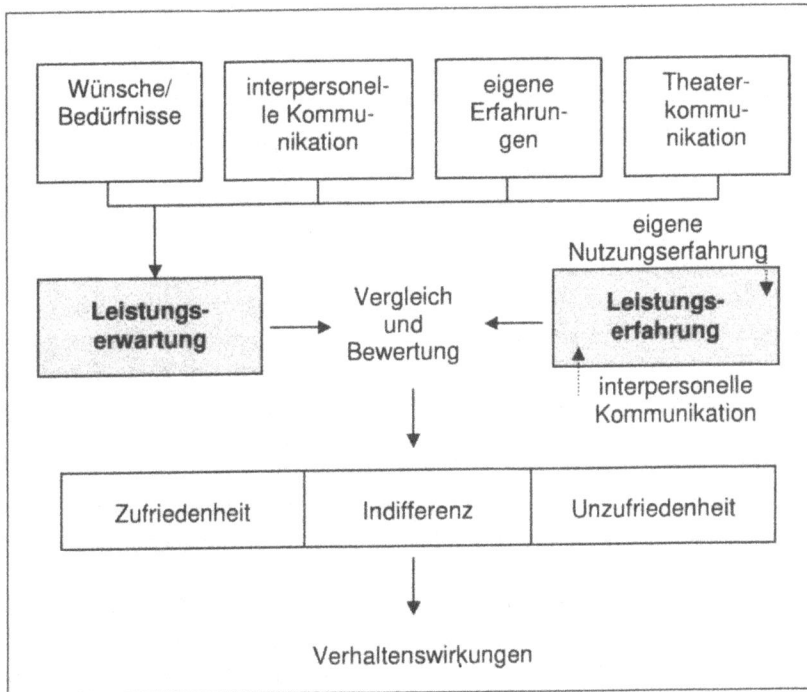

Abb. 6: Zufriedenheit des Theaterpublikums (Modell)

Publikums-bindung

Es kann vermutet werden, dass zufriedene Theaterbesucher wiederkommen, ihren Familien-, Freundes- oder Kollegenkreis positiv beeinflussen ("Mundwerbung"), eher als andere Besucher dazu bereit sind, sich aktiv für "ihr" Theater zu engagieren (zum Beispiel im Freundes- beziehungsweise Förderkreis oder in kulturpolitischen Diskussionen über die Existenzsicherung des Theaters) und sich auch weniger empfänglich gegenüber Wettbewerbsangeboten zeigen. Damit wird hier von einer positiven Korrelation zwischen der Zufriedenheit des Publikums und seiner Bindung an ein Theater ausgegangen, einem weiteren wichtigen Ziel der Umsetzung von Publikumsorientierung. Im Mittelpunkt der Publikumsbindung steht die Entwicklung spezieller Angebote, mit deren Nutzung der Besucher zum Wiederholungs- beziehungsweise Stammbesucher wird. Diese Zielsetzung kann neben psychologischen (zum Beispiel durch Publikumsbeteiligung) und sachlichen (zum Beispiel durch begleitende Serviceleistungen wie einen gut sortierten Theatershop) Regelungen, auch durch vertragliche (zum Beispiel durch ein Abonnement) oder institutionelle (zum Beispiel durch Pflichtbesuch mit der Schule) Regelungen unterstützt werden (vgl. Kadenbach 2000, S. 2ff.).

2.4. Konkurrenz-, Umwelt- und Ressourcenanalyse

Kultureinrichtungen sind in ein Marktumfeld eingebettet und stehen mit anderen Kultur- und Freizeitanbietern im Wettbewerb. Diese Sichtweise ist vielen Theatern allerdings noch nicht vertraut: Mit der Begründung, im Besitz eines einzigartigen Repertoires oder eines vielgerühmten Ensembles zu sein, verstehen sich viele Einrichtungen als außerhalb jedes Wettbewerbs stehend, allenfalls werden noch andere Theater der gleichen Sparte als Konkurrenten wahrgenommen. Die Ergebnisse zahlreicher Besucherbefragungen zeigen jedoch, dass ein solches Verständnis deutlich zu eng definiert ist: So wird bei der Frage nach den sonstigen Kultur- und Freizeitgewohnheiten des Publikums immer wieder offenkundig, dass die Theater keineswegs nur innerhalb der gleichen Sparte oder Branche im Wettbewerb um Zeit, Interesse und Geld der Besucher stehen, sondern vielmehr mit Museen, Kinos, Kabaretts und zahlreichen anderen, kommerziellen und nicht-kommerziellen Kultur- und Freizeitanbietern. Der Besucher wählt dabei zwischen den verschiedenen Handlungsoptionen und Angeboten entsprechend dem von ihm erwarteten subjektiven Nutzen aus; seine Wahl und seine Handlungen folgen dabei einer Erlebnisrationalität: Er identifiziert, definiert und verwirklicht sich in hohem Maße über seine Freizeitaktivitäten, sucht emotionale Anregung, Unterhaltung und kommunikative Erlebnisse zugleich (vgl. Schulze 2001, S. 33ff.; Klein 2005, S. 194f.).

Konkurrenz-analyse

Angesichts dieses Wertewandels in der Gesellschaft verändert sich das Verständnis, die Wahrnehmung und die „Nutzung" von Kunst. Die Bandbreite der wahrgenommenen Angebote im kulturellen Bereich reicht von der Hoch- bis zur Massenkultur, ernster und Unterhaltungsbereich vermischen sich. Freizeitkulturelle Angebote wie Musikfestivals liegen im Trend, bieten leicht Verdauliches, unterhalten und sind erlebnisreich. Damit treten sie in Konkurrenz zur Hochkultur und nehmen diese gleichsam auf (vgl. Opaschowski 1993, S. 196ff.; Rothärmel 1999, S. 99f.; Terlutter 2000, S. 33). Konkurrenten sind dabei grundsätzlich jene Anbieter, die „auf einem Markt um die Gunst derselben Käufergruppe rivalisieren" (Backhaus 1999, S. 167) – für den Theaterbereich heißt das konkret: Die Häuser konkurrieren sowohl um die monetären als auch um die nicht-monetären Ressourcen ihrer Besucher, wie etwa deren Finanz- und Zeitbudget oder deren Bereitschaft zum Engagement für die Häuser (zum Beispiel in der kulturpolitischen Legitimitätsdiskussion).

Wie bereits angesprochen darf die Definition der Konkurrenz nicht zu eng erfolgen, denn die potenziellen Wettbewerber eines Theaters sind aus Sicht der Besucher keineswegs nur andere Theater; für Zwecke des Theatermarketing ist es daher sinnvoll, im Sinne eines Zwiebelprinzips von einer sehr enggefassten hin zu einer sehr weitreichenden Perspektive zu differenzieren (vgl. Abb. 7). Nachfolgend werden die verschiedenen Konkurrenzverhältnisse skizziert (vgl. Klein 2005, S. 198 ff.):

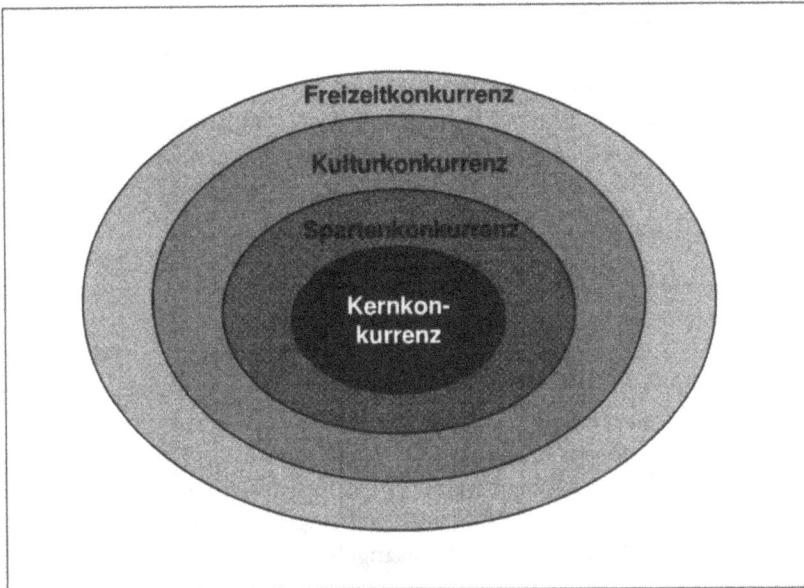

Abb. 7: Konkurrenzverhältnisse im Theaterbereich

- Kernkonkurrenz

Hierunter fallen jene Wettbewerber, deren Leistungsbündel den gleichen oder einen sehr ähnlichen (Kern-)Nutzen beinhaltet wie das eigene. So wird der Besucher an einem bestimmten Abend zum Beispiel das Bedürfnis nach einem anspruchsvoll-kritischen Theaterstück verspüren. In diesem Moment sind alle jene Schauspielhäuser Kernkonkurrenten, die ebenfalls ein solches Stück anbieten. Dabei muss dieses Konkurrenzdenken nicht auf einen Standort beschränkt bleiben, sondern es können zum Beispiel auch Theater an verschiedenen Standorten in das „evoked set" des Besuchers gelangen (dies wird vor allem in Ballungsräumen, wie dem Ruhrgebiet oder dem Rhein-Main-Gebiet der Fall sein).

- Spartenkonkurrenz

Die Spartenkonkurrenz umfasst alle Anbieter, die sich innerhalb derselben Sparte von Angeboten befinden. So ist der Besucher an einem bestimmten Abend zum Beispiel daran interessiert, eine Leistung aus dem Bereich der darstellenden Kunst wahrzunehmen. Zunächst ist er noch unentschlossen: Es könnte eine Oper oder eine Theateraufführung sein, aber auch ein Konzert oder ein Ballettstück würden sein Bedürfnis stillen. Alle vier Anbieter sind zu diesem Zeitpunkt Wettbewerber im Hinblick auf die freie Zeit, die Aufmerksamkeit und das Geld des potenziellen Besuchers.

- Kulturkonkurrenz

Bei dieser Perspektive werden nicht länger nur Theater, sondern das gesamte Spektrum kultureller Angebote innerhalb einer Region mit einbezogen. Hierzu zählen Einrichtungen der Kern- sowie Spartenkonkurrenz ebenso wie Museen (zum Beispiel an einem Tag mit verlängerten Öffnungszeiten), Orchester, Jazzveranstaltungen, Filmtheater, Vorträge etc.

- Freizeitkonkurrenz

Diese Sichtweise fasst den Begriff der Konkurrenz besonders weit: Hier zählen zusätzlich zu den vorgenannten Wettbewerbern im Grunde alle Freizeit- und Erlebnisangebote, die im relevanten Raum zur relevanten Zeit konsumierbar sind. Die Palette reicht von Kneipen und Discotheken über Sportveranstaltungen bis hin zum Fernsehprogramm oder zu Videoabenden. Dabei ist offensichtlich: Während die direkte Konkurrenz noch überschaubar und damit in der Regel leichter analysierbar ist, wird es mit zunehmender Öffnung der Perspektive immer schwieriger, die Wettbewerber und ihre Leistungsangebote zu beobachten.

**Infomations-
quellen**

Um Informationen über die Konkurrenten zu sammeln, stehen verschiedene Quellen zur Verfügung (vgl. Tab. 5), deren Inanspruchnahme mit unterschiedlichen Kosten-Nutzen-Relationen verbunden ist. Das Wirtschaftlichkeitsgebot legt dabei nahe, die Informationsbeschaffung sorgfältig zu planen und sukzessive von kostengünstigeren Verfahren (Sekundärquellen) zu kostenintensiveren Verfahren (Primärquellen) überzugehen.

Tab. 5: Informationsquellen der Konkurrenzanalyse

	Sekundärquellen	Primärquellen
intern	• Besucherbücher • Besucherkorrespondenz • Informationen aus dem betrieblichen Vorschlagswesen	• Befragung der eigenen Mitarbeiter • Befragung der Mitglieder des Freundeskreises/Fördervereins
extern	• Internet • Selbstdarstellungen (Imagebroschüren, Jahresvorankündigungen, Programmhefte etc.) • Tagespresse (Berichte, Anzeigen etc.) • Rundfunk, Fernsehen • Fachzeitschriften • Statistiken (Theaterstatistik, Haushaltspläne etc.) • Tagungs- und Kongressunterlagen • Expertenwissen von praxisnahen Hochschul- und Forschungsinstituten	• Befragung der eigenen Besucher • Befragung von Besuchern der Konkurrenten • Befragung von gemeinsamen Zulieferern (z.B. Theatershop) bzw. Kooperations- und Vertriebspartnern • Information von Testbesuchern („Mystery Visitors") • Informationen aus persönlichen Kontakten mit Mitarbeitern des Konkurrenten

Eine Weiterführung der Konkurrenzanalyse stellt das sogenannte **Benchmarking** Benchmarking dar, das zunehmend auch im Kulturbereich an Bedeutung gewinnt (vgl. Hausmann 2001, S. 225ff.; Hausmann 2004a, S. 89ff.; Duda 2005, S. 40ff.). Benchmarking ist ein systematisches, kontinuierlich einzusetzendes Instrument, in dessen Mittelpunkt die Messung und der Vergleich ausgewählter Bereiche in einer oder mehreren Organisationen stehen. Das mit dem Einsatz des Benchmarking vorrangig verfolgte Ziel besteht darin, die eigene Leistungsfähigkeit durch Orientierung an anderen Organisationen und deren „good-" oder sogar „best practices" zu erhöhen. Der Maßstab zur Beurteilung der eigenen Leistungsfähigkeit in Bezug auf die ausgewählten Bereiche wird dabei als „Benchmark" bezeichnet. Diese Benchmarks reduzieren komplexe Zusammenhänge auf leicht erfassbare und vergleichbare Daten und liefern damit eine wesentliche Unterstützung für die Entscheidungsfindung. Im Unterschied zu anderen betriebswirtschaftlichen Instrumenten bleibt das Benchmarking jedoch nicht auf den reinen Vergleich dieser Kennzahlen beschränkt, sondern es spürt vielmehr auch Ursachen für negative Abweichungen und geeignete Maßnahmen zu deren Beseitigung auf (vgl. Hausmann 2004b, S. 32).

Zum Begriff des Benchmarking gibt es verschiedene Versuche der Ab- **Begriffs-** grenzung. Als maßgebliche Bestandteile des Konzeptes werden dabei **abgrenzung** immer wieder die Messung und der Vergleich, die Systematik und die

Kontinuität sowie die Zielsetzung der Leistungsverbesserung herausgestellt. Unter Berücksichtigung des hier interessierenden Kontextes wird den weiteren Ausführungen folgendes Begriffsverständnis zugrunde gelegt: „Benchmarking umfasst die systematische und kontinuierliche Messung ausgewählter Objekte wie zum Beispiel Prozesse, Produkte oder Strategien in öffentlichen Betrieben und/oder Unternehmen der Privatwirtschaft sowie den Vergleich dieser Messergebnisse mit dem Ziel, Verbesserungsprozesse zu initiieren und nachhaltige Wettbewerbsvorteile zu erreichen" (Hausmann 2001, S. 216). Der Erfolg bei der Durchführung eines Benchmarking ist dabei wesentlich von einer systematischen Vorgehensweise abhängig. Diese wird erleichtert, wenn das Projekt in verschiedene Phasen mit jeweils unterschiedlichen Aktivitätsschwerpunkten gegliedert wird. Fünf Phasen lassen sich unterscheiden (Camp 1989, S. 17; Hausmann 2001, S. 221 ff.):

Planungsphase In der ersten Phase des Benchmarking erfolgt die Problemerkenntnis und -analyse: Ein das Benchmarking initiierendes Theater sieht sich durch offenkundig gewordene Schwachstellen bei der Leistungserstellung in seiner Wettbewerbsfähigkeit gefährdet und beginnt in ersten Schritten die Ursachen hierfür zu eruieren. Wenngleich es grundsätzlich möglich ist, sämtliche Leistungen, Prozesse, Strukturen etc. in das Benchmarking einzubeziehen, so sollten vor allem auch im Theaterbereich im Hinblick auf die knappen (personellen) Ressourcen nur jene Objekte in die engere Wahl einbezogen werden, die für die Schaffung beziehungsweise den Ausbau von Wettbewerbsvorteilen von zentraler Bedeutung sind. Geeignete Benchmarkingobjekte aus Sicht des Theatermarketing können zum Beispiel sein:

- Produkte und Dienstleistungen (Kernleistungen, Zusatzleistungen),

- Prozesse (Leistungserstellungsprozesse, Kommunikations- und Informationsprozesse etc.),

- Strategien (Vermarktungsstrategien, Strategien für die Beschaffung privater Drittmittel und/oder die Steigerung von Eigeneinnahmen etc.),

- Strukturen (Aufbauorganisation, Aufgabengliederung etc.).

Im Anschluss an die Objektwahl ist in dieser Phase das mit der Anwendung des Benchmarking verfolgte Ziel festzulegen (Verbesserung und Ausdifferenzierung der zusätzlichen Serviceleistungen, Erhöhung des Anteils an Drittmitteln etc.), um zum Abschluss des Benchmarking auch dessen Wirksamkeit im Hinblick auf die Zielerreichung beurteilen zu können. Als ein weiterer Bestandteil dieser ersten Phase des Benchmarking ist die Festlegung der geeigneten (quantitativen und qualitativen) Kennzahlen zu nennen. Dieser Schritt ist von entscheidender Bedeutung für den weiteren Verlauf und den Erfolg des Benchmarking, daher muss das Benchmarkingobjekt auch tatsächlich durch die gewählten Indikatoren abgebildet werden. Zudem muss zu diesem frühen Zeitpunkt bereits eine aktive Einbeziehung der Mitarbeiter erfolgen, um interne Widerstände gegen das Projekt abbauen und die Bereitschaft zu Veränderungen bei den Mitarbeitern fördern zu können (vgl. Töpfer/Mann 1997, S. 60f.); vor allem im Theaterbereich sind die noch häufig anzutreffenden Vorbehalte gegenüber betriebswirtschaftlichen Instrumenten und Methoden nicht zu unterschätzen.

Zu Beginn der zweiten Phase des Benchmarking werden die Teilnehmer ausgewählt. Hierbei sollte ein besonderer Wert auf die Kooperationsbereitschaft der potenziellen Partner gelegt werden, denn das Benchmarking wird nur erfolgreich verlaufen, wenn zwischen den Teilnehmern Offenheit besteht. So werden sich echte Lernprozesse immer dann einstellen, wenn die Teilnehmer vertrauensvoll zusammenarbeiten, interne Informationen preisgeben und Transparenz bei der Ursachenforschung herstellen. Das „Voneinander Lernen" – bei gleichzeitiger Vertraulichkeit im Umgang mit den erhobenen Daten – sollte die treibende Kraft bei der Durchführung eines Benchmarking im Theaterbereich sein. Als mögliche Teilnehmer kommen in Frage: **Datengewinnungsphase**

- andere Theater,
- andere öffentliche Kultureinrichtungen,
- privatwirtschaftliche Kultur- und Freizeiteinrichtungen,
- Unternehmen der Privatwirtschaft.

Neben der Teilnehmerauswahl liegt ein weiterer Bestandteil dieser Phase in der Erhebung der Daten bei den verschiedenen Benchmarking-Teilnehmern; diese erfolgt mittels sekundärstatistischer und/oder primärstatistischer Methoden. Die Erhebung der Daten sollte von einem professionellen Berichtswesen begleitet werden, um eine systematische und kontinuierliche Vorgehensweise zu fördern.

In der sich an die Datenerhebung anschließenden dritten Phase wird die eigene Leistung mit jener der anderen Teilnehmer verglichen, um etwaige Unterschiede identifizieren zu können. In einem nächsten Schritt werden die den aufgetretenen Leistungsunterschieden zugrunde liegenden Hintergründe lokalisiert und untersucht. Von Bedeutung ist hierbei, dass die Analyseergebnisse in ihrem jeweiligen organisations- und umweltbezogenen Kontext interpretiert werden, da sich ansonsten keine sinnvollen Maßnahmen zur Verbesserung der eigenen Leistung ergreifen lassen. **Datenanalysephase**

Im Mittelpunkt der vierten Phase steht die Erarbeitung und Umsetzung konkreter Verbesserungsmaßnahmen für die in den vorangegangenen Phasen identifizierten Leistungsschwächen. Wesentlich ist hierbei, dass **Verbesserungsphase** die „good-" beziehungsweise „best-practices" anderer Teilnehmer nicht undifferenziert auf das eigene Theater übertragen werden, sondern unter Berücksichtigung der jeweiligen internen Situation (personelle und strukturelle Voraussetzungen, extern vorgegebene Rahmenbedingungen) umsichtig adaptiert werden (vgl. Töpfer/Mann 1997, S. 60). Die Ergebnisse eines Benchmarking sind damit nicht im Sinne einer unmittelbar zu implementierenden „Optimallösung" zu interpretieren, sondern bilden vielmehr die Grundlage für die Entwicklung kreativer Ideen und neuer Visionen.

Kontrollphase Im Anschluss an die Verbesserungsphase sind Beurteilungsgrößen zur Kontrolle der Wirksamkeit dieser Maßnahmen im Hinblick auf das Ziel des Benchmarking zu entwickeln. Dabei geht es in dieser fünften Phase des Benchmarking jedoch nicht nur um eine Realisations- und Zielerreichungskontrolle, sondern auch um eine Überprüfung der mit der Umsetzung der Verbesserungsmaßnahmen verbundenen Kosten. Denn es sollte im Rahmen eines Benchmarking gewährleistet bleiben, dass der aus der Realisierung der Verbesserungsmaßnahmen gewonnene Nutzen höher ist als die bei dem jeweiligen Benchmarkingteilnehmer im Zusammenhang mit der Maßnahmenumsetzung verursachten Kosten.

Mit Abschluss der Kontrollphase ist das Benchmarking jedoch nicht beendet. Nicht zuletzt die Dynamik der Theaterumwelt (kulturpolitische Schwerpunktsetzungen, Haushaltssperren im Trägerhaushalt, gesamtwirtschaftliche Entwicklungen etc.) und die damit verbundene Notwendigkeit zur kontinuierlichen Neuorientierung machen es erforderlich, das Benchmarking zu institutionalisieren und regelmäßig durchzuführen. Positiver Nebeneffekt ist hierbei, dass einzelne Aspekte (Kennzahlen, Ziele etc.) auch immer wieder an veränderte Rahmenbedingungen oder Aufgabenstellungen angepasst werden können (vgl. Hausmann 2004b, S.35). Abbildung 8 zeigt die Phasen eines Benchmarking im Überblick.

```
┌─────────────────────────────────────────────────────────────┐
│                                                               │
│  ┌─────────────────────────────────────────────────────┐     │
│  │ Planung: Problemerkenntnis, Objektwahl, Festlegung   │     │
│  │ des Projektziels, Bestimmung der Kennzahlen, Einbe-  │     │
│  │ ziehung der Mitarbeiter                              │     │
│  └─────────────────────────────────────────────────────┘     │
│                                                               │
│  ┌─────────────────────────────────────────────────────┐     │
│  │ Datengewinnung: Auswahl der Teilnehmer, interne      │     │
│  │ und externe Datengewinnung                          │     │
│  └─────────────────────────────────────────────────────┘     │
│                                                               │
│  ┌─────────────────────────────────────────────────────┐     │
│  │ Datenanalyse: Vergleich der Daten, Identifikation von│     │
│  │ Unterschieden, Ursachenanalyse                      │     │
│  └─────────────────────────────────────────────────────┘     │
│                                                               │
│  ┌─────────────────────────────────────────────────────┐     │
│  │ Verbesserung: Festlegung und Umsetzung von          │     │
│  │ Verbesserungsmaßnahmen                              │     │
│  └─────────────────────────────────────────────────────┘     │
│                                                               │
│  ┌─────────────────────────────────────────────────────┐     │
│  │ Kontrolle: Bestimmung von Kontrollgrößen, Durchfüh-  │     │
│  │ rung einer Zielerreichungs- und Kostenkontrolle     │     │
│  └─────────────────────────────────────────────────────┘     │
│                                                               │
└─────────────────────────────────────────────────────────────┘
```

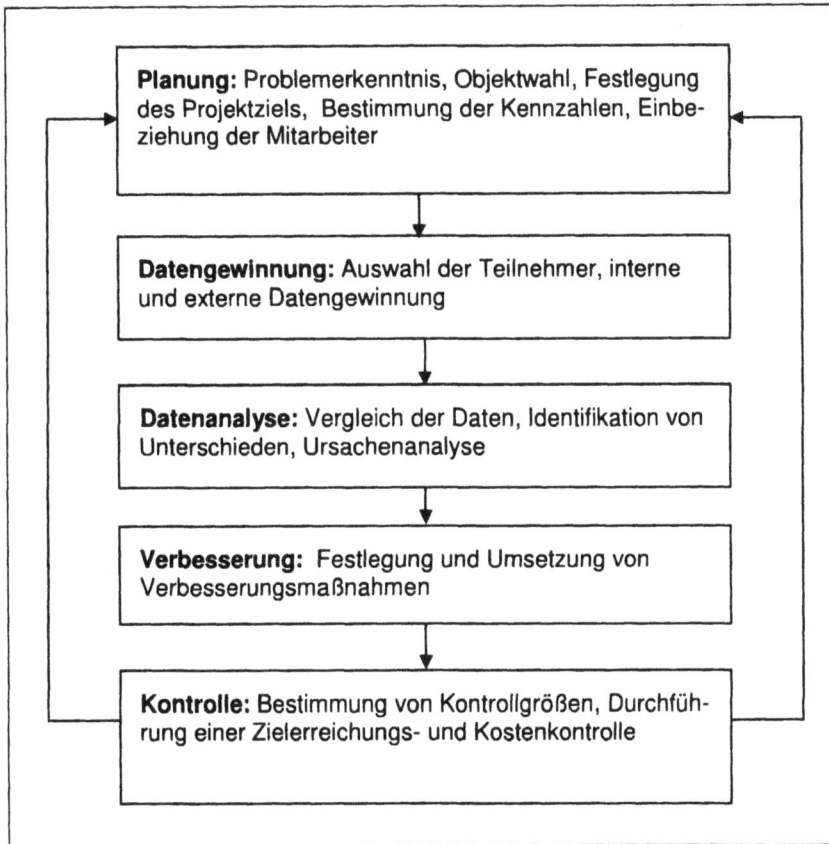

Abb. 8: Phasenablauf des Benchmarking

Neben den Wettbewerbern beeinflussen auch zahlreiche andere Akteure und Entwicklungen die Rahmenbedingungen von Theatern. Aus der Gesamtheit der möglichen Umweltvariablen sind dabei ausschließlich jene Faktoren einer systematischen Analyse zu unterziehen, die in einer spezifischen Entscheidungssituation für das Theatermarketing von tatsächlicher Relevanz sind, das heißt „key issues" der Entscheidung darstellen (vgl. Meffert 2000, S. 27). Zentrale Frage der Analyse ist aus Sicht der Theater, welche Chancen und Risiken sich aus bestimmten Umweltkonstellationen für die eigene Arbeit ergeben werden und welche Handlungen sich daraus als Konsequenz ableiten lassen. Nachfolgend werden einzelne Determinanten der Umweltanalyse dargestellt (vgl. Klein 2005, 181 ff.; Bennett 2002, S. 37).

Umweltanalyse

▪ technologischer Fortschritt

Im Bereich der Informations- und Kommunikationstechnologien hat sich in den letzten Jahren viel verändert. So spielt zum Beispiel das Internet mittlerweile auch im Kulturbereich eine zentrale Rolle. Für Theater bedeutet das, dass sie im Rahmen ihrer kommunikationspolitischen Aktivitäten nicht länger nur auf Plakate oder Anzeigen in Zeitungen angewiesen sind, sondern auch im Internet über sich und ihre Leistungen (zeitgemäß) informieren können. Auch bieten sich zum Beispiel mit Besucherforen neue Wege zur Kommunikation mit und unter den Besuchern. Des weiteren haben sich hierdurch neue Distributionskanäle geöffnet (Online-Kartenbestellung, Theatershop online etc.). Mit diesen Möglichkeiten ist jedoch gleichzeitig auch eine Verpflichtung verbunden: Denn eine in inhaltlicher, technischer und gestalterischer Hinsicht professionelle Internet-Präsenz ist auch für Anbieter im kulturellen Bereich unumgänglich, um aktuelle und potenzielle Zielgruppen wirksam anzusprechen und so das Besucherinteresse und die Wettbewerbsfähigkeit dauerhaft zu sichern.

* demographische Entwicklung

Im Rahmen der Analyse der demographischen Entwicklung interessieren unter anderem die Bevölkerungszahl und die Bevölkerungszusammensetzung. Zu letzterem gehören im Einzelnen Altersstruktur, Migration, räumliche Bevölkerungsverteilung und -dichte, Lebenserwartung, Haushaltsgröße etc. Informationen hierüber können für die Planung des Theatermarketing durchaus interessant sein. So wird beispielsweise der Anteil älterer Menschen an der Gesamtbevölkerung in der Bundesrepublik stetig größer (Umkehrung der Alterspyramide), gleichzeitig sinkt die durchschnittliche Familiengröße und die Zahl der Single-Haushalte nimmt zu; einige Kultureinrichtungen sind schon dazu übergangen, spezielle Angebote für den Singlemarkt zu entwickeln („single nights" etc.). Vor allem aber geht in den öffentlichen Theatern aufgrund des hohen Durchschnittsalters ihres Publikums die Sorge um, dass hier künftig die Besucher ausbleiben. Nicht zuletzt vor diesem Hintergrund sind Kinder und Jugendliche zu einer sehr umworbenen Zielgruppe von Theatern und anderen Kultureinrichtungen geworden. Hier sind neue Maßnahmen des Theatermarketing gefragt, denn möglicherweise hat die Mediengeneration andere kulturelle Präferenzen ausgebildet, die sie eben nicht so ohne weiteres in die klassischen Einrichtungen der Hochkultur führt.

* wirtschaftliche Rahmenbedingungen

Durch die konjunkturelle Entwicklung wird nicht nur das verfügbare Einkommen der privaten Haushalte (und damit das Budget für Kultur- und Freizeitangebote) determiniert, sondern auch die Bereitschaft von Unternehmen zum Eingehen von Sponsorships oder anderen Kooperationsformen (Public Private Partnership etc.). Aber auch Aspekte wie Arbeitslosigkeit oder die verfügbare Freizeit von Arbeitnehmern sind wichtige Parameter für das Theatermarketing.

- soziokultureller Wandel

Die Gesellschaft und ihr Wertesystem sind einer stetigen Veränderung unterworfen, deren Auswirkungen auch für die Theater von großer Bedeutung sein können. So hat der Anteil derer mit höherer Schulbildung ebenso zugenommen wie der Anteil der Beschäftigten im Dienstleistungssektor. Ebenfalls sprechen viele Soziologen heute von einer Informations-, Wissens- und Erlebnisgesellschaft. Das Wertesystem hat sich stark in Richtung Individualismus und Selbstentfaltung verschoben. Dazu kommt, dass die zunehmende Nutzung der neuen Informations- und Kommunikationstechnologien die Rezeptionsfähigkeit der (künftigen) Besucher deutlich verändern wird. In diesem Zusammenhang sind Computer und Fernsehen als ernst zu nehmende Konkurrenz der Theater um das knappe Freizeitbudget vor allem jüngerer Menschen zu sehen.

- politisch-rechtliche Rahmenbedingungen

Das Kulturverfassungsrecht sowie andere Rechtsbereiche wie das allgemeine Vertragsrecht, Steuerrecht, Urheberrecht oder das Medienrecht definieren und begrenzen das Handeln der Theater. Auch arbeitsrechtliche Bestimmungen, wie etwa die Künstlersozialversicherungspflicht, sind von Bedeutung für die Theaterarbeit. Für das Theatermarketing ist darüber hinaus immer auch das allgemeine kulturpolitische Klima von Interesse, das die Arbeit der Häuser in erheblichem Maße erleichtern oder erschweren kann.

Neben der Analyse der Wettbewerber und der allgemeinen Umweltbedingungen ist es für jede Marketingentscheidung des weiteren von Bedeutung, dass die theaterinterne Situation vollständig erfasst ist: Denn es reicht offenkundig nicht aus, dass auf dem relevanten Markt attraktive Chancen identifiziert worden sind – das Theater muss auch über die erforderlichen Ressourcen verfügen, diese Chancen erfolgreich wahrnehmen zu können (vgl. Kotler/Bliemel 2001, S. 118). Dabei geht es aus der Sicht der Theater im Wesentlichen darum, die eigenen Potenziale möglichst (selbst-)kritisch zu analysieren, um die Erfolgsaussichten von Marketingmaßnahmen möglichst genau abschätzen zu können. Durch eine (möglichst objektive) Bewertung von Stärken und Schwächen soll herausgefunden werden, welche konkreten Aktivitäten das Theater unter Berücksichtigung der gegenwärtigen und zukünftigen Ressourcensituation ergreifen soll. Die Stärken sind dabei gleichzusetzen mit der Fähigkeit eines Theaters, die Marktchancen besonders gut zu nutzen beziehungsweise den Marktrisiken zu begegnen. Bei den Schwächen ist es entsprechend umgekehrt (vgl. Meffert/Bruhn 2003, S. 166f.).

Bezugsobjekt der Analyse können das Theater insgesamt, einzelne strategische Geschäftsfelder (vgl. Kapitel 4) oder auch spezifische Dienst-

Ressourcenanalyse

leistungsprozesse sein. Im Hinblick auf eine allgemeine Bestandsaufnahme zur Situation eines Theaters aus Marketinggesichtspunkten sollten im Rahmen einer solchen Stärken-Schwächen-Analyse unter anderem folgende Leistungsmerkmale bewertet werden:

- Image und Bekanntheitsgrad des Theaters,

- Qualität des Theaterstandorts,

- Qualität und Umfang der Kern- und Zusatzleistungen,

- Grad der Besucherorientierung, -zufriedenheit und -bindung,

- Erfolg bisheriger Marketingaktivitäten,

- Höhe des Marketingbudgets und allgemeine Finanzsituation,

- Anzahl und Know-how der Mitarbeiter im Marketing,

- Anzahl und Qualifikation von sowohl künstlerischen als auch nichtkünstlerischen Mitarbeitern,

- technische Ausstattung der Arbeitsplätze,

- Innovationspotenzial des Theaters,

- Qualität der Informations- und Kommunikationsprozesse zwischen dem Theatermarketing und anderen Abteilungen.

Nach der Auswahl der relevanten Leistungsmerkmale sind in einem nächsten Schritt entsprechende Kriterien zur Beurteilung dieser Merkmale festzulegen. Diese können entweder verbal (große Stärke, kleine Stärke, weder/noch, kleine Schwäche, große Schwäche) oder numerisch im Sinne einer Notenskala (1-5) formuliert werden. Im Idealfall kann dem Eigenbild, das sich aus der Bewertung durch die Mitarbeiter und Führungskräfte eines Theaters zusammensetzt, bei bestimmten Aspekten ein Fremdbild gegenübergestellt werden, das sich zum Beispiel aus der Befragung von Besuchern des Theaters ergibt (vgl. Klein 2005, S. 208ff.).

2.5. Beschaffungsmarketing: Sponsoring und Fundraising

Im Mittelpunkt der bisherigen Ausführungen stand der Absatzmarkt beziehungsweise die Herstellung von Austauschbeziehungen zum Absatzmarkt. Einen weiteren Parameter für das Marketing von Theatern stellen die verschiedenen Beschaffungsmärkte dar, denn Theater müssen – um ihre Leistungen überhaupt erstellen und am Absatzmarkt anbieten zu können – selbst erst entsprechende Ressourcen (Finanzen, Personal, Material, Rechte, Lizenzen, kulturpolitische Legitimation etc.) beschaffen. Damit agiert jedes Theater sowohl als Verkäufer als auch als Käufer und die Austauschbeziehungen, die in den vorangegangenen Ausführungen als wesentliches Merkmal des Marketing definiert wurden, erstrecken sich auch auf den Beschaffungsmarkt. Unter Beschaffungsmarketing ist entsprechend die Ausdehnung des ursprünglich absatzmarktorientierten Marketingkonzepts auf die Gesamtheit aller auf die Beschaffungsmärkte gerichteten Aktivitäten von Organisationen mit dem Ziel ihrer Beeinflussung zu verstehen (vgl. Koppelmann 2000, S. 3ff.; Klein 2005, S. 222). Aufgrund der schwierigen finanziellen Situation der öffentlichen Haushalte stellt die Beschaffung von Finanzmitteln einen zentralen Engpass dar. Im Folgenden werden mit dem Sponsoring und dem Fundraising zwei Instrumente in ihren Grundzügen skizziert, die von den Theatern im Rahmen der Beschaffung von (in erster Linie) privaten Finanzmitteln eingesetzt werden können.

Sponsoringbegriff

Sponsoring im Kulturbereich lässt sich allgemein beschreiben als die Planung, Organisation, Durchführung und Kontrolle sämtlicher Aktivitäten, die mit der Bereitstellung von Geld, Sachmitteln, Dienstleistungen oder Know-how durch Unternehmen zur Förderung von Künstlern, kulturellen Gruppen, Institutionen oder Projekten verbunden sind (vgl. Bruhn 1998, S. 218). Gegenüber anderen Einnahmearten wie zum Beispiel den Spenden grenzt sich das Sponsoring insofern ab, als es sich hierbei um ein Geschäft auf Gegenseitigkeit handelt, in dessen Rahmen die beteiligten Parteien bestimmte Ziele verfolgen, die durch einen Austausch von Leistung und Gegenleistung erreicht werden sollen; die konkrete Ausgestaltung dieses Prinzips des „do ut des" findet ihren Niederschlag in einem entsprechenden Sponsoringvertrag (vgl. Kössner 1999, S. 25; Günter 1999b, S. 23). Dabei ist dieser Aspekt nicht zuletzt auch aus steuerrechtlicher Sicht von besonderer Bedeutung für die Unternehmen, die ihre Sponsoringaufwendungen in der Regel steuermindernd gelten machen wollen. Ob und in welchem Umfang das möglich ist, hängt allerdings von der steuerlichen Einordnung ihrer Aufwendungen ab; nur wenn die im Zusammenhang mit dem Sponsoring gemachten Aufwendungen als Betriebsausgaben im Sinne des § 4 Abs. 4 Einkommensteuergesetz (EStG) anerkannt werden, können sie im vollem Umfang den Betriebsausgaben zugerechnet werden und damit den steuerpflichtigen Gewinn mindern (vgl. Irle 2002, S. 32ff.). Umgekehrt ist es für die Theater wichtig, dass sie die Sponsoringmittel steuerfrei vereinnahmen dürfen; dafür ist die Art der Gegenleistung ausschlaggebend.

Erwartungen der Unternehmen

Im Idealfall schafft Sponsoring eine „Win-Win-Situation" für beide Parteien. Während die Theater an der Beschaffung von Finanz- und Sachmitteln sowie der Aneignung von (betriebswirtschaftlichem) Know-how interessiert sind, verfolgen die Unternehmen mit ihrem Engagement in erster Linie Kommunikationsziele. Kultursponsoring bietet den Unternehmen eine geeignete Plattform, um die Vorziehens-

würdigkeit der eigenen Produkte und Dienstleistungen in einem glaub-
würdigen Umfeld zu kommunizieren. Durch das Sponsoring kann ein
differenziertes und positives Image sowohl bei der Zielgruppe, als auch
in der Öffentlichkeit und bei den Mitarbeitern geschaffen werden. Empirische Studien haben gezeigt, dass es den Unternehmen neben dieser
Möglichkeit zur Imagepflege und Imageverbesserung vor allem auch
um die Nutzung des Sponsoring zur Kontaktpflege beziehungsweise
Kundenbindung, Erhöhung des Bekanntheitsgrades, Demonstration
gesellschaftlicher Verantwortung und Mitarbeitermotivation geht (vgl.
Witt 2000, S. 87ff.; Duda/Hausmann 2004, S. 34).

Für den Erfolg des Sponsoring ist es allerdings wesentlich, dass sich die
Theater mit der Interessenlage des Sponsors auseinandersetzen und
seine Motive für das Eingehen von Sponsorships ausreichend berücksichtigen. So sind im Vorfeld der Ansprache potenzieller Sponsoren
unter anderem folgende Fragen zu klären (vgl. Dubach/Frey S. 17ff.):
Warum könnte das Projekt für den Sponsor interessant sein? Ist das
Projekt medienrelevant beziehungsweise kommunizierbar? Welche
finanziellen/materiellen Erfordernisse hat das Projekt? Zu welchem
Zeitpunkt soll das Sponsorship beginnen und welche Dauer wird es
umfassen? Dabei sollte bei der Auswahl möglicher Sponsoren grundsätzlich kriteriengeleitet vorgegangen werden; relevante Aspekte sind
hier unter anderem Bekanntheit des Unternehmens, Produktaffinität,
Übereinstimmung der Zielgruppen von Sponsor und Theater, geographische Nähe, Engagement in anderen Sponsorships.

Gegenleistun-
gen der Theater
Im Sponsoring manifestiert sich auch noch einmal besonders deutlich
der Austauschgedanke des Marketing – den Leistungserwartungen an
die Sponsoren stehen die möglichen Gegenleistungen der Theater gegenüber; hierzu gehören unter anderem (vgl. Heinze 2002, S. 83; Gün-
ter/Hausmann 2005):

- Namensnennung des Unternehmens und Präsentation des Logos
  auf Plakaten, Broschüren, Programmheften, auf der Homepage etc.,

- Hinweis auf den Sponsor in Eröffnungsreden, Interviews, Statements etc.,

- Nennung des Sponsors bei allen Public Relations-Maßnahmen,

- Informationsstand des Sponsors im Rahmen von Veranstaltungen,

- Freikarten für den Sponsor und Geschäftsfreunde,

- Vermittlung von Exklusivkarten für Geschäftsfreunde,

- Nutzung des Ambientes der Theaterräumlichkeiten für andere Un-
  ternehmenszwecke.

Die Bayerische Staatsoper verfügt über ein sehr differenziertes Sponso-
ringkonzept mit unterschiedlichen Kategorien von Leistungen und
Gegenleistungen. Interessierte Unternehmen können unter Berücksichtigung ihrer jeweiligen Bereitschaft zur (finanziellen) Unterstützung eine
der folgenden Sponsoringklassen wählen:

Beispiel

* Solist im Rampenlicht

Hier wird einem Unternehmen exklusiv die Beteiligung an einer Neu-
produktion oder an Projekten der Bayerischen Staatsoper geboten.
Neben der Nennung auf der Sponsorentafel erhält der Partner als einziges Unternehmen alle Optionen der individuellen Darstellung rund
um die geförderte Produktion. Dies betrifft neben VIP-Events sämtliche Publikationen: vom Plakat über Programmheft bis zum Beset-
zungszettel.

* Premium Circle

Auch diese Kategorie lebt von ihrer Exklusivität: Der Kreis ist auf 25
Mitglieder beschränkt und umfasst hochkarätige Unternehmen, Institutionen und Privatpersonen. Neben seiner meinungsbildenden Funktion,
zum Beispiel in Form von Veröffentlichungen und Podiumsdiskussio-
nen, bietet der Premium Circle eine Reihe von attraktiven und exklusiven Leistungen für seine Mitglieder. So gibt es beispielsweise eine eigene Loge im Nationaltheater, die Premium Circle Loge.

* Patron Circle

Der Patron Circle ist eine aktuelle Weiterentwicklung und Differenzierung des Partnerprogramms. Das Commitment zwischen Unternehmen
und Kultureinrichtung geht über das im Rahmen des Classic Circles
hinaus.

* Classic Circle

Der Classic Circle bietet vorrangig mittelständischen Unternehmen ein
maßgeschneidertes kulturelles Engagement am Standort München.
Unternehmen, die das Haus als Mitglied des Classic Circle unterstützen,
können unter anderem Geschäftspartner zu entsprechenden Veranstaltungen einladen, bestimmte Kartenkontingente reservieren und an fest-
lichen Empfängen durch die Intendanz teilnehmen.

(Quelle: http://www.bayerische.staatsoper.de, Abfrage am 28. Juni
2005)

Wenngleich sich viele Kulturprojekte der vergangenen Jahre erst durch
die Unterstützung von Sponsoren realisieren ließen, so ist vor einer
allzu hohen Erwartung an das Sponsoring im Theaterbereich zu warnen
– zum einen kann privates Engagement die öffentliche Unterstützung
immer nur ergänzen, nicht aber ersetzen. Zum anderen zeigt sich in

aktuellen empirischen Untersuchungen, dass Theater als Partner für Sponsoren im Vergleich zu Museen (oder anderen Förderobjekten wie etwa Sportveranstaltungen) gegenwärtig noch am wenigsten interessant sind. So wurde zum Beispiel im Rahmen der Studie „Mythos Sponsoring" aus dem Jahr 2005 herausgefunden, dass die Unternehmen ihrer Einschätzung nach mit Theatersponsoring zu wenige Personen erreichen; der begleitende Marketing-Effekt des Sponsoring wird in diesem künstlerischen Sektor als zu gering angesehen. Theater haben aus Sicht der befragten Unternehmen nicht den gewünschten „dekorativen Effekt" wie große Blockbuster-Ausstellungen von Museen („MoMa in Berlin", „Van Gogh: Felder. Das Mohnfeld und der Künstlerstreit" etc.) oder auch Sportveranstaltungen. Des weiteren äußerten die befragten Unternehmen die Vermutung, dass sie im Rahmen von Sponsorships mit Theatern eher in den laufenden Betrieb statt in ein bestimmtes Projekt investieren würden. Aber auch eine gewisse „Kulturferne" beziehungsweise Unerfahrenheit mit der künstlerischen Arbeit von Theatern erschwert offenbar derzeit noch die Zusammenarbeit zwischen diesem Bereich der Kultur und der Wirtschaft (vgl. Leschig 2005, S. 61 ff.).

Begriff des Fundraising

Anders als beim Sponsoring wird der Begriff des Fundraising in der Literatur nicht einheitlich verwendet. So wird das Fundraising zum Teil als Oberbegriff verstanden, dem das Sponsoring als ein Instrument im Gesamtmix des Fundraising zu subsumieren ist (vgl. Lissek-Schütz 1998, S. 7 f.; Haibach 2002, S. 148ff.). Nach einer anderen Sichtweise werden Fundraising und Sponsoring als zwei eigenständige, gleichrangige Instrumente im Beschaffungsmarketing von Kultureinrichtungen eingeordnet; Fundraising wird hier im Sinne eines systematischen Sammelns von mäzenatischen Zuwendungen – vorwiegend von Einzelpersonen – verstanden (vgl. Heinrichs 1997, S. 176 f.; Heinrichs 1998, S. 6 f.). Dabei hat die zweite Auffassung den Vorteil, dass der wesentliche Unterschied zwischen Fundraising und Sponsoring nicht verwischt werden kann: Während Sponsoring auf dem kooperativen System von Leistung und Gegenleistung beruht, werden im Fundraising von den Kultureinrichtungen keine Gegenleistungen (vor allem nicht im Sinne von Werbeleistungen) erbracht.

Aspekte des Fundraising

Gegenüber dem traditionellen Spendensammeln zeichnet sich das Fundraising durch eine systematische, zielgruppenbezogene und auf Kontinuität angelegte Vorgehensweise aus. Als Adressaten des Fundraising kommen neben Privatpersonen vor allem öffentliche und private (Förder-)Stiftungen, aber auch Institutionen des Bundes, der Länder oder der EU sowie Verbände und Unternehmen in Betracht. Nicht nur der Begriff, sondern auch die Philosophie des Fundraising stehen dabei eng in der amerikanischen Tradition des „philantrophic giving", bei der der „Impuls zu geben" durch Gemeinsinn, also durch das Bedürfnis, etwas Gutes tun zu wollen, motiviert ist (vgl. Lissek-Schütz 1998, S. 8; Klein 2005, S. 234). Folgende Aspekte sind im Rahmen des Fundraising von den Theatern zu berücksichtigen:

- Für den Erfolg beim Fundraising ist es wichtig, dass der Vorgehensweise ein strategisch angelegtes und professionell ausgerichtetes Konzept zugrunde liegt: Die einzelnen Schritte und deren Umsetzung müssen langfristig geplant und aufeinander abgestimmt werden; wichtig ist dabei auch die Schaffung von konkreten Zielvorgaben einschließlich einer Kontrolle der im Rahmen des Fundraising verursachten Kosten und des jeweils erzielten Nutzens. Darüber hinaus sollte in diesem Rahmen auch beantwortet werden, welche personellen und organisatorischen Ressourcen (in quantitativer und qualitativer Hinsicht) im Theater vorhanden sind, um das Fundraising entsprechend systematisch durchführen zu können.

- Nicht zuletzt aufgrund der Tatsache, dass eine Vielzahl von Gemeinwohlanliegen und gemeinnützigen Organisationen um die Gunst der Finanzierungspartner konkurrieren, ist es von Bedeutung, dass die Ziele, die Aufgaben und das Profil des Theaters für Externe offenkundig und nachvollziehbar sind: Welches Profil und welche „unique selling proposition" hat das Theater und welche Leistungen werden den verschiedenen Interessengruppen am Markt angeboten – diese Fragen müssen im Vorfeld einer Fundraisingkampagne eindeutig geklärt werden (vgl. Kapitel 4).

- Ähnlich wie beim Sponsoring müssen im Vorfeld der Ansprache die relevanten Parameter festgelegt werden, vor allem ist der eigentliche Finanzierungsbedarf zu klären: Für welches Förderobjekt werden welche monetären und nicht-monetären Mittel benötigt? In diesem Kontext sind auch der Zeitpunkt und die Dauer der Förderung festzulegen. Dabei ist zu beachten, dass sich verschiedene Vorhaben unterschiedlich gut für eine Ansprache der Zielgruppen des Fundraising (Privatpersonen, Stiftungen etc.) eignen: So muss zum Beispiel bei der Ansprache von Privatpersonen ein überzeugender Fördergrund vorhanden sein, mit dem sich die Menschen identifizieren können und dessen Unterstützungswürdigkeit aus ihrer Perspektive unmittelbar offensichtlich ist (vgl. Haibach 2002, S. 78ff.). So versucht zum Beispiel das Schmidt Theater in Hamburg einen Großteil der für über eine Million Euro vorgenommenen Neugestaltung seiner Innenausstattung im Rahmen so genannter Sesselpatenschaften durch engagierte Privatpersonen aufzubringen. Zum Preis von 888 Euro pro Theatersessel oder 8.888 Euro für eine Sitzgruppe können sich private Förderer an diesem ambitionierten Projekt beteiligen (vgl. http://www.zdftheaterkanal.de, Abfrage am 27. April 2005).

- Last but not least darf das Verständnis des Fundraising nicht auf die Beschaffung von Geld und Sachmitteln reduziert werden. Wenngleich es auch darum geht, so ist doch für den Erfolg beim Fundraising eine Sichtweise entscheidend, bei der es um den Aufbau und die Pflege von Beziehungen zwischen den Geldgebern und den Theatern geht. Im Kern eines solchen „Friendraising" beziehungsweise „Relationship Fundraising" steht die Entwicklung von Aktivitäten, durch die sich die Förderer wichtig, geschätzt und geachtet fühlen. Im Mittelpunkt steht also weniger das (kurzfristig ausgerichtete) Auftreiben von Geld, als vielmehr die Entwicklung einer (langfristigen) Beziehung zwischen der Kultureinrichtung und ihren Geldgebern. Damit ist es eine zentrale Herausforderung des Friendraising, die Finanzierungspartner dazu zu bewegen, das Theater wiederholt und im Idealfall sogar dauerhaft zu unterstützen (vgl. Lissek-Schütz 1999, S. 235).

Freundeskreise und Fördervereine

Ein besonders wichtiges Instrument des Fundraising beziehungsweise der Einwerbung von Zuwendungen durch Privatpersonen stellt der Aufbau von Freundeskreisen und Fördervereinen dar (vgl. Heinrichs 1997, S. 175ff.), da durch diese beiden Institutionen nicht nur finanzielle Mittel bereitgestellt werden, sondern – idealerweise – auch Beratungs- und Unterstützungsleistungen (zum Beispiel durch ehrenamtliches Engagement bei der Durchführung von Veranstaltungen oder die Anbahnung von Kontakten zu anderen Spendern und Sponsoren). Eine Trennung von Freundeskreis und Förderverein ist dann sinnvoll, wenn hierdurch unterschiedliche Zielgruppen mit unterschiedlichen Beitrittsmotiven angesprochen werden sollen: Wenn sich zum Beispiel der Freundeskreis an eine breite Interessengruppe wendet (und der Jahresbeitrag entsprechend niedrig angesetzt wird), kann der Förderverein für eine exklusivere Klientel mit nachhaltiger (und vor allem finanzieller) Unterstützungsabsicht vorbehalten bleiben (vgl. Lissek-Schütz 1998, S. 18ff.). In manchen Fällen kann es auch sinnvoll sein, eine an Altersklassen oder Sparten orientierte Trennung von Freundeskreisen vorzunehmen, da auch hierdurch die unterschiedlichen Interessenlagen der potenziellen Freunde zielgruppenspezifischer bedient werden können.

Beispiel

Die Deutsche Oper am Rhein verfügt über drei unterschiedliche Freundeskreise. Ergänzend zum seit über dreißig Jahren bestehenden Freundeskreis Deutsche Oper am Rhein e. V. wurde zu Beginn der Spielzeit 1997/98 speziell für alle Ballettinteressenten die Vereinigung der Ballettfreunde der Deutschen Oper am Rhein gegründet. Darüber hinaus verfügt die Oper mit dem „Rheingold e.V." über ein spezielles Forum für junge Leute, in dem jeder Mitglied werden kann, der jünger als 30 Jahre ist und seine Theaterbegeisterung mit Gleichaltrigen teilen möchte.

Mitglieder von Rheingold sind berechtigt, im Vorverkauf Karten für Aufführungen des Opernhauses Düsseldorf zu stark ermäßigten Preisen zu erwerben. Darüber hinaus können die Mitglieder unter anderem folgende Aktivitäten wahrnehmen:

- gemeinsame Besuche von Opern- und Ballettvorstellungen der Rheinoper,

- Gespräche mit Sängern, Regisseuren, Dirigenten und anderen Künstlern,

- Führungen durch Fundus und Werkstätten,

- Besuch von Bühnenproben,

- Reisen zu anderen Opernhäusern und Festspielen,

- Werkseinführungen und -begleitungen,

- regelmäßiges „get-together".

(Quelle: http://www.rheinoper.de, Abfrage am 1. Juli 2005)

3. Informationsgrundlagen des Theatermarketing

3.1. Besucherforschung

3.1.1. Aufgaben und Forschungsprozess

Um Marketingentscheidungen fundiert treffen zu können, ist die Kenntnis des Verhaltens der relevanten Marktteilnehmer von zentraler Bedeutung. Von besonderem Interesse ist dabei der Zusammenhang zwischen den am Markt eingesetzten Marketinginstrumenten und dem hierdurch induzierten Verhalten der potenziellen Nachfrager. Im Marketing erwerbswirtschaftlicher Unternehmen gilt für diese Zwecke die Marktforschung als ein seit langem bewährtes Instrument, um mehr über die Kunden zu erfahren, ihre Bedürfnisse bei der Gestaltung des Angebots stärker berücksichtigen und sie damit für die Leistungen des eigenen Unternehmens nachhaltig interessieren und gewinnen zu können. Mit Hilfe der Marktforschung können auf der Basis wissenschaftlicher Methoden systematisch entscheidungsrelevante Informationen für das Marketing erhoben, analysiert und interpretiert werden; ihr Einsatz dient vor allem auch der Analyse des Nachfragerverhaltens, der Wirkung von Marketingaktivitäten sowie der in diesem Kontext relevanten innerbetrieblichen Sachverhalte (vgl. Meffert/Bruhn 2003, S. 126).

Auch im Kulturmarketing gewinnt die Marktforschung zunehmend an Bedeutung: Denn die durch den Einsatz der verschiedenen Analyseinstrumente gewonnenen Erkenntnisse stellen auch für Museen, Theater oder Orchester einen wichtigen Erfolgsfaktor für die Wirksamkeit und die Wirtschaftlichkeit von Marketingmaßnahmen dar. So ermöglichen und befördern statistisch abgesicherte, detaillierte und fundierte Informationen zu demografischen Strukturen, spezifischen Bedürfnislagen, der (Un-)Zufriedenheit oder den Einstellungen von Besuchern eine zielgruppengerechte und damit effiziente Ausgestaltung der operativen Marketingentscheidungen. Ein weiterer Impetus resultiert aus der Tatsache, dass im Zuge der Reformdiskussionen von den Theatern mehr Publikumsorientierung eingefordert wird und die Besucherforschung - als ein wichtiger Teilaspekt der Marktforschung - hierfür ein wesentlicher Informationslieferant ist. Markt- beziehungsweise Besucherforschung kann damit einen essentiellen Beitrag leisten, um die Position eines Theaters im Wettbewerb und in möglichen Legitimitätsdiskussionen zu verbessern (vgl. Duda/Hausmann 2003, S. 17; Butzer-Strothmann et al. 2001, S. 13).

Informations-lieferant Marktforschung

Vorteile

Dabei ist mit dem Einsatz der Besucherforschung eine Reihe von unverzichtbaren Vorteilen verbunden, die sich wie folgt beschreiben lassen (vgl. allgemein Hamann/Erichson 1994, S. 26ff.):

- Schaffung einer fundierten Grundlage für systematische Besucherorientierung: Maßnahmen können auf die tatsächlichen Besucherbedürfnisse zugeschnitten werden.

- Reduktion von Unsicherheit bei der Entscheidungsfindung: Durch die Gewinnung der Informationen aus „erster Hand" kann die Entscheidungsfindung objektiviert und konkretisiert werden.

- Schaffung einer Argumentations- und Legitimationshilfe: Träger, Sponsoren und andere Partner können mit aktuellen Informationen über Besucherstruktur und -zufriedenheit besser überzeugt werden.

- Förderung von innovativen Marketingmaßnahmen und Frühwarnfunktion: Frühzeitige Identifikation von Trends bei den Besuchererwartungen und -bedürfnissen, aber auch von möglichen Risiken und Veränderungen.

- Evaluation der Wirksamkeit von Marketing-Maßnahmen: So können zum Beispiel Antworten auf die Frage nach den genutzten Informationsmedien zeigen, ob und in welchem Maße bestimmte kommunikationspolitische Maßnahmen greifen.

Forschungs-prozess

Unabhängig vom konkreten Entscheidungsproblem oder Anwendungsgebiet sollte der Prozess der Besucherforschung verschiedene Phasen durchlaufen (vgl. Abb. 9), damit eine systematische Vorgehensweise gewährleistet werden kann. Den Ausgangspunkt stellt die Identifikation und Abgrenzung des festgestellten Problems (Rückgang bei den Abonnements, zunehmende Beschwerden über Serviceleistungen, Überalterung des Publikums etc.) und damit des Informations- und Entscheidungsbedarfs dar. In den weiteren Prozessstufen, der Besucherforschung im eigentlichen Sinne, werden die für diesen Informations- und Entscheidungsbedarf relevanten Daten erhoben, analysiert, interpretiert und den verantwortlichen Entscheidungsträgern präsentiert, die dann in einem nächsten Schritt die richtigen Schlüsse aus den Untersuchungsergebnissen ziehen müssen (vgl. Kamenz 2001, S. 10f.). Im Folgenden werden die wichtigsten Teilaspekte des Besucherforschungsprozesses ausführlicher dargestellt.

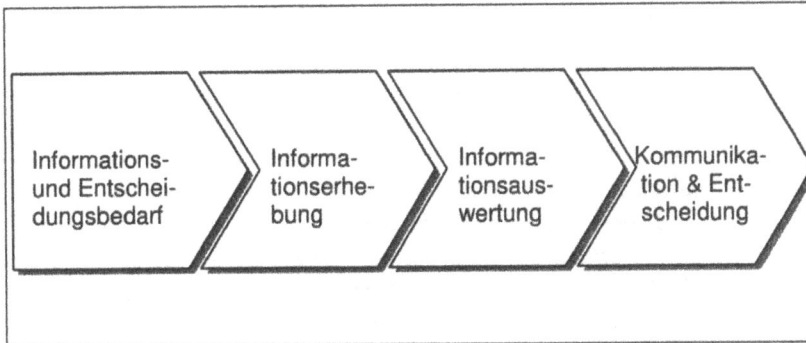

Abb. 9: Phasen des Besucherforschungsprozesses

3.1.2. Informationsgewinnung

3.1.2.1. Festlegung des Informations- und Entscheidungsbedarfs

Die Festlegung des Informationsbedarfs stellt eine erfolgskritische Pha- **Sicherstellung** se im Rahmen eines jeden Marktforschungsvorhabens dar: Es muss im **der Informati-** Vorfeld eindeutig geklärt werden, welche Informationen tatsächlich **onsqualität** benötigt werden, um bestimmte Entscheidungen treffen zu können. Auf diese Weise kann verhindert werden, dass (unter möglicherweise größerem personellen und finanziellem Aufwand) eine Vielzahl an Informationen erhoben wird, die jedoch für eine Problemlösung nicht geeignet sind. Ein wichtiges Kriterium zur Beurteilung von Informationen ist damit ihre Entscheidungsrelevanz für die interessierende Fragestellung. Weitere Kriterien zur Beurteilung der Informationsqualität sind ihre

- Aktualität (die Informationen sollten möglichst aktuell sein),

- Vollständigkeit (es sollten möglichst alle im Kontext einer bestimmten Fragestellung interessierenden Informationen erhoben werden),

- Zuverlässigkeit (die Informationen sollten reliabel sein, das heißt bei einer wiederholten Messung würde es zu einem identischen Untersuchungsergebnis kommen),

- Gültigkeit (die Validität von Informationen liefert Aussagen darüber, inwieweit ein Messergebnis auch tatsächlich auf den zu untersuchenden Sachverhalt Bezug nimmt beziehungsweise inwieweit tatsächlich jene Informationen erhoben wurden, die zu erheben beabsichtigt war),

- Kosten-Nutzen-Relation (Kosten und Nutzen der Informationserhebung müssen in einem angemessenen Verhältnis stehen).

Bei der Festlegung des Informationsbedarfs wird es im Rahmen der internen Diskussion in den Theatern immer wieder zu der klassischen Situation kommen, dass möglichst viele Informationen aus möglichst vielen Bereichen (Theaterpädagogik, Marketing, Presse- und Öffentlichkeitsarbeit, Service, Verkauf etc.) gewonnen werden sollen. Allerdings ist von einer solchen, wenig fokussierten Vorgehensweise abzuraten, da es auf diese Weise oftmals zur Erhebung von Informationen kommt, die sich später als nicht geeignet erweisen, um daraus gezielte Marketing-Maßnahmen abzuleiten. Daher ist es sinnvoll, zunächst das am meisten drängende Problem (deutlicher Besucherrückgang in den letzten beiden Spielzeiten, sehr geringer Anteil an jungen Besuchern, mangelnde Wahrnehmung des Theaters in der Öffentlichkeit etc.) klar abzugrenzen und die Konkretisierung des Informationsbedarfs unter konsequenter Berücksichtigung dieses Problems vorzunehmen.

Um das Ziel des Erhebungsvorhabens auf jeder Prozessstufe im Blick zu behalten, empfiehlt es sich, die gewünschten Informationen in schriftlicher Form festzuhalten und zu systematisieren; Tabelle 6 enthält mögliche Informationskategorien (vgl. Butzer-Strothmann et al. 2001, S. 14f.; Baumann 2002, S. 48; Duda/Hausmann 2003, S. 19). Dabei wird die Kategorie der soziodemographischen Merkmale grundsätzlich, das heißt unabhängig vom eigentlichen Schwerpunktthema aufgenommen, da sich hieraus im Rahmen von Kreuztabellierungen wichtige Hinweise über Zusammenhänge zwischen verschiedenen Informationskategorien erkennen lassen (vgl. Kapitel 3).

Beispiel

In der Spielzeit 2003/2004 wurden auf Initiative der Berliner Spielzeit AG in Kooperation mit den Brandenburger Bühnen über 14.000 Besucher von Berliner und Brandenburger Bühnen (Bar jeder Vernunft, Berliner Festspiele, Friedrichstadtpalast, Hans Otto Theater, Staatstheater Cottbus etc.) befragt. Die Ergebnisse der Publikumsbefragung gaben umfangreiche Einblicke in das Informations- und Entscheidungsverhalten der Bühnenbesucher, ihre Vorlieben und Wahrnehmungen. So konnte unter anderem herausgefunden werden:

- Die verschiedenen Veranstaltungen wurden mehrheitlich von höher gebildeten Menschen genutzt. Knapp die Hälfte der Besucher hatte das Abitur, fast ein Viertel ein Hochschulstudium.

- Empfehlungen von Freunden und Kollegen waren die wichtigste Informationsquelle, gefolgt vom Monatsspielplan, der Tageszeitung und dem Jahresprogramm.

- Jeder zehnte Befragte hatte seine Eintrittskarte im Rahmen eines Abonnements erhalten. Im Freiverkauf wurden der Vorverkauf der Bühnen und die Abendkasse am häufigsten genutzt.

- Die Entscheidung zu einem Bühnenbesuch wurde von einem Vier-

tel der Befragten entweder spontan am Abend oder einige Tage vorher gefällt. Ein etwa gleich hoher Anteil von Besuchern hatte einen Planungszeitraum von mehreren Wochen.

- 85 Prozent der Befragten kommen in Begleitung, überwiegend mit dem Partner, der Familie oder Freunden und Bekannten.

- Fast 90 Prozent aller befragten Bühnenbesucher sind mit der von ihnen besuchten Bühne sehr zufrieden oder zufrieden. Unzufriedenheit und Änderungswünsche betrafen vor allem die Räumlichkeiten, Sitzplätze, Gastronomie oder die Eintrittspreise.

- 55 Prozent der Befragten stimmten der Aussage zu, dass Theater zum Nachdenken anregen sollen; 59 Prozent gaben an, ein Theaterbesuch solle vor allem Spaß machen.

(http://www.fh-lausitz.de/fhl/ww/marketing, Abfrage am 10. Mai 2005)

Tab. 6: Informationskategorien für die Publikumsforschung

Informations-kategorien	Beispiele
soziodemographische Merkmale	Alter, Geschlecht, Wohnort, Berufsgruppe, Schulabschluss
Besucherstatus	Vollzahler, Abonnent, Mitglied einer Besucherorganisation, Gruppenbesucher, anderer Ermäßigungsberechtigter (Schüler, Studierende etc.)
verhaltensorientierte Merkmale	Besuchsanlässe, Besuchsfrequenz, Informationsverhalten, Anreiseverhalten, Aufenthaltsdauer, (kulturtouristische) Aktivitäten vor/nach dem Theaterbesuch, Wertvorstellungen, Meinungen, Vorlieben, Vorkenntnisse
psychologische Merkmale	Einstellungen, Besuchsmotivation und -motive, Image/wahrgenommenes Erscheinungsbild
Preis- und Konditionengestaltung	Preisbereitschaft, Preisakzeptanz, Präferenzen beim Ticketing (Kartenbeschaffung etc.) etc.
kommunikationspolitische Aspekte	Theatereigene Kommunikationsmedien (Programmheft, Internet-Auftritt etc.), persönliches Kontakterlebnis mit Mitarbeitern (Stückeinführung, Kasse etc.), theaterfremde Kommunikationsmedien (Kritiken in Tageszeitungen etc.)
Erwartungen und Zufriedenheit der Besucher	Kern- und Serviceleistungen (Inszenierung, Besucherleitsystem, gastronomisches Angebot, Sortiment im Shop etc.)
Beurteilungsvergleiche	Vergleich des Theaters mit anderen Theatern beziehungsweise anderen Kultur- und Freizeiteinrichtungen

3.1.2.2. Methoden der Informationserhebung

Sekundärmarkt-forschung

Die Erhebung der gewünschten Informationen kann auf verschiedenen Wegen erfolgen. Zunächst ist die Frage zu klären, ob bereits vorhandenes Datenmaterial den Informationsbedarf decken kann; in diesem Falle wird von „desk research" oder Sekundärmarktforschung gesprochen. Die Sekundärmarktforschung umfasst die Beschaffung, Zusammenstellung und Analyse von in anderen Zusammenhängen bereits erhobenen Daten. So könnten zum Beispiel aus folgenden theaterinternen Quellen Informationen über das Theaterpublikum gewonnen werden:

- Kassenstatistik (welche Preiskategorien werden kaum in Anspruch genommen? wie viele der Besucher zahlen einen ermäßigten Preis? wie hoch ist die Auslastungsquote bei den einzelnen Aufführungen etc.),

- Abonnementstatistik (wie hat sich die Nachfrage entwickelt? wie ist die Altersstruktur der Abonnenten? aus welchen Städten/Regionen kommen die Abonnenten? etc.),

- Beschwerdebriefe (in welchen Leistungsbereichen und an welchen Kontaktpunkten mit dem Theater beziehungsweise seinen Mitarbeitern kommt es wiederholt zu Unzufriedenheit beim Publikum?),

- Besucherbücher (welche Leistungsbereiche werden besonders kritisch kommentiert? welche Lösungsansätze werden vorgeschlagen?).

Diese innerbetrieblichen Daten, die sowohl quantitativer als auch qualitativer Art sein können, fallen im Zuge der allgemeinen Betriebsabläufe eines Theaters an und sind in der Regel schnell verfügbar. Aber auch theaterexterne Informationsquellen lassen sich in vielen Fällen schnell und günstig nutzen; vor allem die 24-Stunden-Verfügbarkeit des world wide web erweitert das Spektrum der Sekundärmarktforschung erheblich. Weitere außerbetriebliche Informationsquellen stellen zum Beispiel die Statistiken des Deutschen Bühnenvereins oder die Kulturorchester-Statistik des Deutschen Orchesterverbandes sowie auch die Jahrbücher verschiedener statistischer Ämter und Marktforschungsinstitute dar. Diese externen Daten sind naturgemäß allgemein und in ihrer Aussagekraft auf bestimmte Fragestellungen beschränkt. Abgesehen von den Besuchszahlen enthalten sie in aller Regel keine weiteren Informationen zu den Besuchern.

Der Zugriff auf bereits vorhandene Daten ist mit dem Vorteil geringeren Zeit- und Kostenaufwands verbunden. Grundsätzlich sind bei der Auswertung externer Sekundärdaten jedoch stets die zugrundegelegten Erhebungsmethoden, die Aktualität und die Messqualität zu prüfen, vor allem auch bei den zahlreichen Quellen, die sich im Internet finden lassen. Ein großer Nachteil der Auswertung von Sekundärquellen liegt darin, dass für spezifische Fragestellungen auch problemspezifische Informationen mit oftmals hohem Detaillierungsgrad benötigt werden, die häufig nicht in der gewünschten Form vorliegen.

Detaillierte, problemspezifische Informationen lassen sich daher nur im Rahmen einer Primäranalyse erheben, die auch „field research" genannt wird. Hierbei handelt es sich um die Konzeption und Durchführung eines Forschungsvorhabens, dessen Zweck die Erhebung aktueller und entscheidungsrelevanter Informationen zu einem gegebenen Entscheidungs- und Informationsbedarf ist. Dem Vorteil der Datenbreite steht allerdings als Nachteil gegenüber, dass bestimmte Fragestellungen, wie etwa die Aufdeckung unbewusster Motive, Einstellungen und Erwartungen des Publikums, nicht vertiefend behandelt werden können.

Primärmarkt-forschung

Statt einer quantitativen, auf numerischen Daten aufbauenden Erhebung ist für diese Fragestellungen oftmals der Einsatz von Methoden der qualitativen Marktforschung sinnvoll. Bei dieser Form der Primärmarktforschung wird mehr Wert auf die Datentiefe, weniger auf die Datenbreite gelegt (kleine, in der Regel nicht repräsentative Stichprobe, kaum quantifizierbare Aussagen). Ziel ist es, über die Aktivierung von Intuition und Kreativität weiterführende Informationen zu bestimmten, vor allem auch nicht unmittelbar beobachtbaren oder erfragbaren Sachverhalten zu erlangen (vgl. Kamenz 1991, S. 108f.). Im Rahmen der Publikumsforschung werden dabei häufig sogenannte Fokusgruppen gebildet, die sich aus homogenen Besuchersegmenten zusammensetzen und zu einem bestimmten Marketingproblem Stellung beziehen (so werden beispielsweise jugendliche Besucher zu ihren Wünschen im Hinblick auf theaterpädagogische Angebote befragt, oder es wird mit berufstätigen Besuchern über Möglichkeiten zur Vereinfachung des Kartenkaufs diskutiert). Voraussetzung hierfür ist die Gewinnung von geeigneten Probanden, die zu einer Teilnahme an einer solchen Gruppendiskussion bereit sind, und der Einsatz eines geschulten Moderators zur Ausbalancierung von gruppendynamischen Prozessen. Durch regelmäßige Treffen der Fokusgruppen kann auch eine Erfolgskontrolle von eingeleiteten Maßnahmen stattfinden. Allerdings werden hohe Anforderungen an die Informationssammlung und -auswertung gelegt, womit diese Methode gegenüber einer quantitativen Marktforschung deutliche Nachteile im Hinblick auf die Kriterien Zeit und Kosten aufweist.

Insgesamt lässt sich festhalten, dass die im Rahmen der quantitativen und qualitativen Primärmarktforschung erhobenen Informationen gegenüber den aus der Sekundärmarktforschung gewonnenen Daten in aller Regel aktueller, exklusiver, detaillierter und präziser auf die spezifische Problemstellung eines Theaters ausgerichtet sind. Demgegenüber ist bei der Primärforschung der unter Umständen erhebliche Kosten- und Zeitaufwand zu berücksichtigen. Außerdem erfordert eine methodisch saubere Durchführung entsprechendes Know-how bei den Mitarbeitern, wenn die Besucherforschung nicht an externe Institute ausgelagert wird.

Kombination von Sekundär- und Primärmarktforschung

In den meisten Fällen ist es sinnvoll, eine Kombination von desk und field research vorzunehmen, indem beispielsweise der Informationsgewinnung im Rahmen einer Primärerhebung eine Grobanalyse von Sekundärquellen vorgeschaltet wird. Damit kann einerseits der Umfang der durch die Erhebung zu ermittelnden Informationen reduziert werden (weil bestimmte Informationen bereits vorhanden sind) und andererseits können wertvolle Hinweise für die weitere Problemdefinition der Primäranalyse gewonnen werden (so impliziert beispielsweise die Auswertung der Abonnementstatistik die Fragestellung nach den möglichen Gründen für einen identifizierten Abwärtstrend bei der Abonnementnachfrage).

Abbildung 10 fasst die oben genannten Aspekte zusammen; hierbei wird auch deutlich, dass sowohl bei der Sekundär- als auch bei der Primärmarkforschung interne und externe Informationsquellen ausgeschöpft werden können.

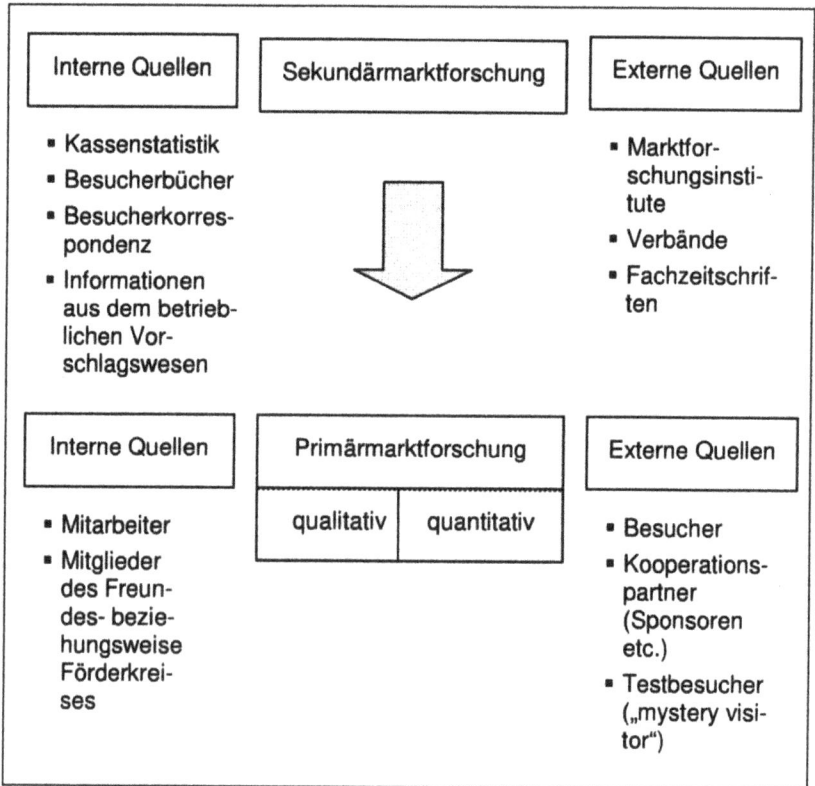

Interne Quellen	Sekundärmarktforschung	Externe Quellen
• Kassenstatistik • Besucherbücher • Besucherkorrespondenz • Informationen aus dem betrieblichen Vorschlagswesen		• Marktforschungsinstitute • Verbände • Fachzeitschriften
Interne Quellen	Primärmarktforschung	Externe Quellen
	qualitativ | quantitativ	
• Mitarbeiter • Mitglieder des Freundes- beziehungsweise Förderkreises		• Besucher • Kooperationspartner (Sponsoren etc.) • Testbesucher („mystery visitor")

Abb. 10: Informationsquellen der Sekundär- und Primärmarktforschung

Im Rahmen der Primärmarktforschung werden die Informationen originär bei den relevanten Akteuren (Besucher, Mitarbeiter etc.) erfasst. Als hierfür geeignete Methoden stehen der Test beziehungsweise das Experiment, die Beobachtung und die Befragung zur Verfügung (vgl. Abb. 11), die nachfolgend in ihren Grundzügen skizziert werden.

Methoden der Primärmarktforschung

▪ Experiment

Unter einem Experiment – im Marketing wird häufig auch von Tests oder Testverfahren gesprochen – wird eine wiederholbare, unter kontrollierten, vorher festgelegten Umweltbedingungen (im Labor oder in einer natürlichen Umgebung) durchgeführte Versuchsanordnung verstanden. Ziel ist es, die Wirkung beziehungsweise den Einfluss eines unabhängigen Faktors (zum Beispiel Ticketpreis) und seiner Variation (zum Beispiel Senkung des Ticketpreises an bestimmten Wochentagen) auf eine abhängige Variable (zum Beispiel Besucherzahlen) und damit eine aufgestellte Hypothese empirisch zu überprüfen (vgl. Berekoven et al. 2004, S. 151). Da jedoch zahlreiche Störeinflüsse zu einer nur eingeschränkten Aussagekraft der gewonnenen Ergebnisse führen, wird dieses Instrument im Rahmen der Publikumsforschung kaum eingesetzt.

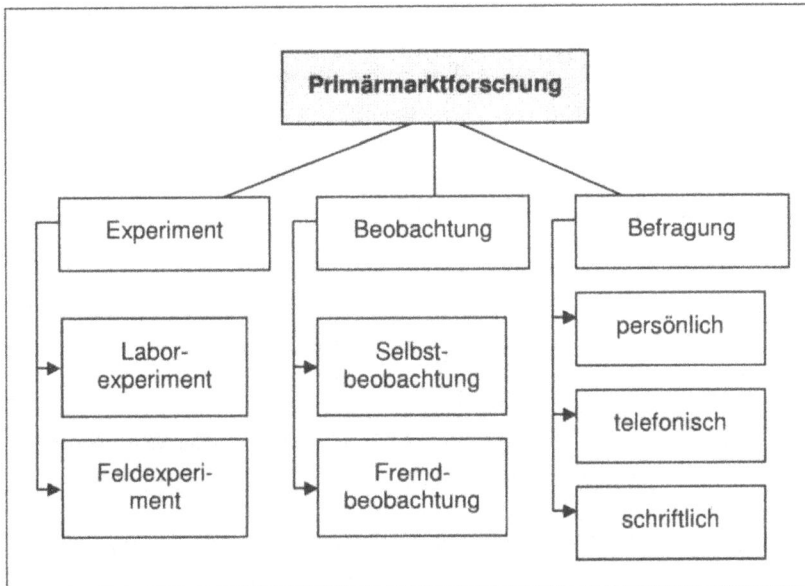

Abb. 11: Methoden der Primärmarktforschung

▪ Beobachtung

Eine weitere Form zur Gewinnung von Informationen über das Publikum ist die Beobachtung. Hierbei handelt es sich um eine Methode, bei der Tatbestände zum Zeitpunkt ihres Geschehens allein durch Wahrnehmung festgehalten werden. Die damit verbundenen Erkenntnisse sind naturgemäß auf beobachtbare Phänomene beschränkt (zum Beispiel physische Aktivitäten oder Verhaltensweisen von Probanden). Im Rahmen der Publikumsforschung ist dieses Verfahren ausschließlich für bestimmte Fragestellungen geeignet, wie zum Beispiel zur Feststellung soziodemographischer Merkmale der Besucher (Geschlecht etc.) oder von Besucherlaufwegen im Theater (zum Beispiel in den Pausen) oder von Wartezeiten (Theaterkasse, Garderobe, Buffet etc.).

Es lassen sich verschiedene Varianten der Beobachtung gegeneinander abgrenzen, wie etwa die Fremd- und die Selbstbeobachtung, die sich darin unterscheiden, ob die untersuchten Vorgänge außerhalb des Beobachters liegen, oder ob er eigene psychische Vorgänge analysiert und beschreibt. Darüber hinaus kann die Beobachtung zum Beispiel teilnehmend (der Beobachter bewegt sich auf einer Ebene mit den beobachteten Personen) oder nicht teilnehmend (der Beobachter beschränkt sich ausschließlich auf die Wahrnehmung der Aktionen der zu beobachtenden Personen) erfolgen (vgl. ausführlich hierzu Hamman/ Erichson 2000; Hüttner 1989).

Insgesamt lässt sich zu dieser Methode der Primärmarktforschung positiv herausstellen, dass die Beobachtung unabhängig von der Auskunftsbereitschaft der Probanden ist und Geschehnisse während ihres tatsächlichen Auftretens und im Rahmen ihrer spezifischen Umweltsituation festgehalten werden können. Allerdings lassen sich im Rahmen der Beobachtung nur wenige, objektiv wahrnehmbare Sachverhalte festhalten, subjektive Sachverhalte (Zufriedenheit, Einstellung, Verhaltensabsichten) lassen sich dagegen mit Hilfe dieses Instruments nicht erfassen.

▪ Befragung

Im Rahmen der Publikumsforschung ist die Befragung das am weitesten verbreitete Erhebungsverfahren. Ziel und Aufgabe bestehen darin, ausgewählte Personen zu vorab festgelegten Themenkreisen Auskunft geben zu lassen. Im Gegensatz zu den anderen Methoden ermöglicht die Befragung unter anderem auch die Ermittlung von Informationen zu Erwartungen, zur Zufriedenheit, zu den Einstellungen oder zu Motiven eines Probanden und damit die Erfassung sowohl des beobachtbaren als auch des nicht beobachtbaren Verhaltens; darüber hinaus können kausale Zusammenhänge zwischen verschiedenen besucherrelevanten Aspekten aufgedeckt werden. Im allgemeinen werden vor allem die aktuellen Besucher eines Hauses befragt, aber auch eine Befragung von Nicht-Besuchern eines Theaters kann interessante Informationen liefern (vgl. Kapitel 3).

Es lassen sich drei Varianten – mündlich, telefonisch und schriftlich – unterscheiden, wobei die beiden erstgenannten im Rahmen der Publikumsforschung relativ selten eingesetzt und daher im Folgenden auch nur in ihren Grundzügen skizziert werden.

Bei mündlichen Befragungen besteht zwischen dem Befragten und dem Interviewer ein direkter, persönlicher Kontakt. Der Vorteil der mündlichen Befragung liegt vor allem darin, dass komplexe Sachverhalte erläutert werden können und der Interviewer eine Steuerungs- und Kontrollfunktion ausüben kann. Besonders interessant ist dieses Verfahren, wenn frei-assoziative Anregungen und detailliertere Beurteilungen von Seiten der Probanden gewünscht sind. Allerdings liegt der zeitliche, personelle und finanzielle Aufwand in der Regel relativ hoch, so dass die Durchführung mündlicher Befragungen in aller Regel teuer ist. Zudem kann sich die Interviewerfunktion dann negativ auswirken, wenn der Proband in seiner Antwort beeinflusst und hierdurch das Untersuchungsergebnis verzerrt wird („interviewer bias").

mündliche Befragung

Eine weitere Variante stellt die telefonische Befragung dar, deren Durchführung meist computergestützt („computer aided telephone interviewing") durch geschulte Interviewer erfolgt. Die telefonische Befragung ist in der Regel auch kurzfristig einsetzbar und verursacht geringere Kosten als die mündliche Befragung. Allerdings sind die Probanden aufgrund der Anonymität des Fragenden häufig nur eingeschränkt auskunftsbereit.

telefonische Befragung

Das wichtigste Instrument in der Marktforschung für Theater ist die schriftliche Befragung, die mit Hilfe eines Fragebogens durchgeführt wird, der zum Beispiel

schriftliche Befragung

- den Besuchern in der Pause ausgehändigt wird,

- den (ehemaligen) Abonnenten zugesandt wird,

- auf der Website des Theaters heruntergeladen werden kann.

Eine schriftliche Befragung findet ohne Einschaltung von Interviewern statt. Die Verteilung von Fragebögen vor Ort durch eigene Mitarbeiter ermöglicht indes eine gewisse Unterstützung der Probanden, zum Beispiel bei Verständnisfragen. Die Vorteile der schriftlichen Befragung liegen unter anderem darin, dass sie im Vergleich zu den anderen beiden Varianten deutlich weniger ressourcenintensiv ist (kein Interviewereinsatz, leichtere Auswertung etc.) und keine Gefahr der Einflussnahme seitens des Fragenden auf die Antworten des Befragten besteht. Allerdings kann der Rücklauf bei schriftlichen Befragungen unzureichend sein (insbesondere dann, wenn der Befragte ein nur geringes Interesse am Befragungsgegenstand aufbringt, wie möglicherweise Theaterbesucher, die ihr Abonnement aus zeitlichen Gründen gekündigt haben) und es kann nicht sichergestellt werden, dass die in die Stichprobe einbezogene und angesprochene beziehungsweise angeschriebene Person tatsächlich auch den Fragebogen ausfüllt (und nicht etwa die Begleitperson).

Gestaltung des Fragebogens

Für den Erfolg bei der Durchführung einer schriftlichen Befragung sind verschiedene Grundregeln hinsichtlich der Ausarbeitung des Fragebogens zu beachten: Dies betrifft die Verwendung einer einfachen Sprache und kurzer Sätze sowie die Formulierung von konkreten, neutralen und eindeutigen Fragen. Im Hinblick auf den Umfang des Fragebogens ist das knappe Zeitbudget des Publikums zu berücksichtigen, insbesondere dann, wenn der Fragebogen im Rahmen des Theaterbesuchs – zum Beispiel in der Pause – ausgefüllt werden soll.

Fragebogendesign

Beim Design des Fragebogens sind ferner Entscheidungen über die Art der Fragen zu treffen. So eignen sich bei bestimmten Themen eher offene und bei anderen eher geschlossene Fragen. Während offene Fragen dem Probanden Raum für eigene Antworten geben, werden dem Probanden bei geschlossenen Fragen Antwortkategorien vorgegeben, die er entsprechend ankreuzt; hierbei müssen die Probanden häufig eine Einstufung der Ausprägung ihrer Meinung auf einer Skala vornehmen. Wenngleich die offene Fragestellung den Vorteil bietet, dass der Proband unter Umständen mehr Informationen preisgibt, so verfügen geschlossene Fragen über den wichtigen Vorteil, dass sie relativ leicht auszuwerten und daher auch weniger zeit- und personalintensiv sind. Grundsätzlich sind innerhalb einer Frage auch Kombinationen von geschlossener und offener Fragestellung denkbar, wie das nachfolgende Beispiel verdeutlicht (vgl. Abb. 12).

„Wie beurteilen Sie den Service an der Theaterkasse ?"

☐ sehr gut

☐ gut

☐ weder noch

☐ schlecht

☐ sehr schlecht

„Wenn Sie den Service an der Theaterkasse als schlecht oder sehr schlecht beurteilt haben, dann nennen Sie bitte die Gründe hierfür":

_____

Abb. 12: Kombination von offener und geschlossener Fragestellung

Darüber hinaus ist zu berücksichtigen, dass beim Aufbau des Fragebogens eine gewisse Reihenfolge der Fragen sinnvoll ist (vgl. Nieschlag et al. 1997, S. 698ff.): So sollte dem Fragebogen ein kurzer Einführungstext hinsichtlich des Erhebungszwecks vorgeschaltet sein. In diesem

Zusammenhang muss den Besuchern auch die Anonymität der Befragung zugesichert werden. Darüber hinaus kann den Probanden durch Einleitungs-, Kontakt- und Eisbrecherfragen die Befangenheit genommen und die Auskunftsbereitschaft gefördert werden. Sachfragen stellen den Hauptteil der Befragung dar und beziehen sich primär auf den eigentlichen Untersuchungsgegenstand. Kontroll- und Plausibilitätsfragen dienen vor allem zur Überprüfung von Antworten des Probanden auf ihre Konsistenz. Fragen zu soziodemographischen Merkmalen werden in der Regel zum Schluss gestellt.

Einen kritischen Faktor im Hinblick auf die spätere Auswertung und Aussagekraft der Ergebnisse stellt die Skalierung der Antwortkategorien dar. Unter Skalierung wird die Konstruktion einer Skala zur Messung bestimmter Merkmalsausprägungen (zum Beispiel die Freundlichkeit der Mitarbeiter eines Theaters) bei den Theaterbesuchern verstanden. Die Bedeutung der Skalierung steht im Zusammenhang mit der Messung von subjektiven Sachverhalten wie Zufriedenheit, Einstellungen und Motiven der Besucher: Diese qualitativen, nicht beobachtbaren Sachverhalte müssen zunächst in quantitative Größen transformiert werden, bevor sie in einem nächsten Schritt erfasst und gemessen werden können.

Skalierung der Antworten

Zur Realisierung einer solchen Transformation greift die Publikumsforschung häufig auf Rating-Skalen zurück. Diese Skalierungsmethode wird durch ein Kontinuum von in gleichen Abständen aneinandergereihten numerischen, verbalen oder graphischen Werten abgebildet, auf das die Befragten die von ihnen am untersuchten Objekt wahrgenommenen Merkmalsausprägungen (zum Beispiel ihre Zufriedenheit mit ausgewählten Theaterleistungen oder ihre Zustimmung zu einer vorgegebenen Meinung) abtragen (vgl. Green/Tull 1982, S. 162; Hüttner 1989, S. 72ff.). Hierbei wird unterschieden zwischen symmetrischen und asymmetrischen Skalen: Während bei der symmetrischen Ausgestaltung auf beiden Seiten vom (neutralen) Mittelpunkt eine gleich hohe Anzahl von Antwortkategorien verteilt ist (zufrieden – weder noch – unzufrieden), liegen bei der asymmetrischen Skala entweder im positiven oder im negativen Bereich mehr Bewertungspunkte (sehr zufrieden – zufrieden – weder noch – unzufrieden). Da jedoch mit der Verwendung asymmetrischer Skalen die Gefahr einer Antwortverzerrung verbunden sein kann, empfiehlt sich die Nutzung symmetrischer Skalen; dabei sollten den Befragten nicht mehr als fünf oder sieben Beurteilungsstufen vorgegeben werden, um ihre Diskriminationsfähigkeit nicht zu überfordern (vgl. Hüttner 1989, S. 73; Parasuraman 1991, S. 427; Berekoven/Eckert/Ellenrieder 1999, S. 76).

Rating-Skala

Für bestimmte Fragestellungen kann es sinnvoll sein, die Zufriedenheitsskala um eine solche Skala zu ergänzen, mit der dem Befragten eine Aussage über die Bedeutung einer Leistung für sein Besuchserlebnis möglich wird („ist mir sehr wichtig", „ist mir nicht wichtig" etc.). Auf diese Weise werden positive Zufriedenheitswerte bei Leistungen, die den Besuchern wenig wichtig sind, relativiert; sie wiegen beispielsweise größere Unzufriedenheit in Bereichen, die hohe Priorität bei den Besucher genießen, nicht auf. Entsprechend sollten auch nur in solchen Bereichen (Verbesserungs-)Maßnahmen ergriffen werden, die den Besucher für ihr Theatererlebnis besonders wichtig sind und mit denen sie zum Zeitpunkt der Befragung sehr unzufrieden sind (vgl. Tab. 7). Darüber hinaus sollte bei der Frage nach Leistungen, die nicht jeder Besucher nutzt oder kennt (zum Beispiel Website des Theaters, Einführungsveranstaltung), eine weitere Kategorie „kann ich nicht beurteilen" oder „nicht genutzt" angeboten werden, um erzwungene Antworten zu vermeiden, die das Auswertungsergebnis verzerren können.

Tab. 7: Zufriedenheit-Wichtigkeits-Matrix

zufrieden	unzufrieden	
„Auf dem guten Niveau weitermachen wie bisher!"	„Kurz- bzw. mittelfristig Verbesserungsmaßnahmen ergreifen!"	**wichtig**
„Nice to have – (keine Verbesserungsmaß-nahmen ergreifen)!"	"Kurz- bzw. mittelfristig keine Verbesserungsmaßnahmen ergreifen!"	**unwichtig**

Semantisches Differential

Eine besondere Form der Skalierung stellt das sogenannte semantische Differential dar, das sich auch für die Imageforschung von Kulturbetrieben eignet. Dabei handelt es sich um die Abfrage mehrdimensionaler Eigenschaftszuschreibungen zum Beispiel im Rahmen einer 5er-Skala (trifft voll zu - trifft zu - weder/noch - trifft nicht zu - trifft überhaupt nicht zu), die an den Polen entgegengesetzte Eigenschaften nennt, wie zum Beispiel „modern – traditionell", „teuer – preiswert", „anspruchsvoll – anspruchslos" oder etwa „renommiert – unbedeutend". Der Aussagewert dieser Methode liegt darin, dass die Mittelwerte aller Antworten graphisch so miteinander verbunden werden, dass ein Eigenschaftsprofil beziehungsweise Polaritätenprofil entsteht. Durch eine Gegenüberstellung von Profilen unterschiedlicher Besucher lassen sich wichtige Hinweise für die Besuchersegmentierung (vgl. Kapitel 3) gewinnen. Des weiteren lässt sich nach einer Wiederholung der Besucherbefragung herausfinden, ob sich das Image eines Theaters im Zeitablauf geändert hat. Auch können die Profile verschiedener Theater miteinander verglichen und so wichtige Informationen über die Wettbewerbssituation gewonnen werden (vgl. Butzer-Strothmann et al. 2001, S. 65f.).

Pretest

Wenn der Fragebogen in einer schlüssigen Fassung vorliegt, sollte er vor seinem Einsatz in der Theaterpraxis zunächst im Rahmen eines sogenannten Pretests von Probanden oder Experten getestet werden.

In dieser Phase lassen sich Verständnisprobleme aufdecken und Probe-
auswertungen anfertigen. Darüber hinaus kann zum Beispiel auch festgestellt werden, ob Fragen als überflüssig, zu heikel oder als inhaltlich
gleichartig empfunden werden. Nach etwaigen Anpassungen liegt
schließlich der endgültige Fragebogen vor.

Ein wichtiger Schritt im Rahmen der Primärmarktforschung von Thea- **Voll- und**
tern stellt die Beantwortung der Frage dar, ob eine Voll- oder eine Teil- **Teilerhebung**
erhebung durchgeführt werden soll. Sämtliche Besucher eines Theaters
zu befragen, ist aus Zeit- und Kostengründen sowie im Hinblick auf die
Freiwilligkeit der Teilnahme an der Befragung in aller Regel nicht möglich. In der Theaterpraxis wird deshalb in den meisten Fällen eine Teilerhebung vorgenommen, das heißt es wird eine Auswahl an Personen
aus der Grundgesamtheit in die Untersuchung einbezogen. Hierbei ist
darauf zu achten, dass diese Stichprobe die Struktur der Grundgesamtheit angemessen widerspiegelt, denn aus den Aussagen über die Teilmenge werden Rückschlüsse auf die Grundgesamtheit gezogen. Ein
solcher Rückschluss ist jedoch nur dann erlaubt, wenn die Teilmenge
hinsichtlich der Untersuchungsmerkmale ein zwar verkleinertes, aber
ansonsten wirklichkeitsgetreues Abbild der Grundgesamtheit darstellt,
das heißt den Anspruch der Repräsentativität erfüllt. Bietet ein Theater
zum Beispiel ein differenziertes, unterschiedliche Besuchersegmente
ansprechendes Programm an, so sollten diese verschiedenen Zielgruppen (Kinder, Jugendliche, Erwachsene, Ballettliebhaber etc.) auch entsprechend ihres jeweiligen Anteils in die Erhebung mit einbezogen
werden. Ob eine Stichprobe als repräsentativ bezeichnet werden kann,
hängt wesentlich von der Anzahl und der Auswahl der befragten Theaterbesucher ab (vgl. Butzer-Strothmann et al. 2001, S. 18).

Im Hinblick auf die Auswahl der zu befragenden Probanden aus der **Auswahl-**
Grundgesamtheit beziehungsweise die Ziehung einer Stichprobe, die **verfahren**
möglichst sichere Rückschlüsse auf das Verhalten und die Struktur der
Grundgesamtheit zulässt, bieten sich verschiedene Methoden an, von
denen hier die wichtigsten skizziert werden (vgl. Abb. 13).

Ist die Grundgesamtheit homogen, wird in vielen Fällen die einfache
Zufallsauswahl angewandt. Der Zufallsprozess wird dabei so gestaltet,
dass jedes Element aus der Grundgesamtheit mit einer bestimmten,
berechenbaren und von Null verschiedenen Wahrscheinlichkeit in die
Stichprobe gelangen kann. Damit ergibt sich die Möglichkeit, den
Stichproben- beziehungsweise Zufallsfehler statistisch exakt zu ermitteln. Die Zufallsauswahl kann mit Hilfe alternativer Auswahltechniken
erfolgen, zum Beispiel auch durch Abzählverfahren (zum Beispiel jeder
fünfte Besucher, der das Theater betritt/verlässt) oder Auswürfeln (vgl.
Kamenz 2001, S. 134).

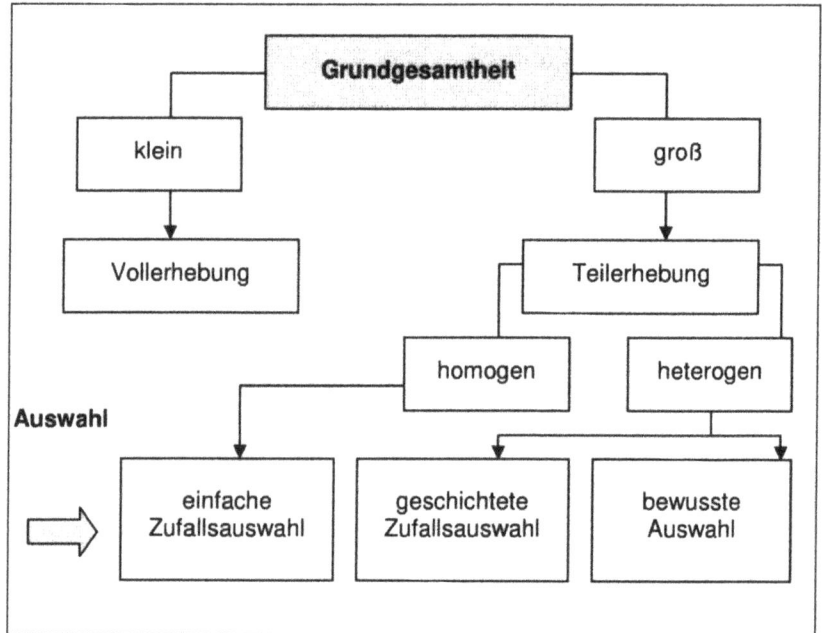

Abb. 13: Auswahlverfahren

Bei einer heterogenen Grundgesamtheit wird häufig eine geschichtete Zufallsauswahl vorgenommen. Hierbei wird die Grundgesamtheit anhand eines oder mehrerer Kriterien (Alter etc.) in homogene Teilgesamtheiten gesplittet und geschichtet. Hieran im Anschluss werden aus den jeweiligen Teilgesamtheiten einfache, zufallsgesteuerte Stichproben gezogen. Der Vorteil gegenüber der reinen Zufallsauswahl liegt in einem – bei gleicher Stichprobengröße – geringeren Zufallsfehler, weil unterschiedliche Besuchersegmente besser berücksichtigt werden können (vgl. Kamenz 2001, S. 134).

Bei der bewussten Auswahl der Stichprobe werden zum Beispiel nur ältere Besucher, Besucher in Begleitung oder nur Besucher einer bestimmten Veranstaltung befragt. Die Stichprobe wird damit konstruiert, die Auswahl der zu untersuchenden Elemente wird unter Berücksichtigung sachrelevanter Merkmale (Geschlecht, besuchte Veranstaltung etc.) gezielt vorgenommen. Problematisch ist an diesem Auswahlverfahren, dass eine subjektive Einflussnahme und damit eine bewusste, nicht quantifizierbare Beeinträchtigung der Repräsentativität der Untersuchungsergebnisse vorliegen kann.

3.1.3. Informationsauswertung

Im Rahmen der Analysephase werden die Informationen, die nach der Erhebung in Form von Datensätzen vorliegen, mit geeigneten statistischen Methoden aufbereitet und ausgewertet. Nach der Anzahl der hierbei einbezogenen Variablen wird in univariate, bi- und multivariate Methoden unterschieden, die nachfolgend in ihren Grundzügen vorgestellt werden (vgl. ausführlich hierzu Backhaus et al. 2003):

- Univariate Analysemethoden

Immer dann, wenn die Betrachtung einer beobachteten statistischen Gesamtheit auf die Analyse nur einer Variable (Alter, Wohnort, Zufriedenheit etc.) beschränkt bleibt, werden univariate Untersuchungsmethoden eingesetzt. Zur Anwendung kommen hierbei zum Beispiel absolute und relative Häufigkeitsmaße, die die konkrete Ausprägung einer Stichprobenverteilung wiedergeben (und zum Beispiel Auskunft darüber geben, aus welchen Städten beziehungsweise Bundesländern die meisten auswärtigen Besucher kommen). Des weiteren können Lageparameter bestimmt werden, die die mittleren Lagen der Häufigkeitsverteilung wiedergeben (zum Beispiel häufigster Wert oder Mittelwert), sowie Streuungsmaße, die die Verteilung der aufgetretenen Merkmalsausprägungen um den arithmetischen Mittelwert aufzeigen.

- Bivariate Analysemethoden

Bei bivariaten Methoden werden zwei Variablen statistisch mit dem Ziel untersucht, mögliche Zusammenhänge zwischen diesen Erhebungsmerkmalen aufzudecken. Ausgangspunkt der sogenannten Kreuz- oder Kontingenzanalyse ist eine zweidimensionale Häufigkeitstabelle, in der die Merkmalsausprägungen von zwei Variablen (zum Beispiel Alter und Zufriedenheit mit dem Theaterbesuch oder gewählte Preiskategorie und Zufriedenheit mit Sicht/Akustik) abgetragen werden. Kreuztabellen stellen dabei die gemeinsame Häufigkeitsverteilung dieser Variablen dar: Sie weisen in absoluten oder relativen Häufigkeiten aus, mit wie vielen Elementen jede Zelle der Tabelle, das heißt jede mögliche Kombination der Ausprägungen der Variablen, besetzt ist. Bei einer sogenannten Korrelationsanalyse wird demgegenüber versucht, eine lineare Beziehung zwischen den Merkmalskombinationen der Elemente bezüglich zweier Variablen zu beurteilen. Der statistische Korrelationskoeffizient r kann Werte zwischen -1 (es besteht ein vollständig negativer Zusammenhang) und $+1$ (es besteht ein vollständig positiver Zusammenhang) annehmen. Bei $r = 0$ kann statistisch kein korrelativer, linearer Zusammenhang zwischen den Variablen festgestellt werden.

- Multivariate Analysemethoden

Im Rahmen dieser Methoden werden drei oder mehr Variablen in die Analyse einbezogen. Hintergrund für die Anwendung dieser Methoden ist die Tatsache, dass eine fundierte Entscheidungsgrundlage für das Marketing aufgrund der wachsenden Vielzahl an Einzelinformationen erst durch eine Verdichtung geschaffen werden kann. Des weiteren sind einfache Untersuchungsmethoden bei der Analyse komplexer Marketing-Phänomene überfordert: So lässt sich etwa der Besuch eines Theaters in der Regel nur durch eine Vielzahl gleichzeitig wirkender, untereinander abhängiger und sich in der gleichen Richtung verändernder Faktoren erklären. Zu den multivariaten Verfahren zählen neben der multiplen Korrelations- und Regressionsanalyse die Faktorenanalyse, die Clusteranalyse, die Diskriminanzanalyse, die multidimensionale Skalierung (MDS), die multivariate Varianzanalyse, die Kausalanalyse und die Conjoint-Analyse.

Unabhängig von der im Einzelfall gewählten Analysemethode sollte die Auswertung um eine sinnfällige Interpretation der Ergebnisse ergänzt werden. In diesem Zusammenhang muss insbesondere nach plausiblen Erklärungen für besonders auffällige oder überraschende Ergebnisse (zum Beispiel die besonders große Unzufriedenheit mit bestimmten Serviceleistungen bei jüngeren Besuchern) gesucht werden. Schließlich sollten die Ergebnisse in einem Abschlussbericht festgehalten werden. Zu empfehlen ist auch die möglichst zeitnahe Durchführung eines Workshops im Anschluss an die Information der Theaterleitung, um möglichst kurzfristig Maßnahmen zur Umsetzung einzelner Befragungsergebnisse identifizieren und beschließen zu können.

3.2. Nicht-Besucherforschung

Seitdem in den letzten Jahren allmählich die Barrieren gefallen sind, sich den Besuchern zu nähern und ihre Bedürfnisse und Erwartungen aufzunehmen, rücken nun auch immer mehr die Nicht-Besucher in den Mittelpunkt des Interesses von Theatern. Dabei liegt es in der Natur der Sache, dass im Rahmen einer Besucherbefragung nur das Publikum befragt werden kann, das vom Theater bereits für einen (erstmaligen oder wiederholten) Besuch gewonnen werden konnte. Was aber ist mit den Erwartungen und Bedürfnissen jener Personen, die noch nicht den Weg in das Theater gefunden haben oder ihn nicht mehr finden, etwa nach einer schlechten Erfahrung mit bestimmten Theaterleistungen? Wer aber sind diese Noch-Nicht- oder Nicht-Mehr-Besucher und aus welchen Gründen kann das Theater sie nicht erreichen?

Klein unterscheidet verschiedene Kategorien von Besuchern: Die „Besucher", die sich in Erst-, Wiederholungs- und Stammbesucher gliedern lassen und die in diesem Abschnitt keine weitere Berücksichtigung finden, die „Nicht-Besucher", die „Noch-Nicht-Besucher" und die „Nicht-Mehr-Besucher" (vgl. Klein 2002, S. 15ff.).

Nicht-Besucher   Zur Gruppe der Nicht-Besucher zählen nach Klein jene Menschen, die in der Regel keine Kulturangebote nachfragen: Dieser Personenkreis bleibt also zum Leidwesen vieler Kulturpolitiker von der „Kultur für alle"-Losung völlig unbeeindruckt, seine (Freizeit-)Interessen sind ganz anders gelagert und mögliche Marketingaktivitäten von Theatern verpuffen hier wirkungslos. In diesem Zusammenhang sei auf die Ergebnisse der Studie „Mobil in der Rheinschiene" verwiesen, die im Zeitraum von 2002 bis 2003 vom Zentrum für Kulturforschung durchgeführt wurde. Hier zeigte sich zum Beispiel, dass etwa 20% der Befragten überhaupt kein und knapp 30% eher wenig Interesse am Kulturgeschehen in der Region beziehungsweise vor Ort haben (vgl. Keuchel 2003, S. 16); diese Personen gehören damit auch nicht zum Marktpotenzial eines Theaters.

Die Noch-Nicht-Besucher sind jene Personen, die bis dato das Theater beziehungsweise seine Veranstaltungen noch nicht besucht haben. Die Ursachen hierfür liegen aber nicht in einem grundsätzlichen Desinteresse, sondern vielfältige andere Gründe haben zum Noch-Nicht-Besuch geführt: Das Theaterangebot war diesen Personen bislang nicht bekannt, das wahrgenommene Image des Theaters stimmte bislang nicht mit den Anforderungen der Personen an kulturelle Einrichtungen im allgemeinen oder Theater im speziellen überein, die Preise wurden als zu hoch empfunden, das Zeitbudget war bereits mit anderen (kulturellen) Aktivitäten ausgefüllt oder es bestanden insofern Besuchsbarrieren, als diese Personen Verständnisschwierigkeiten mit den Stücken beziehungsweise mit deren Interpretationen erwarteten. **Noch-Nicht-Besucher**

Unabhängig von den jeweils konkreten Gründen ist es aus Sicht der Theater jedoch von Bedeutung, dass diese Noch-Nicht-Besucher im Gegensatz zu den oben dargestellten Nicht-Besuchern von Marketingmaßnahmen potenziell erreicht werden können. So ließen sich zum Beispiel Bekanntheitsgrad oder Image im Rahmen einer neugestalteten Kommunikationspolitik (vgl. Kapitel 4) erhöhen beziehungsweise verbessern. Auch die Anpassung von Eintrittspreisen, die Veränderung von Vorstellungszeiten oder die Einführung von theaterpädagogischen Einführungskursen wären Beispiele für Maßnahmen, um einige der Noch-Nicht-Besucher zukünftig für das Theater zu gewinnen.

Die Nicht-Mehr-Besucher sind in der Vergangenheit bereits Besucher eines (bestimmten) Theaters gewesen, nehmen aber seit geraumer Zeit keine Leistungen dieses Hauses mehr in Anspruch. Auch für diesen Personenkreis gibt es vielfältige Gründe für die „Abstinenz" vom Theater (vgl. Klein 2002, S. 16ff.): Zum einen können äußere Bedingungen wie etwa ein Wohnort- oder Berufswechsel dazu beitragen, dass ein bestimmtes Haus nicht mehr besucht werden kann. Aber auch eine Veränderung in den Lebensbedingungen (Familiengründung, stärkere Einbindung in den Beruf, altersbedingte Neuausrichtung der Interessen etc.) können zur Folge haben, dass aus einem Besucher ein Nicht-Mehr-Besucher wird. Darüber hinaus wird jedoch in vielen Fällen auch eine negative Erfahrung des Besuchers mit den Kern- oder Serviceleistungen (vgl. Kapitel 2) des Theaters dazu beitragen, dass dieser Besucher demnächst nicht mehr kommt. **Nicht-Mehr-Besucher**

Die Gründe für einen Nicht-Mehr-Besuch machen offenkundig, dass nicht jeder Besucher dieser Kategorie durch Marketingmaßnahmen des Theaters wiedergewonnen werden kann. Vor allem aber die Gruppe der Nicht-Mehr-Besucher, die aufgrund von negativen Erfahrungen (Qualität der Inszenierung, mangelnde Erreichbarkeit der telefonischen Reservierung, Qualität der Gastronomie, Freundlichkeit des Personals an der Theaterkasse etc.) ausbleibt, lässt sich durch gezieltes Marketing bearbeiten und wiedergewinnen. Hierzu ist es allerdings nicht zuletzt auch erforderlich, ein systematisches Beschwerdemanagement aufzubauen, das verbindliche Standards für die Beschwerdeannahme, -bearbeitung und -redaktion vorsieht:

Beschwerde-management

- Die Beschwerden sollten zentral gesammelt und ausgewertet (und nicht verschiedenen Abteilungen des Theaters bearbeitet und abgelegt) werden.

- Eine inhaltliche Reaktion – und nicht etwa eine bloße Empfangsbestätigung – sollte innerhalb einer Woche erfolgen.

- Des weiteren ist eine richtige Einstellung der Mitarbeiter zu möglichen Beschwerden von großer Bedeutung: Beschwerden sollten als Anregungen verstanden werden, um die Leistung weiter zu verbessern.

Als ein Instrument des Beschwerdemanagement eignet sich im Kulturbereich häufig ein sogenanntes Besucherbuch, in das sich Besucher mit Anregungen und Kritik eintragen können. Alternativ werden von einigen Kulturbetrieben sogenannte Beschwerdekarten ausgeteilt, die vom Besucher ausgefüllt und in einen dafür vorgesehenen Briefkasten geworfen werden können und die durch den Aufdruck eines bestimmten Adressaten die zentrale Koordination des Beschwerdewesens innerhalb der Institution erleichtern. Des weiteren können Plattformen auf den theatereigenen Internet-Seiten geschaffen werden: So verfügt etwa das Thalia-Theater in Hamburg über ein elektronisches Gästebuch, das auch eine Kommunikation der User untereinander ermöglicht (vgl. http://www.thalia-theater.de; Abfrage am 5. April 2005).

Welche Bedeutung den Nicht-Besuchern, nicht zuletzt im Hinblick auf das Ausbleiben des jungen Publikums in den Theatern, beigemessen wird, zeigt auch die breit angelegte, repräsentative Studie, die der Deutsche Bühnenverein im Jahr 2002 in Zusammenarbeit mit dem Lehrstuhl für Betriebswirtschaftslehre, insbesondere Marketing der Heinrich-Heine-Universität Düsseldorf sowie einem Marktforschungsinstitut bei 1007 Befragten im Alter von 16 bis 29 Jahren im Rahmen computer-gestützter Telefoninterviews durchgeführt hat. Als Nicht-Besucher galt dabei, wer länger als drei Jahre nicht mehr in einer Theateraufführung und höchstens einmal im Jahr in einem Musical oder einer Festspielaufführung war (vgl. Deutscher Bühnenverein 2003, S. 1).

Das Ziel der Untersuchung bestand darin, auf Grundlage empirisch gestützter Analysen konkrete Empfehlungen für die Verbesserung der Kommunikation von Theatern mit jungen Nicht-Besuchern ableiten zu können. Hierzu wurde zunächst die Einstellung der Nicht-Besucher zum Theater sowie das Image von Theatern in dem entsprechenden Alterssegment analysiert. Darüber hinaus wurden jedoch auch die sonstigen medialen und nichtmedialen Freizeitinteressen und das Freizeitverhalten der Altersgruppe untersucht.

Im Ergebnis zeigte sich, dass Kino, Fernsehen und Computer die größten Konkurrenten für Theater sind; sie stellen eine wesentliche allgemeine Barriere dar, die Jugendliche und junge Erwachsene von einem Theaterbesuch abhält. Rund 78 Prozent der Befragten gehen lieber ins Kino als ins Theater, fast 50 Prozent ziehen derzeit einen Videoclip oder Videofilm dem Theaterbesuch vor. Der Fernsehkonsum liegt bei 32 Prozent der Befragten zwischen zwei und vier Stunden am Tag, bei weiteren 56 Prozent zwischen einer und zwei Stunden. Etwa 84 Prozent der Befragten sitzen täglich zwischen einer und drei Stunde(n) am Computer. Weitere allgemeine Nutzungsbarrieren für einen Theaterbesuch stellen für die befragte Zielgruppe dar: mangelndes Serviceangebot, Kosten für einen Theaterabend, mangelnde Einbindung des sozialen Umfelds (Freundeskreis etc.), inhaltliche Resistenz (zu moderne Inszenierungen etc.) und Informationsdefizite bezüglich des Spielplans (vgl. Deutscher Bühnenverein 2003, S. 6ff.). Dabei zeigen diese letztgenannten Aspekte, dass aus der Perspektive des Theatermarketing durchaus Ansatzpunkte für eine Gewinnung und Bindung dieser, für die Zukunft der Häuser so wichtigen Zielgruppe vorhanden sind.

3.3. Besuchersegmentierung

3.3.1. Aufgaben und Ziele

Aufgabe der Besuchersegmentierung ist es, die Gesamtheit der aktuellen und potenziellen Theaterbesucher in verschiedene Gruppen einzuteilen, um auf diese Weise eine gezieltere Anwendung des Marketinginstrumentariums zu ermöglichen. Von zentraler Relevanz bei der Segmentierung ist es, dass die Segmente nach innen möglichst homogene Besuchertypen aufweisen und nach außen, also in Abgrenzung zu den anderen Segmenten, möglichst heterogen sind. Die Besuchersegmentierung umfasst dabei jedoch nicht nur den Prozess der Aufteilung eines Gesamtmarkts in bezüglich ihrer Markt- beziehungsweise Besuchsreaktion intern homogene und extern heterogene Gruppen, sondern auch die gezielte Bearbeitung dieser Segmente mit den entsprechenden Marketingmaßnahmen. Die Besuchersegmentierung stellt damit ein integriertes Konzept der Besuchererfassung und Besucherbe-

Besuchererfassung und -bearbeitung

arbeitung dar (vgl. Kotler/Scheff 1997, S. 93ff. sowie allgemein Meffert 2000, S. 185; Becker 2001, S. 148).

Vorrangiges Ziel der Besuchersegmentierung ist es, zwischen den angebotenen Leistungen und den Bedürfnissen der Zielgruppen eine hohe Kongruenz herzustellen: So haben junge Theaterbesucher unter Umständen andere Präferenzen und Erwartungen als ältere Theaterbesucher, Erstbesucher wiederum andere als Stammbesucher etc. Mit der Besuchersegmentierung wird es jedoch nicht nur möglich, auf die Bedürfnisse einzelner Besuchergruppen spezifischer einzugehen, sondern es lassen sich im Rahmen des Aufteilungsprozesses möglicherweise auch Marktchancen aufdecken: Dies kann zum Beispiel dann der Fall sein, wenn deutlich wird, dass überdurchschnittlich viele Besucher von auswärts kommen und ihre Bedürfnisse mit entsprechenden Leistungen (Verbesserung des Leitsystems in der Stadt, kulturtouristische Vernetzung etc.) zukünftig noch besser bedient werden können.

Allerdings ist ein wesentliches Erfordernis für die Durchführung einer Besuchersegmentierung, dass die aktuellen und potenziellen Besucher Unterschiede im Besuchs- beziehungsweise Nutzungsverhalten und in ihrer Reaktion auf die verschiedenen Marketinginstrumente aufweisen (und dies dem Theater auch bekannt ist). Sind diese Voraussetzungen nicht erfüllt, weil ein Theater beispielsweise über ein sehr homogenes Publikum verfügt, so ist die Besuchersegmentierung wenig sinnvoll. Darüber hinaus gibt es weitere Fälle, in denen von einer Segmentierung der Besucher abzuraten ist: Etwa dann, wenn die Kosten der zielgruppenspezifischen Bearbeitung (zum Beispiel durch die Schaffung besonderer theaterpädagogischer Leistungen für Berufstätige oder entsprechender Angebotspakete für Kulturtouristen) die hierdurch zusätzlich erzielbaren Erlöse übersteigen. Entsprechend müssen durch die Besuchersegmentierung hinreichend große und ökonomisch interessante Besuchersegmente entstehen (vgl. allgemein Meffert 2000, S. 177).

3.3.2. Erfassung von Besuchersegmenten

Anforderungen
Die Erfassung von Besuchersegmenten sollte unter Berücksichtigung folgender Anforderungen vorgenommen werden (vgl. Meffert 2000, S. 186f.):

- **Besuchsverhaltensrelevanz**

Bei den Besuchern sind solche Eigenschaften und Verhaltensweisen zu erfassen und voneinander abzugrenzen, die auch tatsächlich zu unterschiedlichen Besuchsreaktionen, Nutzungsansprüchen und Präferenzen führen.

- **Messbarkeit**

Die Kriterien der Besuchersegmentierung müssen mittels entsprechender Methoden der Besucherforschung (Befragung, Beobachtung etc.) erfassbar und messbar sein.

- **Erreichbarkeit**

Die einzelnen Besuchersegmente müssen für den Einsatz spezifischer Marketinginstrumente (zum Beispiel besondere Werbeformen oder Vertriebswege) auch tatsächlich erreichbar sein.

- **Wirtschaftlichkeit**

Der Nutzen der Segmentierung muss den Aufwand, der durch die differenzierte Bearbeitung von unterschiedlichen Besuchersegmenten erwächst, eindeutig übersteigen.

- **Zeitliche Stabilität**

Die Besuchersegmentierung sollte nur dann vorgenommen werden, wenn die Ergebnisse der Besuchererfassung (zum Beispiel im Rahmen einer Besucherbefragung) für den Zeitraum der Durchführung und der Wirkung der segmentspezifischen Marketingmaßnahmen Gültigkeit besitzen. Dieses Problem kann etwa bei der Bearbeitung Jugendlicher auftreten, deren Interessen und Bedürfnisse schnell wechseln.

Diese Anforderungen sind für eine Beurteilung der in einem nächsten **Kriterien** Schritt gewählten Kriterien zur Segmentierung der Besucher heranzuziehen. Die Vielzahl dieser Kriterien wird im Folgenden anhand der Zuteilung zu verschiedenen Obergruppen systematisiert (vgl. Abb. 14). Grundsätzlich lässt sich festhalten, dass die Kriterien sowohl einzeln als auch kombiniert im Rahmen der Besuchersegmentierung angewendet werden können (vgl. allgemein hierzu auch Meffert S. 177ff.).

Abb. 14: Mögliche Kriterien der Besuchersegmentierung

- **Soziodemographische Kriterien**

Neben demographischen Kriterien wie Alter, Geschlecht, Haushalts-größe, Familienstand etc. werden darunter auch sozioökonomische Merkmale von Besuchern wie Ausbildung, Beruf und Einkommen verstanden. Die Erhebung dieser Merkmale erfolgt in aller Regel im Rahmen von Besucherbefragungen. Da die hieraus gewonnenen Ergebnisse besonders wertvolle Erkenntnisse für das Theatermarketing darstellen, empfiehlt sich eine regelmäßige Erfassung dieser Kriterien.

- **Psychologische und verhaltensorientierte Kriterien**

Mit Hilfe dieser Kriterien lassen sich Besucher gemäß nicht direkt be-obachtbarer Konstrukte wie Einstellungen, Persönlichkeitsmerkmalen oder Nutzenvorstellungen segmentieren. Die Eignung der Einstellung als Segmentierungskriterium ist offenkundig: Von der positiven oder negativen Einstellung gegenüber einem Theater und seinen Leistungen kann auf eine bestimmte Verhaltensweise (Besuch, Nicht-Besuch etc.) geschlossen werden. Auch Informationen über Persönlichkeitsmerkma-le (Lebensstil, soziale Orientierung, Risikoneigung) eines (potenziellen) Besuchers lassen Aussagen über sein Verhalten im Hinblick auf die Nutzung und Bewertung von Theaterleistungen zu.

Nutzenvorstellungen beziehen sich darauf, wie bestimmte Aspekte des Leistungsbündels von Theatern (Preis, Service etc.) von unterschiedli-chen Benutzergruppen jeweils bewertet werden. Auf diese Weise kann zum Beispiel eine Unterscheidung in „preissensible" und „servicesen-sible" Personen vorgenommen werden, die ihren Bedürfnissen entspre-chend angesprochen und bedient werden können (durch Preisdifferen-zierung oder besondere Serviceleistungen etc.).

- **Geographische Kriterien**

Die Besuchergruppen können auch nach räumlichen Kriterien vonein-ander abgegrenzt werden, dabei kann zwischen einer makro- und einer mikrogeographischen Vorgehensweise unterschieden werden. Während bei der makrogeographischen Segmentierung zum Beispiel nach Län-dern, Bundesländern, Städten oder Gemeinden unterschieden wird, geht es bei der mikrogeographischen Segmentierung um eine noch detailliertere – und in der Regel auch mit einem höheren Aufwand ver-bundene – Aufschlüsselung nach Ortsteilen, Wohngebieten oder sogar Straßenabschnitten. Der mikrogeographischen Segmentierung liegt die Hypothese einer sogenannten „Nachbarschafts-Affinität" zugrunde, die davon ausgeht, dass Personen mit gleichem oder ähnlichem sozialen Status und Lebensstil sowie einem – daraus resultierenden – ähnlichen Kulturnutzungsverhalten benachbart beziehungsweise in ähnlichen regionalen Bezirken wohnen (vgl. allgemein Meffert 2000, S. 183).

Informationen über die geographische Herkunft der Besucher können die Entscheidungsfindung im Marketing an vielen Stellen erleichtern: Ein Theater mit vielen internationalen Besuchern erhält zum Beispiel Anhaltspunkte darüber, in welchen Sprachen die Programmhefte gedruckt werden oder die Mitarbeiter an den Besucherkontaktpunkten Informationen vermitteln können sollten. Des weiteren kann die Entscheidungsfindung hinsichtlich der Frage erleichtert werden, ob künftige Vermarktungsaktivitäten und Kooperationsstrategien auch über die Landesgrenzen hinweg ergriffen werden sollten.

Im Rahmen der Analyse einer in der Spielzeit 2003/2004 durchgeführten Publikumsbefragung an zwanzig Berliner und Brandenburger Bühnen (vgl. Kapitel 3) konnten unter Anwendung psychologischer und verhaltensorientierter Segmentierungskriterien fünf Typen von Besuchern identifiziert werden: klassische Bildungsbürger, Individualisten, Aufgeschlossene, Unterhaltungsorientierte und Unternehmungslustige.

Beispiel

Diese Besuchertypen unterscheiden sich sowohl hinsichtlich ihrer Vorstellungen von einem idealen Spielplan, ihren Einstellungen und Verhaltensweisen gegenüber kulturellen Angeboten als auch in ihren Wertestrukturen. Den Bühnenangeboten entsprechend sind die einzelnen Besuchertypen in den jeweiligen Bühnen zu unterschiedlichen Anteilen vertreten. Während beispielsweise der klassische Bildungsbürger vor allem in Opern, Balletten und Konzerten anzutreffen ist, sind die Individualisten in modernen Sprechtheatern überrepräsentiert.

(http://www.fh-lausitz.de/fhl/ww/marketing; Abfrage am 10. Mai 2005)

3.3.3. Bearbeitung von Besuchersegmenten

Im Anschluss an die Segmentierung stellt sich die Frage, ob es sinnvoll und möglich ist, sämtliche der identifizierten Segmente mit den Instrumenten des Theatermarketing zu bearbeiten. Bei der Beantwortung dieser Frage müssen die dem Theater zur Verfügung stehenden personellen und finanziellen Ressourcen sowie die eigenen Ziele und kulturpolitischen Vorgaben Berücksichtigung finden. Des Weiteren wird die Attraktivität eines Besuchersegments auch vom Verhalten der Wettbewerber beeinflusst, die möglicherweise bestimmte Zielgruppen schon mit vielfältigen Aktivitäten (erfolgreich) bearbeiten. Nicht zuletzt muss immer auch die Entwicklung der Umwelt- beziehungsweise Marktbedingungen im Blick behalten werden: Über welche Zukunftsperspektiven verfügt das entsprechende Besuchersegment? Welche technologischen Veränderungen (Internet etc.) sind zu erwarten? Wie werden sich Geschmack und Lifestyle in bestimmten Bereichen verändern?

Strategien der Segmentbearbeitung

Grundsätzlich kann im Rahmen der Segmentbearbeitung zwischen einer konzentrierten, einer undifferenzierten und einer differenzierten Strategie unterschieden werden (vgl. Kotler/Bliemel 2001, S. 458ff.). Diese Unterscheidung beinhaltet implizit zwei Dimensionen der Segmentbearbeitung: In der Dimension „Grad der Differenzierung" kommt zum Ausdruck, ob vom Theater ein oder mehrere Marketingprogramm(e) erarbeitet werden. Demgegenüber veranschaulicht die Dimension „Abdeckung des Markts", wie viele der zuvor identifizierten Segmente bearbeitet werden. Die nachstehende Tabelle 8 zeigt die hieraus ableitbaren Strategien zur Segmentbearbeitung (vgl. Meffert 2000, S. 216f.).

Tab. 8: Strategien zur Bearbeitung von Besuchersegmenten

Grad der Differenzierung / Abdeckung des Markts	undifferenziert	differenziert
vollständig	undifferenziertes Marketing	differenziertes Marketing
teilweise	konzentriertes Marketing	differenziertes Marketing (einzelne Segmente)

undifferenziertes Vorgehen

Im Rahmen der undifferenzierten Bearbeitungsstrategie wird die (potenzielle) Nachfrage mit einem Produkt und einem Marketingprogramm bearbeitet. Das heißt für den Theaterbereich: Hier werden über die Kernleistung hinaus keine beziehungsweise sehr wenige zielgruppenspezifische Zusatzleistungen angeboten, eine Segmentierung nach unterschiedlichen Besuchern beziehungsweise Besucherbedürfnissen findet somit nicht statt. Diese Art der Marktbearbeitung stellt im Marketing erwerbswirtschaftlicher Unternehmen das Pendant zur Standardisierung und Massenproduktion dar; es wird versucht, die Produktions- und Absatzkosten so niedrig wie möglich zu halten. Nicht zuletzt weil bei einer solchen Vorgehensweise jedoch grundsätzlich die Gefahr besteht, dass Konkurrenten mit segment- beziehungsweise bedürfnisspezifischeren Leistungen Wettbewerbsvorteile erzielen, ist von einer ausschließlich undifferenzierten Strategie im Theaterbereich eher abzuraten.

konzentriertes Vorgehen

Mit einer konzentrierten Besucherbearbeitungsstrategie wird die Zielsetzung verfolgt, eine starke Marktstellung auf einem Teilmarkt beziehungsweise in einer Marktnische zu gewinnen, indem die Marketingaktivitäten auf ein bestimmtes Besuchersegment (zum Beispiel an innovativ-avangardistischen Theaterprojekten Interessierte, Kulturtouristen) konzentriert werden. Diese Strategie verfügt über den Vorteil, dass sich das Theater mit seinen Leistungen und seinem Marketingprogramm optimal auf die Bedürfnisse und Wünsche des ausgewählten Besuchersegments einstellen kann; dabei ist der wichtigste Grund für eine solche konzentrierte Strategie in der Ressourcenbeschränkung des Theaters zu sehen: Sind nur geringe personelle und finanzielle Mittel vorhanden, so kann das Theater nicht mehr als ein Besuchersegment bearbeiten, da ansonsten die Gefahr einer „Verzettelung" besteht. Eine solche Vorgehensweise wird häufig von kleinen freien Theatern gewählt.

Mit Hilfe der differenzierten Besucherbearbeitungsstrategie werden **differenziertes** durch den unterschiedlichen Einsatz der Marketinginstrumente alle **Vorgehen** beziehungsweise mehrere der identifizierten Besuchersegmente mit segmentspezifischen Leistungen versorgt (Einführungsveranstaltung für Erstbesucher, Nachmittagsvorstellungen für Senioren, Paketangebote für Kulturtouristen etc.). Dem Vorteil einer solchen bedürfnisspezifischen Vorgehensweise steht allerdings die gewichtige Tatsache gegenüber, dass mit zunehmendem Differenzierungsgrad der Marketingaktivitäten hohe finanzielle, organisatorische und personelle Ressourcen erforderlich werden; dies wird in aller Regel nur größeren, finanzstärkeren Theaterbetrieben möglich sein.

4. Marketingkonzeption für Theater

4.1. Ebenen einer Marketingkonzeption

Marketing als markt- beziehungsweise besucherorientierte Führung von Theatern lässt sich nur dann konsequent und zielführend umsetzen, wenn dem Handeln eine schlüssige und auf das jeweilige Haus spezifisch zugeschnittene Marketingkonzeption zugrundegelegt wird. Denn die Markt- und Umweltkonstellationen sowie die internen Rahmenbedingungen von Theatern sind so komplex, individuell und dynamisch und die Möglichkeiten zum Einsatz der verschiedenen Marketinginstrumente so vielfältig, dass ein nicht bewusst gesteuerter Marketingprozess (auch ökonomisch) nicht sinnvoll wäre. Theater benötigen vielmehr einen konsistenten Orientierungsrahmen für ihr markt- beziehungsweise besucherorientiertes Agieren – das heißt eine Marketingkonzeption.

Eine Marketingkonzeption kann als ein stringenter und umfassender Plan verstanden werden, der die Grundlage für sämtliche Marketingaktivitäten darstellt. Dabei ist dieser Entwurf jeweils individuell auf ein Theater und seine spezifische Marktsituation zugeschnitten und durch eine mittel- bis langfristige Perspektive charakterisiert. Die Marketingkonzeption basiert auf den Ergebnissen ausführlicher Situations- und Ressourcenanalysen (vgl. Kapitel 2) und sie umfasst die drei aufeinander aufbauenden, zugleich aber interdependenten Stufen: Ziele, Strategien und Instrumente (vgl. Abb. 15). Dabei erfolgt von oben nach unten eine zunehmende Konkretisierung beziehungsweise Detaillierung der zu treffenden Entscheidungen: Während die Marketingziele von Theatern zukunftsgerichtete Vorgaben für das Theater darstellen („Wo wollen wir hin?"), geben die Marketingstrategien die grundsätzliche Vorgehensweise beziehungsweise einen strukturierenden Rahmen vor („Wie kommen wir dahin?"), innerhalb dessen die Festlegung der einzelnen Instrumente beziehungsweise des Marketing-Mix erfolgt („Was muss dafür eingesetzt werden?"). Die Marketingstrategien stellen dabei den Dreh- und Angelpunkt der Marketingkonzeption dar, da sie die Ziele und Instrumente des Marketing miteinander verbinden (vgl. Becker 2001, S. 3ff.; Meffert 2000, S. 61f.).

Begriffs-abgrenzung

Abb. 15: Aufbau und Inhalt einer Marketingkonzeption

Koordinierende Funktion

Die Marketingkonzeption verfügt über eine koordinierende Funktion hinsichtlich der markt- beziehungsweise besucherorientierten Maßnahmen eines Theaters und ermöglicht aufgrund ihres mittel- bis langfristigen Charakters den Aufbau einer spezifischen Kompetenz am Markt sowohl für das Theater als Ganzes als auch für seine einzelnen Leistungen. Die Erfüllung dieser Funktion setzt allerdings voraus, dass die Marketingkonzeption als ein konsistentes Bündel von Handlungsanweisungen schriftlich festgehalten und von der Intendanz beziehungsweise Geschäftsführung – und damit von der obersten Hierarchieebene – als verbindlich erklärt wird.

Durch die Unterscheidung in die drei Konzeptionsebenen Ziele, Strategien und Instrumente wird der Tatsache Rechnung getragen, dass eine Marketingkonzeption für Theater nicht in einem Schritt entwickelt werden kann, sondern das Ergebnis eines umfassenden iterativen und dynamischen Prozesses darstellt. Die einzelnen Ebenen werden nachfolgend näher betrachtet.

4.2. Ziele des Theatermarketing

4.2.1. Zielsystem von Theatern als Zielpyramide

Ziele stellen zukünftige Sollzustände dar, die wünschens- und erstrebenswert sind. Während in privatwirtschaftlichen Unternehmen das Setzen von Zielen eines der konstitutiven, originären Elemente der Unternehmensführung darstellt, stellt sich die Situation in öffentlichen Theatern vielfach anders dar: Hier ist die Formulierung von und die Orientierung an konkreten, verbindlichen und operationalisierbaren Zielvorgaben noch deutlich weniger verbreitet. Als Ursache wird häufig angeführt, dass Theater Ziele verfolgen, die sich auf geistige, kulturelle und gesellschaftliche Werte beziehen und damit einer verbindlichen Definition und einer intersubjektiv nachprüfbaren Messung weitgehend entziehen. Vor diesem Hintergrund werden auch von den Rechtsträgern in aller Regel nur einige wenige Vorgaben (zum Beispiel Soll Aufführungszahl, Einnahmesoll, Budget) gemacht. Des weiteren erschöpfen sich viele Arbeitsverträge mit Intendanten in allgemein gehaltenen Formulierungen bezüglich der künstlerischen Leistungskraft oder dem Ansehen der Bühne. Wenn dann zusätzlich noch den Mitarbeitern kaum oder nur vage formulierte, nicht operationalisierte Ziele von den Führungskräften vorgeben werden, so kann es insgesamt und auf allen Hierarchiestufen an verbindlichen Kriterien für den Betrieb und die Finanzierung von Theatern fehlen.

Es ist offenkundig, dass diese Situation sowohl für die Theater selbst als auch für ihre Träger erhebliche Gefahren birgt: Während den Verantwortlichen aus Politik und Verwaltung zum Beispiel die erforderlichen Maßstäbe fehlen, um die von den Häusern geforderten Finanzmittel in Relation zu Effizienz und Effektivität der Theaterarbeit stellen zu können, fehlt der Theaterleitung wiederum ein wichtiger Legitimationsnachweis in der Diskussion um diese Finanzmittel, und sie läuft ohne eine zielorientierte Ausrichtung Gefahr, auf Markt- und Umweltveränderungen nur mit verzögerter Anpassung – und damit in aller Regel zu spät – reagieren zu können. Vor diesem Hintergrund wird seit geraumer Zeit darauf hingewiesen, dass es sinnvolle und notwendige Ziele für das Theater beziehungsweise bestimmte Arbeitsbereiche gibt, die den verfassungsrechtlich geschützten Freiraum der Kunst (Art. 5 Abs. 3 GG) nicht berühren, deren Verwendung jedoch die Arbeit des Theaters erleichtern und seine Position in der kulturpolitischen Debatte stärken kann (vgl. KGSt 1989, S. 26; Beutling 1993, S. 74).

Wichtige Ausgangsbasis für die Entwicklung solcher theateradäquaten Ziele stellen die Ergebnisse aus der Markt-, Umwelt- und Situationsanalyse dar (vgl. Kapitel 2). Hierzu gehören vor allem Informationen über die

- theaterrelevanten Umweltbedingungen und Markttrends,

- Stärken und Schwächen des Theaters,

- Beziehung zwischen Marktchancen und Theaterressourcen,

- Ziele und Visionen der Intendanz beziehungsweise Geschäftsführung sowie

- Erwartungen der (kultur-)politischen Entscheidungsträger.

Dabei ist es für eine systematische Zielentwicklung zweckmäßig, wenn **Zielpyramide** der Zielbegriff breit aufgefächert und eine Zielpyramide aufgestellt wird, wobei die Zahl und der Konkretisierungsgrad der Ziele von der

Spitze bis zur Basis zunimmt (vgl. Abb. 16). An der Spitze einer solchen Pyramide steht der eigentliche Zweck eines Theater („business mission"), der nicht nur Auskunft darüber gibt, welche Art von Leistungen das Theater erbringen möchte, sondern dem Theater eine klare Grundrichtung vorgibt („Was ist unsere Aufgabe?"); alle weiteren Ziele müssen sich diesem obersten Organisationszweck unterordnen. Da diesem Punkt eine zentrale Bedeutung für die Entwicklung des Zielsystems zukommt, wird hierauf im anschließenden Abschnitt noch einmal ausführlicher eingegangen (vgl. Kapitel 4).

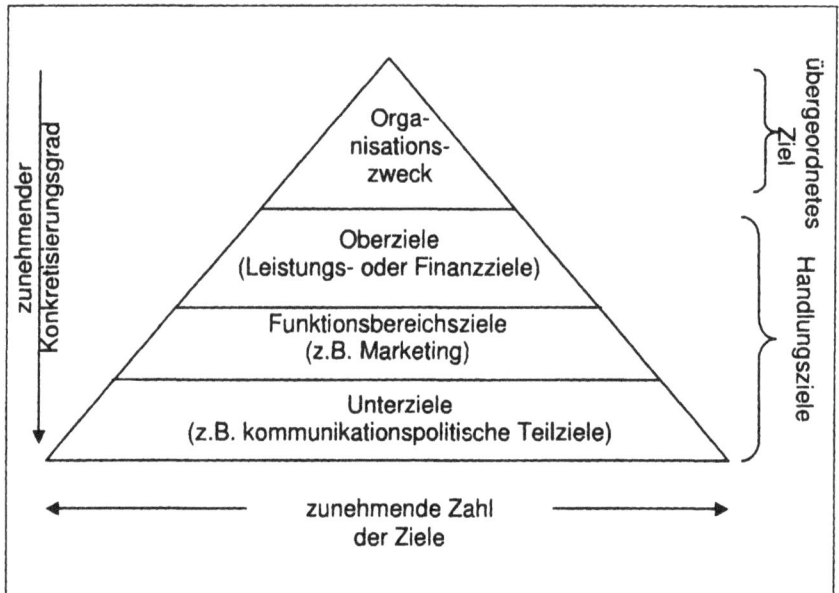

Abb. 16: Hierarchieebenen der Zielpyramide von Theatern

Organisations-zweck

Im Rahmen der Zielplanungsebene wird der Organisationszweck in konkrete Handlungsziele umgesetzt, mit deren Hilfe sich das operative Tagesgeschäft von Theatern leichter steuern lässt. Dabei kann eine weitere Aufschlüsselung des Zielbegriffs in Ober-, Funktionsbereichs- und Unterziele dazu beitragen, das Arbeiten mit Zielen durch die hierbei vorgenommene schrittweise Konkretisierung für die Mitarbeiter zu

Oberziele

erleichtern. Die Oberziele sind in aller Regel längerfristig ausgelegt - zum Beispiel für die Laufzeit einer Intendanz, die in der Regel fünf Jahre (mit Option zur Verlängerung) beträgt - und lassen sich in Leistungs- und Finanzziele unterscheiden. Während die Leistungsziele in unmittelbarem Zusammenhang mit der Leistungserstellung und -verwertung stehen (und hier zumindest Aussagen über die Leistungsmenge, die Art und Qualität der Leistung, die Differenziertheit des Leistungsprogramms sowie die zu bearbeitenden Märkte und Marktsegmente getroffen werden), steht bei den Finanzzielen die Versorgung des Theaters mit ausreichenden Finanzmitteln, die Finanzierungsstruktur sowie das Verhältnis zwischen Leistungserstellung und Mitteleinsatz und damit das Kriterium der Wirtschaftlichkeit im Vordergrund (vgl. KGSt 1989, S. 29ff.; Beutling 1993, S. 74ff.; Schwarzmann 2000, S. 45ff.).

Auf der nächsten Planungsebene lassen sich Ziele für die einzelnen Funktionsbereiche von Theatern, wie zum Beispiel Verwaltung, Marketing, Personal oder Rechnungswesen formulieren (vgl. Schwerdtfeger 2004, S. 167f.), wobei die Marketingziele aufgrund ihrer besonderen Bedeutung für das besucherorientierte Handeln von Theatern noch einmal ausführlicher besprochen werden (vgl. Kapitel 4). In einem weiteren Schritt werden Unter- beziehungsweise Teilziele innerhalb der einzelnen Funktionsbereiche abgeleitet, die für einen organisatorischen Teilbereich (zum Beispiel eine Stelle) aufgabenbestimmend sind. Mit dieser Ausdifferenzierung von Zielen kann der arbeitsteiligen Struktur von Theatern am besten entsprochen werden; dabei ist es sinnvoll, die für die Zielerreichung jeweils verantwortlichen Mitarbeiter so früh und so umfassend wie möglich in den Zielentwicklungsprozess einzubeziehen. Dieses Managementprinzip des Führens durch Zielvereinbarung („management by objectives"), das in erwerbswirtschaftlichen Unternehmen erfolgreich praktiziert wird, fördert auch in öffentlichen Kulturbetrieben das ergebnisorientierte Denken; die Sensibilität der Mitarbeiter für die Komplexität und Interdependenz der verschiedenen Leistungserstellungs- und Leistungsverwertungsprozesse wird erhöht, die organisatorischen Erfordernisse gewinnen an Transparenz und die Motivation des Einzelnen steigt, wenn die Bedeutung des eigenen Leistungsbeitrags für das „große Ganze" offengelegt und kommuniziert wird.

Funktionsbereichsziele

Unterziele

4.2.2. Organisationszweck und Mission Statement

Der Organisationszweck eines Theaters („business mission") bestimmt, welche Arten von Leistungen auf dem Kultur- und Freizeitmarkt erbracht werden sollen. Mit der Beantwortung der Fragen „Was ist unsere Aufgabe?" und „Was sollte unsere Aufgabe sein?" wird geklärt, zu welchem Zwecke ein Theater überhaupt am Markt existiert. Die Entscheidung für diese übergeordnete Zielsetzung eines Theaters konkretisiert sich in der Formulierung eines sogenannten Mission Statement, dessen Bedeutung für die strategische Ausrichtung und das operative Tagesgeschäft noch immer von vielen Häusern unterschätzt wird. Denn das Mission Statement gibt dem eigenen Handeln einen wichtigen Orientierungsrahmen: Ein Theater, dessen Arbeit kein präzise formuliertes Mission Statement zugrunde liegt, weiß letztlich nicht, in welche Richtung es sich auf lange Sicht bewegt und welcher Zweck eigentlich erfüllt werden soll – damit aber gleicht es einem Schiff, welches ohne funktionierenden Kompass in See sticht (vgl. Klein 2005, S. 102). Eine solche

Orientierungsrahmen für die Theaterarbeit

fehlende Eindeutigkeit drückt sich häufig in einer mangelnden Fokussierung auf die eigentlichen Kernkompetenzen beziehungsweise in einer „Verzettelung" bei der Erstellung von Leistungen aus, die nicht unbedingt der Zielerreichung des Theaters dienen (sondern vielmehr knappe Ressourcen verzehren, die an anderer Stelle dringender benötigt werden).

Grundrichtung des Theaters

Ein Mission Statement sollte eindeutig und anspruchsgruppenbezogen definiert sein, das gegenwärtige Leitungsspektrum eines Hauses in seinen wesentlichen Grundzügen abgrenzen sowie Visionen für zukünftige Leistungsangebote enthalten. Auf diese Weise wird die Grundrichtung der täglichen Theaterarbeit festgelegt und eine Fokussierung der vorhandenen, finanziellen und personellen Kapazitäten erleichtert. Dementsprechend sollten in einem Mission Statement unter anderem folgende Fragen beantwortet werden:

- Was ist der übergeordnete Organisationszweck des Theaters?
- Welche Theaterleistungen werden erstellt?
- Wer sind die Zielgruppen dieser Leistungen?
- Wo werden die Leistungen angeboten (lokales/regionales Einzugsgebiet)?
- Wer sind die relevanten Kooperationspartner?

Visionen des Theaters

Darüber hinaus sollten Visionen in das Mission Statement aufgenommen werden: Wo soll das Theater in einigen Jahren stehen? Wie muss es sich (organisatorisch, personell etc.) weiterentwickeln? Welche Chancen sollen ergriffen werden? Ein solch visionärer Ausblick in die Zukunft kann in der Regel nicht detailliert ausformuliert werden, sollte aber zumindest richtungsweisend sein.

Das Mission Statement dient als Leitbild des Theaters sowohl nach innen, also für die eigene Organisation und die Mitarbeiter, als auch nach außen gegenüber den externen Interessengruppen. Damit es diesen verschiedenen Personenkreisen zugänglich ist, muss das Mission Statement allgemein verständlich formuliert und prägnant sein. Darüber hinaus muss es deutlich kommuniziert werden und seine Adressaten tatsächlich erreichen.

Innenwirkung

Im Hinblick auf die Innenwirkung kann das Mission Statement als das zentrale Instrument verstanden werden, durch dessen Einsatz alle Ressourcen eines Theaters auf ganz bestimmte Fixpunkte ausgerichtet werden: Ein Theater, dass sich in seinem Leitbild auf die seismographische Erfassung gesellschaftlicher Trends ausgerichtet hat, wird in der Regel keine personellen oder finanziellen Ressourcen für die Produktion traditionell-klassischer Stücke ohne Gegenwartsbezug einsetzen. Das Mission Statement wirkt im Idealfall als eine Art Selbstverpflichtung, sensibilisiert die Mitarbeiter für relevante Trends, Chancen und Gefahren, definiert die erforderlichen Qualifikationen und Kompetenzen des Theaterteams, erhöht seine Motivation und fördert die Koordination von Abteilungen und Aktivitäten. Das Mission Statement ist demgemäß ein Maßstab, an dem sich das Theater und seine Mitarbeiter orientieren und messen können (vgl. Klein 2005, S. 103).

Bezüglich der Außenwirkung lässt sich festhalten, dass das Mission Statement die zentrale, immer wiederkehrende Botschaft gegenüber den relevanten externen Anspruchsgruppen (Besucher, Sponsoren, Medien, Träger etc.) darstellt. Dabei ist das Mission Statement nichts weniger als ein grundlegendes Versprechen des Theaters gegenüber diesen Gruppen und dient damit auch gegenüber den Externen als ein verbindlicher Maßstab, an dem es sich messen lassen muss. Es ist bereits darauf hingewiesen worden, dass die Außenwirkung des Mission Statement dessen Verbreitung über die entsprechenden, von den Anspruchsgruppen genutzten Informationskanäle (Imagebroschüre, Website etc.) voraussetzt. Das nachfolgende Beispiel für ein Mission Statement ist dem Internetauftritt des us-amerikanischen Mount Baker Theatre entnommen worden (http://www.mountbakertheatre.com; Abfrage am 16. November 2004).

Außenwirkung

MOUNT BAKER THEATRE MISSION STATEMENT

Mount Baker Theatre is a not-for-profit corporation in the State of Washington. Mount Baker Theatre employs individuals to perform the tasks necessary to carry out its mission, as stated below. Mount Baker Theatre corporation manages the Mount Baker Theatre building through a contract with the owner, the City of Bellingham. It is governed by a volunteer Board of Directors.

Beispiel

The Mount Baker Theatre organization exists:

A. To provide arts, entertainment, and social interaction, which through a wide variety of programs, results in personal enrichment, enjoyment and a sense of community for diverse audiences in the region, and:

B. To preserve the restored historic Mount Baker Theatre as a home for local performing arts organizations, film, a venue for touring performers, and community events.

Während in Amerika zahlreiche Theaterbetriebe über ein solches Mission Statement verfügen, richten in Deutschland nach wie vor nur wenige Theater ihre Arbeit an einem Leitbild aus. Eine Ursache hierfür kann darin gesehen werden, dass die Mitarbeiter noch zu wenig in den Theatermanagementprozess integriert werden – vieles wird von der Theaterleitung vorgegeben und die Entscheidungsspielräume für die nachgeordneten Hierarchiestufen sind an vielen Häusern noch eher klein. Gerade aber die Entwicklung eines funktionsfähigen Mission

Einbeziehung der Mitarbeiter

Statement setzt die Einbeziehung der Mitarbeiter voraus: So sollte seine Formulierung das Ergebnis eines längeren Diskussionsprozesses mit möglichst vielen Theatermitarbeitern sein, um eine stärkere Identifikation der Mitarbeiter mit ihrem Haus zu fördern. Um den Prozess nicht aus dem Ruder laufen zu lassen beziehungsweise ihn zu einem erfolgreichen Ende zu führen, kann es dabei sinnvoll sein, die Leitbildentwicklung durch Externe begleiten zu lassen. Neben diesem Aspekt gibt es eine weitere Schwierigkeit bei der Festlegung eines Mission Statements im Theaterbereich: Aufgrund seiner künstlerischen Freiheit wird jeder Intendant bei Arbeitsantritt seine eigene Vorstellung von der künftigen Ausrichtung der Theaterarbeit haben – durch die Befristung der Intendanz auf fünf (oder gegebenenfalls auch mehr) Jahre wird es mit dem personellen Wechsel naturgemäß auch immer wieder zu einem Wechsel in der künstlerischen Schwerpunktsetzung eines Theaters kommen; dies erschwert nicht zuletzt auch die Einbeziehung der Mitarbeiter in den Prozess.

4.2.3. Marketingziele im Zielsystem von Theatern

Gewünschte Sollzustände

Marketingziele stellen gewünschte Sollzustände dar, die durch das Verfolgen der Marketingstrategien und den Einsatz der Marketinginstrumente erreicht werden sollen. Da Theater nicht als Selbstzweck existieren, sondern ihre Arbeit Erfüllung im Zuspruch der relevanten Anspruchsgruppen – und hier insbesondere der Besucher – findet, verfügen die Marketingziele auch im Theaterbereich über eine besondere Bedeutung. Allerdings ist nachdrücklich darauf hinzuweisen, dass die Marketingziele trotz ihrer zentralen Rolle keine autonomen Ziele darstellen, sondern sich vielmehr an dem übergeordneten Organisationszweck orientieren und hieraus ableiten (vgl. Kapitel 4).

Zieldimensionen

Bei der Formulierung der Marketingziele sind verschiedene Dimensionen zu beachten; hierzu gehören:

- der Zielinhalt, der grundsätzliche Überlegungen darüber enthält, was vom Theater angestrebt werden soll (Erhöhung der Besucherzahlen etc.),

- das Zielausmaß bezeichnet die Entscheidung darüber, ob ein Ziel unbegrenzt (Erhöhung der Einnahmen aus Eintrittskartenverkauf) oder begrenzt (Erhöhung der Einnahmen aus Eintrittskartenverkauf um 10%) formuliert werden soll,

- der Zeitbezug grenzt den Zeitraum ab, innerhalb dessen ein Ziel erreicht werden soll (Erhöhung der Abonnentenzahl um 5% in der nächsten Spielzeit). Hierbei kann zwischen kurz-, mittel- und langfristig zu erreichenden Zielen unterschieden werden.

Die Ziele des Theatermarketing lassen sich in ökonomische und psychologische unterscheiden. Ökonomische Ziele sind in der Regel quan-
tifizierbar und richten sich auf das Nachfrageverhalten ausgewählter
Marktsegmente; sie lassen sich anhand von Markttransaktionen (Kauf
beziehungsweise Absatz) messen und nehmen damit auf beobachtbare
Ergebnisse des Kauf- beziehungsweise Besuchsentscheidungsprozesses
der relevanten Zielgruppen Bezug. So könnte ein ökonomisches Thea-
terziel darin bestehen, dass die Einnahmen aus dem Verkauf von Eintrittskarten um 10 % in der nächsten Spielzeit erhöht werden sollen.
Weitere ökonomische Marketingziele von Theatern sind zum Beispiel
die Erhöhung der Eigeneinnahmen (Theatershop etc.), die Erhöhung
des Kostendeckungsgrads (für einzelne Sparten, Inszenierungen und
Vorstellungen), die Erhöhung der Deckungsbeiträge (bei einzelnen
Produktionen und Vorstellungen oder zum Beispiel für bestimmte
theaterpädagogische Leistungen) oder die Senkung des Zuschussbe-
darfs.

**ökonomische
Ziele**

Während die ökonomischen Ziele an konkreten Leistungsübergangs-
prozessen anknüpfen, beziehen sich die psychologischen Marketingziele auf die mentalen Prozesse der (potenziellen) Besucher. Sie berücksichtigen die Tatsache, dass beim Publikum zwischen ihren geistigen,
zum Beispiel durch die Werbung eines Theaters angeregten Wahrneh-
mungs- und Verarbeitungsprozessen einerseits und ihrem tatsächlichen
Besuchs-, Nutzungs- beziehungsweise Kaufverhalten andererseits enge
Beziehungen bestehen; damit sind die psychologischen Ziele auf - mit
dem obersten Organisationszweck eines Theaters konform gehende -
Verhaltensänderungen der Besucher gerichtet (vgl. allgemein Becker
2001, S. 63; Meffert 2000, S. 78). Beispiele für diese Art von Zielen
sind:

**psychologische
Ziele**

- Erhöhung des Bekanntheitsgrads eines Theaters,

- Verbesserung des Theaterimages,

- Veränderungen von Einstellungen zum Theater,

- Erhöhung der Besucherzufriedenheit,

- Intensivierung der Besuchertreue beziehungsweise -bindung,

- Erhöhung der Besuchs- beziehungsweise Nutzungsintensität,

- Verstärkung der (Wieder-)Besuchsabsicht.

Die psychologischen Ziele sind weitaus schwieriger operationalisierbar
als die ökonomischen Marketingziele und lassen sich dementsprechend
weniger leicht erfassen beziehungsweise messen. Aufgrund ihrer Bedeutung für den Erfolg des Theatermarketing wird im Rahmen von qualitativen und quantitativen Besucherbefragungen versucht, die Erreichung
dieser Ziele zu kontrollieren (Kapitel 3).

**Operationalisie-
rung und Kon-
trolle**

Zielbeziehungen Abschließend sei darauf hingewiesen, dass zwischen den verschiedenen Marketingzielen sowie zwischen den Marketingzielen und anderen Ober- beziehungsweise Funktionsbereichszielen (zum Beispiel Ziele des Theatercontrolling) zahlreiche, komplexe Zielbeziehungen bestehen. So können sich die Ziele gegenseitig positiv beeinflussen, aber es sind auch andere Beziehungen möglich: Während sich manche Ziele komplementär zueinander verhalten (das heißt die Erreichung eines Ziels bedeutet zugleich eine bessere Erfüllung eines anderen Ziels: So führt zum Beispiel die Erhöhung der Besucherzahlen in aller Regel zu einer Erhöhung der Eigeneinnahmen), stehen andere in einem neutralen Verhältnis (das heißt die Erreichung eines Ziels hat keinen Einfluss auf die Erreichung eines anderen Ziels: So bleibt die Erhöhung der Besucherzufriedenheit ohne Wirkung auf das Ziel der Erhöhung der Produktionsflexibilität) oder sogar in einer konkurrierenden Beziehung (das heißt die Erreichung eines Ziels verhindert oder behindert die Erreichung eines anderen Ziels: Der Einsatz von zusätzlichen Marketinginstrumenten zur Verbesserung des Theaterimages steht konträr zum Ziel der allgemeinen Kostensenkung).

4.3. Strategien

Zukunfts- und Potenzialorientierung Im Rahmen der Marketingkonzeption für Theater bilden die Strategien das zentrale Bindeglied zwischen den Zielen und den operativen Maßnahmen. Zum einen beinhaltet die Strategiefestlegung zielsuchende Elemente, die unter Umständen mehrstufige Rückkopplungsprozesse erfordern. Zum anderen setzt jede zielführende Steuerung des Instrumenteeinsatzes die Ableitung und Realisierung von zukunftsgerichteten, potenzialorientierten Strategien voraus, und zwar im Sinne eindeutig abgegrenzter, einzuschlagender „Routen" (Handlungsbahnen) für das Theater (vgl. Meffert 2000, S. 62; Becker 2001, S. 140). Mit Hilfe von Strategien lässt sich der Mitteleinsatz leichter kanalisieren und optimieren – dieser Gedanke ist für den Theaterbereich mit seinen knappen personellen und finanziellen Ressourcen von besonderer Bedeutung. Der nachfolgenden Diskussion ausgewählter Strategien liegt folgende Systematik zugrunde (vgl. Meffert/Bruhn 2003, S. 209): In einem ersten Schritt gilt es die grundlegende Geschäftsfeldstrategie festzulegen; hierzu erforderlich ist die Abgrenzung der strategischen Geschäftsfelder und der adäquaten Marktfeldstrategie. Hierauf aufbauend werden im Anschluss Strategien für den Umgang mit den relevanten Marktteilnehmern diskutiert; der Schwerpunkt liegt dabei auf den publikums- und wettbewerbsbezogenen Strategien. Abbildung 17 illustriert die Strategiesystematik im Überblick.

4.3.1. Geschäftsfeldstrategien

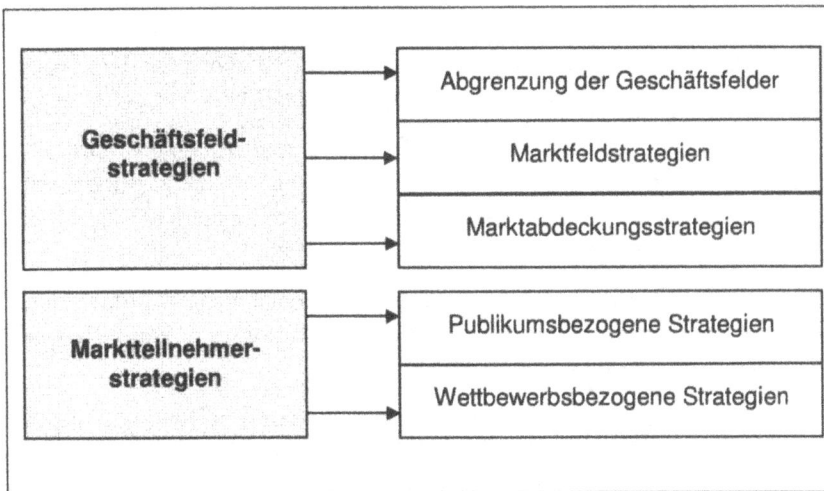

Geschäftsfeld-strategien	Abgrenzung der Geschäftsfelder
	Marktfeldstrategien
	Marktabdeckungsstrategien
Marktteilnehmer-strategien	Publikumsbezogene Strategien
	Wettbewerbsbezogene Strategien

Abb. 17: Strategieoptionen für Theater

Voraussetzung für die Festlegung der strategischen Geschäftsfelder eines Theaters ist die Definition des relevanten Marktes. Sinnvoll ist dabei eine Abgrenzung aus Sicht des Publikums: Danach umfasst der relevante Markt sämtliche Leistungen von Kultur- und Freizeitanbietern, die aus Sicht des Publikums als subjektiv austauschbar empfunden werden (Konzept der subjektiven Austauschbarkeit). In einem nächsten Schritt kann nun die Auswahl der strategischen Geschäftsfelder vorgenommen werden; dabei ist zu berücksichtigen, dass der für ein Theater relevante Markt in der Regel mehr Besuchergruppen und -bedürfnisse umfasst als mit den zur Verfügung stehenden (personellen und finanziellen) Ressourcen befriedigt werden können (vgl. Meffert/Bruhn 2003, S. 211). **Strategisches Geschäftsfeld**

Die Geschäftsfeldwahl beinhaltet die Aufteilung des Gesamtmarktes in homogene Marktsegmente, die sich jedoch untereinander in ihren abnehmerbezogenen Anforderungen und sonstigen erfolgsrelevanten Charakteristika, wie zum Beispiel der Intensität und Struktur des Wettbewerbs, deutlich unterscheiden. Die Bildung strategischer Geschäftsfelder ist dabei eng mit der Marktsegmentierung verknüpft, die im dritten Kapitel bereits ausführlich dargestellt wurde. In beiden Fällen wird der Gesamtmarkt in intern homogene und extern heterogene Teilmärkte zerlegt; der Unterschied liegt im Aggregationsniveau: Während der Gesamtmarkt bei der Bildung strategischer Geschäftsfelder mittels direkt beobachtbarer Kriterien häufig relativ grob abgegrenzt wird, erfolgt im Rahmen der Marktsegmentierung eine weitere Differenzierung nach unterschiedlichen Zielgruppen (vgl. Meffert 2000, S. 235).

Als klassische Merkmale strategischer Geschäftsfelder beziehungsweise der in diesen Feldern tätigen Geschäftseinheiten gelten die Marktaufgabe, die Eigenständigkeit und der Erfolgsbeitrag. Entsprechend ist eine strategische Geschäftseinheit dadurch gekennzeichnet (vgl. Kreilkamp 1987, S. 317; Hinterhuber 1996, S. 126), dass sie

Merkmale

- eine eigene, von anderen Geschäftseinheiten unabhängige Marktaufabe („unique business mission") besitzt, die auf die Lösung besucherbezogener Problemstellungen (zum Beispiel die Versorgung einer Region mit Ballettaufführungen) ausgerichtet ist,

- auf dem Kultur- und Freizeitmarkt als eigenständiger Marktteilnehmer mit eindeutig identifizierbaren Wettbewerbern (zum Beispiel einer freien Ballettcompagnie) auftritt,

- die Formulierung und Implementierung eines weitgehend eigenständigen strategischen Handlungsplans (zum Beispiel durch den Ballettdirektor) erlaubt sowie

- einen eigenständigen Beitrag zur Steigerung des Erfolgspotenzials des Theaters insgesamt leistet (wobei der Erfolg monetär im Sinne von Umsatz oder Deckungsbeitrag, aber auch nicht-monetär im Sinne eines guten Images oder eines hohen Bekanntheitsgrads zu verstehen ist).

Mögliche strategische Geschäftseinheiten eines (Mehrsparten-)Theaters können in diesem Sinne sein (vgl. Klein 2005, S. 335):

- Opernaufführungen,

- Operetten,

- Konzerte des eigenen Orchesters,

- Musicals,

- Schauspiel,

- Kindertheater,

- Tanztheater,

- Autorenlesungen und Vortragsreihen,

- Theatergastronomie,

- Theatershop.

Diese Vornahme der Abgrenzung strategischer Geschäftsfelder beziehungsweise Geschäftseinheiten im Theaterbereich verfolgt verschiedene Zwecke. So wird hierdurch zunächst eine präzisere Aufgabenabgrenzung und Zielgruppendefinition möglich: Welche Leistungen will ein Theater erbringen und für wen sollen diese Leistungen erbracht werden? Auf diese Weise können die Ressourcen des Theaters in die entsprechenden Felder gelenkt werden; damit fördert die Geschäftsfeldabgrenzung ein ressourcenorientiertes Vorgehen des Theaters, das sich durch eine entsprechende Abbildung in der internen Kost- und Leistungsrechnung weiter optimieren lässt. Des Weiteren wird hierdurch auch eine Identifikation jener Geschäftsbereiche eines Theaters möglich, die den Anteil an Eigeneinnahmen (beziehungsweise den Kostendeckungsgrad) erhöhen können (vgl. Klein 2005, S. 329). Dadurch lassen sich häufig Geschäftseinheiten, die geringere oder keine Deckungsbeiträge erwirtschaften (zum Beispiel experimentelles Theater), von finanziell erfolgreicher arbeitenden Geschäftseinheiten (Operette etc.) „mitfinanzieren" (Querverbund).

Im Anschluss an die Abgrenzung der strategischen Geschäftsfelder erfolgt die Bestimmung der grundsätzlichen Märkte und Dienstleistungen (Marktfelder) eines Theaters (vgl. allgemein hierzu Ansoff 1966, S. 13ff.; Meffert/Bruhn 2003, S. 236). Hierbei können folgende Basisstrategien unterschieden werden (vgl. Tab. 9). **Marktfeld-strategien**

Tab. 9: Marktfeldstrategien

		Märkte	
		gegenwärtig	**neu**
Dienstleistungen	**gegenwärtig**	Marktdurchdringung	Marktentwicklung
	neu	Dienstleistungs-entwicklung	Diversifikation

Bei der Marktdurchdringung konzentriert sich ein Theater darauf, bereits bestehende Märkte mit bereits bestehenden Angeboten zu versorgen. Diese Wachstumsstrategie stellt im Prinzip die Plattform dar, von der aus alle anderen strategischen Planungen ihren Ausgangspunkt nehmen: Das Theater versucht für seine Leistungen möglichst viele Nachfrager zu finden. Folgende Wege können zu diesem Ziel führen (vgl. Klein 2005 S. 281; Meffert/Bruhn 2003, S. 221f.): **Marktdurch-dringung**

- Erhöhung der Nutzungsfrequenz bei bestehenden Besuchern (mehr Besuche pro Spielzeit, mehr Käufe im Theatershop etc.)

- Gewinnung von Besuchern der Wettbewerber für die eigenen Leistungsangebote (durch Schnupperangebote, Verkaufsförderungsaktionen und andere Kommunikationsmaßnahmen etc.)

- Gewinnung bisheriger Nichtbesucher (dies können zum Beispiel Personen sein, die zwar über eine grundsätzliche Kulturaffinität verfügen, bislang jedoch zum Beispiel noch nicht den Zugang zum Theater einer Stadt gefunden haben; hier wären im Zuge des Marketing die – vermeintlichen oder tatsächlichen – Barrieren zu identifizieren und durch entsprechende Maßnahmen abzubauen).

Marktentwicklung

Demgegenüber wird im Rahmen der Marktentwicklungsstrategie von Seiten des Theaters versucht, für die gegenwärtigen Leistungen einen oder mehrere neue Märkte zu finden. Zur Realisierung dieser Zielsetzung können folgende Maßnahmen ergriffen werden:

- Schaffung neuer Verwendungszwecke (=„new uses"; das Theater als repräsentativer Ort für Firmenfeste und private Feierlichkeiten)

- Gewinnung neuer Besuchersegmente (=„new users"; durch speziell für bestimmte Zielgruppen entwickelte Leistungsvarianten, wie zum Beispiel Aufführungen an ungewöhnlichen Orten oder zu ungewöhnlichen Zeiten).

Dienstleistungsentwicklung

Die Strategie der Dienstleistungsentwicklung verfolgt das Ziel, für das gegenwärtige Publikum neue, möglichst innovative Leistungen zu entwickeln. Hierbei stehen den Theatern folgende Handlungsoptionen zur Verfügung (vgl. hierzu auch Kapitel 4):

- Schaffung von (echten oder unechten) Dienstleistungsneuheiten (elektronisches Ticketing, lange Theaternacht etc.),

- Erweiterung des bestehenden Leistungsangebots um zusätzliche Dienstleistungsvarianten (nach Zielgruppen differenzierte theaterpädagogische Leistungen etc.).

Diversifikation

Bei der Diversifikationsstrategie werden neue Dienstleistungen für neue Märkte entwickelt. Auch hier lassen sich verschiedene Wege einschlagen (vgl. Meffert/Bruhn 2003, S. 224; Klein 2005, S. 284):

- Bei der horizontalen Diversifikation wird das bisherige Leistungsspektrum eines Theaters um Leistungen erweitert, die mit dem bestehenden Programm noch in Verbindung stehen (ein Theater erweitert seine eigenen Theaterproduktionen um Gastspiele, damit künftig auch andere Besuchersegmente angesprochen werden können etc.)

- Die vertikale Diversifikation zielt auf die Vergrößerung der Wertschöpfungstiefe des Leistungsspektrums eines Theaters ab. Dies kann sowohl in Richtung Absatz der bisherigen Leistungen (eigenes Ticketsystem etc.) als auch in Richtung „Vorproduktion" der Dienstleistungen gehen (zum Beispiel Einrichtung einer eigenen Ballettschule für den künstlerischen Nachwuchs).

- Bei der lateralen Diversifikation stößt das Theater wiederum in völlig neue Dienstleistungsmärkte vor (in der Vergangenheit gehörte hierzu zum Beispiel die Einrichtung von Shops oder Theatercafés, die in Eigenregie geführt wurden). Dabei sind solchen Aktivitäten aufgrund der in aller Regel fehlenden Kompetenz, dem hohen Investitionsbedarf sowie auch der mit der Gemeinnützigkeit verbundenen Restriktionen bezüglich der Führung eines wirtschaftlichen Geschäftsbetriebs enge Grenzen gesetzt.

Markt-abdeckungs-strategie

Die Marktabdeckungsstrategie bezieht sich auf das Ausmaß der Abdeckung und Bearbeitung des relevanten Theatermarktes. Mit der Gesamtmarktstrategie und der Teilmarkstrategie stehen den Theatern dabei zwei strategische Optionen zur Verfügung (vgl. Meffert/Bruhn 2003, S. 236): Im Rahmen der Gesamtmarktstrategie wird versucht, durch ein relativ breites Leistungsangebot, die Nutzung von Know-how-Synergien sowie Größeneffekten möglichst viele Marktsegmente zu erreichen. Eine solche Vorgehensweise bleibt den etablierten Theatern mit entsprechender personeller und finanzieller Ressourcenausstattung vorbehalten. Für die Mehrzahl der kleineren Theater wird indes die Nischenstrategie von Bedeutung sein, in deren Rahmen Wettbewerbsvorteile durch eine Spezialisierung auf spezifische Zielgruppen (junge Besucher, an experimentellem Theater Interessierte etc.) erzielt werden können (vgl. hierzu auch Kapitel 3).

Über diese grundsätzlichen Entscheidungen zu den Geschäftsfeldstrategien hinaus ist zudem zu klären, wie sich das Theater gegenüber den relevanten Akteuren auf dem Kultur- und Freizeitmarkt verhalten will. Im Weiteren werden Strategien für den Umgang mit dem Publikum und den Wettbewerbern vorgestellt.

4.3.2. Marktteilnehmerstrategien

4.3.2.1. Publikumsbezogene Strategien

Die weitaus wichtigste Anspruchsgruppen von Theatern ist das Publikum: Denn erst wenn die Besucher in die Häuser kommen, kann der kulturpolitische Auftrag erfüllt und können die künstlerisch-inhaltlichen Ziele verfolgt und erreicht werden. Für den adäquaten Umgang mit dem Publikum und seinen Ansprüchen lassen sich unter Berücksichtigung des Besucherbeziehungslebenszyklus (Noch-Nicht-Besucher, Erstbesucher, Wiederholungs- beziehungsweise Stammbesucher, Nicht-Mehr-Besucher) mit der Akquisitions-, der Bindungs- und der Rückgewinnungsstrategie drei strategische Optionen unterscheiden (vgl. Meffert/Bruhn 2003, S. 244ff.).

Besucherakqui-sitionsstrategie

Eine Besucherakquisitionsstrategie bietet sich in der Regel unter folgenden Bedingungen an (vgl. Bruhn 2001, S. 177):

- Die Besuchszahlen eines Theaters sind insgesamt zu niedrig.

- Durch die Akquisition neuer Besucher soll eine Kompensation von Besucherverlusten (zum Beispiel bei den Abonnenten) erreicht werden.

- Mit Hilfe der Akquisitionsstrategie sollen Besucher (zum Beispiel Kulturtouristen) erreicht werden, die profitabler sind als aktuelle Besuchersegmente.

Die Akquisition von Besuchern kann dabei auf zwei Wegen erfolgen: Zum einen über das Setzen von Stimuli beziehungsweise die Gewährung von Anreizen, die potenzielle Besucher davon überzeugen können, die Theaterleistung künftig in Anspruch zu nehmen (Tag der offenen Tür, Schnupperangebote, preisliche Vergünstigungen etc.). Zum anderen kann die Akquisition von Noch-Nicht-Besuchern durch eine argumentative Überzeugung erfolgen, die aus einer Dokumentation der Leistungsfähigkeit des Theaters resultiert (Presseberichte, Live-Performance auf einem Stadtfest etc.).

Besucherbindungsstrategie Die Strategie der Besucherbindung hat aufgrund des zunehmenden Wettbewerbs und der wachsenden Mobilität auch im Theaterbereich mehr und mehr an Bedeutung gewonnen. Ziel dieser Strategie ist der Aufbau stabiler, auf Vertrauen beruhender Beziehungen zwischen Theater und Publikum (vgl. Meffert/Bruhn 2003, S. 245). Die Vorteile solcher Beziehungen ergeben sich vor allem aus einem aktiveren Weiterempfehlungsverhalten und einer höheren Wiederbesuchswahrscheinlichkeit des Publikums (vgl. Kapitel 2). Darüber hinaus können durch die Vermeidung von größeren Fluktuationen im Besucherstamm und die größere Routine im Umgang mit Wiederholungs- und Stammbesuchern Kostensenkungspotenziale genutzt und Transaktionskosten gesenkt werden. Nicht zuletzt kann die Besucherbindungsstrategie wirksame Unterstützung in der Legitimitätsdiskussion leisten: Denn bei einem Theater mit einem hohen Anteil an Stammpublikum (und hohen Besuchszahlen insgesamt) werden sich die kulturpolitischen Verantwortungsträger in der Regel nicht so leicht von ihren Finanzierungs- und sonstigen Unterstützungszusagen zurückziehen können.

Nach den Ursachen der Publikumsbindung lassen sich die Bindung durch Verbundenheit und die Bindung durch Gebundenheit unterscheiden: Die Verbundenheitsstrategie strebt eine Bindung des Publikums über psychologische Determinanten – vor allem Besucherzufriedenheit – an (vgl. Bliemel/Eggert 1995, S. 39f.). Über diese Verbundenheit wird eine freiwillige Bindung hergestellt, die auf einer vom Besucher wahrgenommenen Vorteilhaftigkeit der Beziehung zu einem bestimmten Theater im Vergleich zur Nichtexistenz dieser Beziehung und/oder Beziehungen zu anderen Theater beziehungsweise Kultur- und Freizeiteinrichtungen zurückzuführen ist (vgl. Meffert/Bruhn 2003, S. 246). Der Besucher ist in einem solchen Ausmaß zufrieden mit dem Theater und seinen Leistungen, dass er gar nicht wechseln will.

Demgegenüber wird die Publikumsbindung bei der Gebundenheitsstrategie durch den Aufbau von Wechselbarrieren realisiert: Die Gebundenheit bezeichnet einen Bindungszustand, der für einen bestimmten Zeitraum fixiert ist – auch wenn der Besucher in diesen Zustand relativ freiwillig eingetreten ist, so bleibt er innerhalb dieses Zeitraums aufgrund von bestimmten Parametern in seiner Entscheidungsfreiheit im Hinblick auf die Nutzung der Leistungen eines bestimmten Theaters eingeschränkt (vgl. Meyer/Oevermann 1995; Meffert/Bruhn 2003, S. 246); die Parameter können dabei im Theaterbereich vor allem vertraglicher und ökonomischer Art sein (vor allem durch den Kauf von Abonnements und TheaterCards werden für den Besucher Wechselbarrieren aufgebaut; unzufriedene Abonnenten, die zum Beispiel nach einem Intendantenwechsel ihre Abende lieber an einem anderen Theater verbringen würden, können dies nicht ohne gewisse finanzielle Einbußen tun). Tabelle 10 zeigt die Unterschiede zwischen Ver- und Gebundenheitsstrategie im Überblick (vgl. Klein 2003, S. 30).

Tab. 10: Ver- und Gebundenheitsstrategien

	Verbundenheitsstrategie	Gebundenheitsstrategie
Besucherbindende Aktivitäten des Theaters:	Management der Besucherzufriedenheit und des Besuchervertrauens	Aufbau von Wechselbarrieren für den Besucher
Bindungswirkung:	Besucher will nicht wechseln	Besucher kann nicht wechseln
Freiheit des Besuchers:	uneingeschränkt	eingeschränkt
Bindungsinteresse:	geht vom Besucher aus	geht vom Theater aus
Bindungszustand des Besuchers:	Verbundenheit	Gebundenheit
Resultat:	Zufriedenheit	(potenzielle) Unzufriedenheit

Gelingt es nicht, den Besucher emotional oder über den Aufbau von Wechselbarrieren an ein Theater zu binden, so wird der Besucher einen Anbieterwechsel in Betracht ziehen und bei seinem nächsten Theaterbesuch – vorausgesetzt, es sind entsprechende Alternativen vorhanden und erreichbar – zu einem Kultur- oder Freizeitwettbewerber abwandern. Für diese Fälle ist die Strategie der Besucherrückgewinnung einzusetzen, die sowohl der Rückgewinnung so genannter abwanderungsgefährdeter als auch bereits faktisch abgewanderter Besucher dient. Der Einsatz dieser Strategie verfügt über den Vorteil, dass negative Mund-

Besucherrückgewinnungsstrategie

werbung von unzufriedenen Besuchern verhindert beziehungsweise eingedämmt werden kann. Zudem können durch die Rückgewinnung im Idealfall wichtige Informationen über die vormaligen Abwanderungsgründe und -prozesse eruiert werden, die dann wiederum zukünftig für die Einleitung von präventiven Maßnahmen genutzt werden können. Die Besucherrückgewinnungsstrategie ist vor allem zu empfehlen, wenn

- der Besucherstamm eines Theaters durch hohe Wechsel- beziehungsweise Fluktuationsraten charakterisiert ist,

- die Gründe für diese hohe Wechselrate vom Theater beeinflusst werden können und

- die Rückgewinnung profitabler erscheint als die Neubesucherakquisition (vgl. Meffert/Bruhn 2003, S. 247ff.).

Den Theatern stehen dabei die folgenden strategischen Optionen der Rückgewinnung von Besuchern zur Verfügung:

- Kompensationsstrategie (zum Beispiel durch das Ausstellen von Gutscheinen oder das Angebot von ermäßigten Eintrittskarten, wenn Leistungen im Kern- oder Servicebereich Mängel aufweisen),

- Stimulierungsstrategie (Wiederaufnahme der Besucherbeziehung durch Einladungen, Rabatte, Promotions etc.),

- Überzeugungsstrategie (durch die Entwicklung von Leistungsangeboten gemäß der geäußerten Besucherbedürfnisse: neue, flexiblere Abonnementformen etc.).

4.3.2.2. Wettbewerbsbezogene Strategien

Wettbewerbsbezogene Strategien von Theatern umfassen langfristige Pläne über das eigene Verhalten im Umgang mit den Konkurrenten. Dabei wird allgemein zwischen einem passiven und einem aktiven Verhalten unterschieden (vgl. Meffert 2000, S. 273f.). Bei einem passiven Verhalten werden die Aktivitäten der Wettbewerber weder implizit noch explizit in die eigenen Entscheidungen einbezogen: Das heißt, es wird keine konkurrenzgerichtete Strategie im eigentlichen Sinne entwickelt. Eine solche Verhaltensweise kann aus einer (vermeintlich) dominierenden Marktposition eines Theaters resultieren; sie kann aber auch Ausdruck einer mangelnden Kenntnis der Bedeutung einer Konkurrenzorientierung sein. Es ist offenkundig, dass ein solches wettbewerbsignorantes Verhalten – vor allem in einem Marktumfeld mit hoher Dynamik – die Wettbewerbsfähigkeit und damit die langfristige Existenz eines Theaters in erheblichem Maße gefährden kann.

Aktives Wettbewerbsverhalten zeichnet sich demgegenüber durch den Einsatz entsprechender kompetitiver Maßnahmen aus; hierbei lassen sich die zwei Typologisierungsdimensionen „imitativ versus innovativ" und „wettbewerbsvermeidend versus wettbewerbsstellend" unterscheiden. Die erste Dimension bezieht sich auf die Art des Verhaltens eines Theaters, das den Wettbewerb entweder durch Imitation von Leistungen, Technologien und Methoden anderer Anbieter einem langfristigen Gleichgewicht zuführt oder ihn durch entsprechende eigene Innovationen selbst vorantreibt. Die zweite Dimension stellt auf den Zeitpunkt der eingeleiteten Maßnahmen ab: Werden die (Marketing-)Entscheidungen eines Theaters den Handlungen der Konkurrenz angepasst, so gilt das eigene Verhalten als wettbewerbsvermeidend; werden dagegen bereits frühzeitig Signale aus dem Markt aufgenommen und reagiert das Theater hierauf mit eigenen Vorstößen, so handelt es sich um ein wettbewerbsstellendes Verhalten (vgl. Meffert 2000, S. 274). Bei einer Kombination der beiden Verhaltensdimensionen ergeben sich vier wettbewerbsgerichtete Strategien, die in Tabelle 11 dargestellt sind und nachfolgend skizziert werden (vgl. Meffert/Bruhn 2003, S. 256ff.); mit Blick auf die knappen Ressourcen in den Theaterbetrieben liegt das Hauptaugenmerk auf der Kooperationsstrategie.

Tab. 11: Typologisierung wettbewerbsbezogener Strategien

Verhaltensdimensionen	**Innovativ**	**Imitativ**
Wettbewerbsvermeidend	Ausweichung	Anpassung
Wettbewerbsstellend	Konflikt	**Kooperation**

Im Rahmen der Ausweichstrategie versucht ein Theater, einem erhöhten Wettbewerbsdruck von anderen Kultur- und Freizeitanbietern durch die Entwicklung von im Vergleich zu den Wettbewerbern innovativen Maßnahmen zu entgehen. Im Einzelfall kann dies durch abgeschirmte Besuchersegmente, innovative Leistungen oder Leistungsprozesse sowie durch ausgeprägte Marketinganstrengungen erfolgen. **Zurückhaltung**

Die Anpassungsstrategie zielt auf eine Erhaltung der bereits realisierten Produkt-Markt-Position eines Theaters; entsprechend wird das eigene Verhalten auf die Reaktion der Wettbewerber abgestimmt. Allerdings kann diese eher defensive, wettbewerbsvermeidende Ausrichtung nur so lange beibehalten werden, so lange die Vorstöße der Wettbewerber nicht die eigene Position substantiell gefährden. **Anpassung**

Demgegenüber verfolgen Konfliktstrategien das Ziel, durch die Einleitung von gegenüber dem Wettbewerb stark differierenden (aggressiven) Marketingmaßnahmen, Marktanteile zu gewinnen; eine Konfrontation mit der Konkurrenz wird hierbei bewusst in Kauf genommen. Ein **Konfrontation** solches Verhalten lässt sich vor allem auf Märkten beobachten, die sich in einer Phase der Stagnation oder Schrumpfung befinden, und auf denen eine Positionsverbesserung nur auf Kosten der Marktstellung anderer Anbieter möglich ist. Nicht zuletzt aufgrund fehlender Ressourcen werden solche langfristigen konfrontativen Auseinandersetzungen mit der Konkurrenz im öffentlichen Theaterbereich allerdings in der Regel nicht realisierbar (und auch nicht sinnvoll) sein.

Kooperation

Anstatt also mit hohem Ressourcenaufwand miteinander zu konkurrieren, sollten die Theater vielmehr versuchen, an jenen Stellen Kooperationen einzugehen, an denen sich zum Beispiel Angebote sinnvoll ergänzen, neue Zielgruppen erschließen und/oder Kosten einsparen lassen. In Theorie und Praxis des Theatermarketing hat sich in den letzten Jahren mehr und mehr die Erkenntnis durchgesetzt, dass das Eingehen von Partnerschaften eine geeignete Maßnahme für die Theater ist, um trotz knapper Ressourcen auch langfristig erfolgreich im Wettbewerb bestehen zu können. Als mögliche Partner werden nicht nur andere Theater und öffentliche Kulturbetriebe gesehen, sondern auch Unternehmen der Privatwirtschaft.

Vorteile

Ganz allgemein wird im betriebswirtschaftlichen Sinne unter einer Kooperation eine freiwillige Zusammenarbeit von rechtlich und organisatorisch selbständigen Wirtschaftseinheiten verstanden, die darauf ausgerichtet ist, mit Hilfe gemeinsamer Aktivitäten bestimmte Ziele zu realisieren. Mögliche Gebiete einer solchen Zusammenarbeit können zum Beispiel sein: künstlerisches Angebot (Inszenierungstausch etc.), Marketing (gemeinsame Vermarktungskampagnen, gemeinsame Leistungspakete etc.), Technik (gemeinsame Werkstätten), Kostüm und Requisiten (zentraler Fundus, Zentrallager für Requisiten etc.), Organisation (Einkaufsgemeinschaft für Standardmaterialien, gegenseitiger Kartenverkauf etc.), Personalwirtschaft (Personaltausch etc.). Voraussetzung für die Teilnahme an einer Kooperation ist dabei für jeden der Partner ein über die damit verbundenen Kosten hinausgehender Nutzen. Mögliche Vorteile, die sich aus der Bildung von Kooperationen ergeben und die aus der Perspektive der Theater sowohl künstlerischer als auch wirtschaftlicher Art sein können, sind zum Beispiel (vgl. KGSt 1989, S. 69):

- Vergrößerung des Freiraums für künstlerisches Handeln und der Spielräume für experimentelles und innovatives Theater,

- leichtere Realisierung von Aufgaben,

- Verbesserung der Qualität des Leistungsspektrums,

- Ergänzung und Ausweitung des Leistungsangebots,

- fachlicher und kaufmännischer Austausch,

- Reduzierung von Personal- und Sachkosten,

- Verbesserung der Wirtschaftlichkeit.

Im Hinblick auf mögliche Kooperationspartner von Theatern lassen sich mit der vertikalen, horizontalen und diagonalen Kooperation drei grundsätzliche Optionen unterscheiden, die nachfolgend skizziert werden:

Vertikale Kooperationen finden zwischen Unternehmen beziehungsweise Organisationen statt, die in der Leistungskette miteinander verbunden sind. Entsprechend stehen den Theatern vielfältige Möglichkeiten einer Zusammenarbeit mit Austauschpartnern aus dem eigenen Beschaffungs- oder Absatzbereich zur Verfügung. Als mögliche Kooperationspartner kommen unter anderem in Frage (vgl. Schugk 1996, S. 151f.):

vertikale Kooperationen

- Medien („Medienpartnerschaften"),

- Besucherorganisationen,

- Verlagsunternehmen und Autorenverbände,

- Schulen/Universitäten,

- Öffentlicher Personennahverkehr,

- Stadt-/Tourismusmarketing,

- Reiseveranstalter,

- Hotellerie.

Horizontale Kooperationen finden zwischen Marktteilnehmern statt, die ansonsten miteinander im Wettbewerb stehen, weil ähnliche Leistungen (Kultur, Unterhaltung, Bildung, Freizeitgestaltung etc.) angeboten und ähnliche Zielgruppen (zum Beispiel kulturinteressierte Personen) angesprochen werden. Die Zusammenarbeit beschränkt sich dabei auf klar abgegrenzte Bereiche und wird mit dem Ziel eingegangen, hierdurch Wettbewerbsvorteile zu erzielen (vgl. Föhl/Huber 2004, S. 57). Bei dem nachfolgenden Beispiel wird mit der Kooperation von drei staatlichen Einrichtungen in Dresden die Intention verfolgt, junge Berufstätige anzusprechen und für einen Besuch der Häuser zu gewinnen.

Horizontale Kooperationen

Im Rahmen der Kooperation im Kultur Quartier Dresden haben die Sächsische Staatsoper Dresden, das Staatsschauspiel Dresden und die Staatlichen Kunstsammlungen Dresden eine gemeinsame „Kult-Tour-Card" für Jugendliche bis 27 Jahre ins Leben gerufen. Die Card bietet dem Inhaber für 15 Euro besondere Ermäßigungen und Vergünstigungen beim Besuch der Einrichtungen. In der Sächsischen Staatsoper Dresden können Kult-Tour-Card-Besitzer Opernkarten (nach dem Bestplatzprinzip) für 10 Euro an der Abendkasse erwerben; Matineen

Beispiel

und Führungen der Oper können unentgeltlich besucht werden. Im Staatsschauspiel Dresden erhält der Inhaber einer Kult-Tour-Card an der Abendkasse Theaterkarten für 5 Euro. Darüber hinaus können die Führungen durch das Schauspielhaus kostenlos genutzt werden. Die Staatlichen Kunstsammlungen Dresden bieten den Inhabern der Kult-Tour-Card an zwei Tagen in der Woche freien Eintritt zwischen 16 Uhr und 18 Uhr (Happy Hour).

(www.zdftheaterkanal.de, Abfrage am 25. November 2004)

Diagonale Kooperationen

Im Rahmen der diagonalen Kooperation finden Partner zusammen, die sich ansonsten auf unterschiedlichen Geschäftsfeldern betätigen und nur anlässlich der Zusammenarbeit in einem gemeinsamen Teilbereich tätig werden. Ein typisches Beispiel für diagonale Kooperationen im Theaterbereich sind Sponsorships beziehungsweise Partnerschaften mit Unternehmen der Privatwirtschaft, die den Häusern Geld- oder Sachmittel beziehungsweise Dienstleistungen zur Verfügung stellen, um dafür im Gegenzug vor allem Kommunikationsleistungen von den Theatern zu erhalten (vgl. Kapitel 2).

Risiken

Vor dem Eingehen von Kooperationen müssen jedoch auch die Risiken sorgfältig kalkuliert werden. Hier lassen sich zum Beispiel nennen (vgl. KGSt 1989, S. 69):

- Die künstlerische Individualität eines Theaters wird verändert,

- unterschiedliche Kulturen und daraus resultierende Konflikte (auch zwischen den Mitarbeitern),

- unterschiedliche Planungshorizonte,

- gegensätzliche Interessen und Bedürfnisse,

- Qualitätseinbußen aufgrund unterschiedlicher Qualitätsstandards,

Um diesen Risiken vorbeugen zu können, sollten im Vorfeld entsprechende Maßnahmen ergriffen werden. So empfiehlt sich zum Beispiel die sorgfältige Auswahl der Kooperationspartner anhand eines entsprechenden Kriterienkataloges. Des Weiteren ist es für den Erfolg einer Kooperation in aller Regel förderlich, die verschiedenen Erwartungen beziehungsweise Leistungen und Gegenleistungen der Partner im Rahmen eines Kooperationsvertrags möglichst detailliert zu benennen.

Beispiel

So haben sich zum Beispiel das Berliner Theater „Die Schaubühne" und das „Tanzensemble Sasha Waltz & Guests" nach Jahren erfolgreicher (horizontaler) Kooperation ab der Spielzeit 2005/2006 auf eine veränderte Form der Zusammenarbeit geeinigt und dies auch in einem umfangreichen Kooperationsvertrag entsprechend fixiert (vgl. http://www.zdftheaterkanal.de; Abfrage am 27. November 2004).

Ausgangspunkt für diesen Vertrag waren drei ineinandergreifende Problemfelder, die in einen Ausgleich gebracht werden sollten:

1. Der Wunsch der Partner nach einer möglichst umfassenden, auch rechtlichen Selbstständigkeit der Tanztruppe.

2. Die Schaubühne war zum Zeitpunkt der Vertragslegung Zuwendungsempfängerin des Landes Berlin und damit für die bestimmungsgemäße Verwendung und ordnungsgemäße Verwaltung der ihr zur Verfügung gestellten finanziellen Mittel (rund 12 Millionen EUR) allein verantwortlich. Dieser Tatsache sollte bei der Gestaltung von Verträgen mit Dritten Rechnung getragen werden.

3. Zweck und Pflicht des Unternehmens Schaubühne war es, einen umfangreichen Schauspielbetrieb durchzuführen und durch diesen Einnahmen in vorab festgelegter Höhe pro Jahr (mindestens 2,6 Millionen EUR) zu erwirtschaften.

Um den Erfolg der künstlerischen Arbeit des Tanzensembles unter diesen Prämissen auch künftig zu sichern, wurden unter anderem folgende Kooperationsvereinbarungen vertraglich festgehalten:

* **Zweck der Kooperation**: Gemeinsame Produktion von Tanztheaterstücken mit dem Ziel, diese in Berlin ausschließlich an der Schaubühne zur Uraufführung zu bringen.

* **Leistungen Sasha Waltz & Guests**: Erarbeitung von mindestens einer Uraufführung für die Schaubühne, Aufführung von mindestens 50 Vorstellungen (Neuproduktionen und Repertoire), eigenverantwortlicher Vertragsschluss mit den an der Produktion Beteiligten, eigenverantwortliche Durchführung von Gastspielen, etc.

* **Leistungen Schaubühne**: Finanzielle Leistungen (Finanzierung von Personalkosten, Ausstattungskosten etc.), personelle Beistellungen (für Proben, Vorstellungen, Dekorationsherstellung und Lohnbuchhaltung) und Sachleistungen (für Proben, Vorstellungen und die Einlagerung von Dekorationen).

* **Laufzeit und Geschäftsgrundlage**: Beginn, Dauer und Möglichkeit zur Verlängerung des Vertrages; aufschiebende oder einschränkende Geltungsbedingungen (Absenkung von Zuwendungen für die Schaubühne, Erteilung von zugesagten Projektmitteln etc.).

4.4. Instrumente des Theatermarketing

Die zentrale Zielsetzung des Theatermarketing und des (integrierten) Einsatzes seiner verschiedenen Instrumente besteht in der Förderung der Austauschbeziehungen zwischen dem Kulturbetrieb und seinen relevanten Interessengruppen, insbesondere dem Publikum. Im Mittelpunkt des Marketing steht die Beantwortung der Frage, welche einzigartigen, von anderen Kultur- und Freizeitbetrieben nicht bereitgestellten Leistungen ein Theater seinem Publikum anbieten kann, damit das Haus in der Wahrnehmung der Besucher unverwechselbar und vorziehenswürdig erscheint. Damit, und das sei noch einmal betont, kann der Einsatz des Marketing beziehungsweise der verschiedenen Marketinginstrumente gleichzeitig einen wesentlichen Beitrag dazu leisten, dass das Theater seine originären Aufgaben und kulturpolitischen Ziele leichter verfolgen kann (vgl. Kapitel 2).

Nach diesem Verständnis, das nicht zuletzt die Akzeptanz des Marketing auf Leitungs- und Mitarbeiterebene bei vielen Theatern erhöhen dürfte, verfügt das Theatermarketing über eine „Brückenfunktion" zwischen künstlerischem Angebot und Publikum. Allerdings setzt dies voraus, dass Marketing als Querschnittsaufgabe wahrgenommen wird und sämtliche Theaterbereiche im Sinne einer funktionsübergreifenden Führungsphilosophie durchdringt. Dies gelingt jedoch nur, wenn das Marketing-Denken als Maxime konsequent von der Leitungsebene vorgelebt und von den Mitarbeitern verinnerlicht wird. **Brückenfunktion des Marketing**

Wie bereits im zweiten Kapitel deutlich wurde, ist das Theatermarketing durch seine konsequente Ausrichtung an den Bedürfnissen des Publikums nicht nur „Maxime" und durch die im Rahmen der Entscheidungsfindung genutzten Techniken auch „Methode", sondern im Bestreben um die Schaffung von Präferenzen und damit die Erzielung von Wettbewerbsvorteilen durch den Einsatz seiner verschiedenen Instrumente in gleicher Weise „Mittel" (vgl. Nieschlag/Dichtl/Hörschgen 2002, S. 13). Analog zur Vorgehensweise im Marketing für erwerbswirtschaftliche Unternehmen wird dabei auch im Theaterbereich eine Einordnung der Marketinginstrumente in die vier Bereiche Leistungspolitik, Kommunikationspolitik, Preispolitik und Distributionspolitik vorgenommen (vgl. Abb. 18).

Ergänzend sei darauf hingewiesen, dass in der klassischen Literatur zum Dienstleistungsmarketing von manchen Autoren eine Erweiterung des Marketingmix vorgenommen wird (zum Beispiel um den Bereich der Personalpolitik). Die Gründe hierfür liegen in den spezifischen Charakteristika von Dienstleistungen (vgl. Kapitel 2), die auch den Mitarbeitern von kulturellen Dienstleistungsanbietern eine besonders wichtige Rolle zukommen lassen: So stehen die Mitarbeiter nicht nur in zahlrei-

chen Situationen in direktem Kontakt mit den Besuchern (Kasse, Gastronomie, Premierefeier, Regisseurgespräch etc.), sondern sie werden
zum Teil auch als Surrogat der eigentlichen Leistung angesehen (vgl.
Meffert/Bruhn 2003, S. 356). Obgleich dieser erweiterten Sichtweise
hier grundsätzlich gefolgt wird, soll aus Gründen der Zweckmäßigkeit
im Weiteren in erster Linie auf die an die Verhaltensbeeinflussung der
externen Austauschpartner – insbesondere der Besucher – ausgerichteten Instrumente eingegangen werden. Gleichwohl wird aufgrund der
besonderen Bedeutung der Mitarbeiter auch im Theatermarketing an
den entsprechenden Stellen Bezug auf personalpolitische Aspekte genommen.

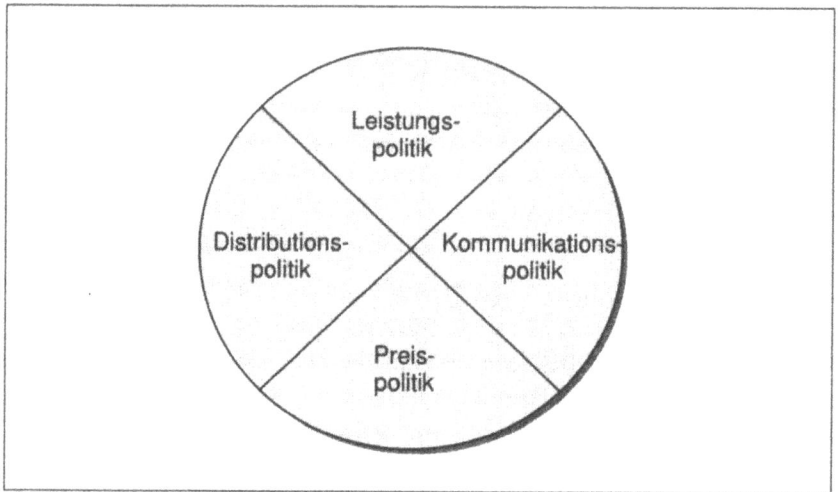

Abb. 18: Instrumente des Theatermarketing

4.4.1. Leistungspolitik

In zweiten Kapitel ist deutlich gemacht worden, dass Theater kulturelle
Dienstleistungsbetriebe sind. Aus den hieraus resultierenden Charakte-
ristika ergeben sich zahlreiche Besonderheiten, die im Rahmen der
Leistungspolitik von Theatern zu berücksichtigen sind (vgl. Kapitel 2).
Mit der Innovation, Variation, Eliminierung und Differenzierung ver-
fügen die Häuser dabei über vier verschiedene leistungspolitische
Handlungsoptionen, die nachfolgend vorgestellt werden. Im Rückgriff
auf die im zweiten Kapitel vorgenommene Unterscheidung in den
Kern- und Zusatzbereich, die den weiteren Ausführungen zugrunde
liegt, werden diese Varianten der Angebotsgestaltung vor allem auf den
Bereich der Zusatzleistungen bezogen. Unabhängig davon ist es jedoch
wichtig, dass sämtliche Leistungen eines Theaters in eine umfassende
Leistungspolitik integriert sind, das heißt eine Entscheidung für die
konkrete Ausgestaltung der nachfolgend dargestellten Optionen sollte

kein Zufallsprodukt, sondern das Ergebnis möglichst strategischer Überlegungen sein (vgl. Klein 2005, S. 322).

4.4.1.1. Leistungsinnovation

Unter Leistungsinnovation wird allgemein die Entwicklung und Markteinführung einer neuen Leistung verstanden. Dabei kann unterschieden werden zwischen einer echten und einer unechten Innovation. Eine echte Innovation liegt dann vor, wenn die Leistung für den Besucher und das Theater neu ist. **Begriffs-abgrenzung**

In der Spielzeit 2005/06 wird erstmals der Sicherheitsbereich eines deutschen Flughafens zur Theaterkulisse. Die Initiative „Lokstoff - Theater im öffentlichen Raum" bringt ihr Stück „Top Dogs" in einem Gate des Stuttgarter Airports auf die Bühne. Das Theaterstück im öffentlichen Raum stellt dabei nicht nur die Darsteller, sondern auch die Zuschauer vor neue Erfahrungen. Sie erhalten mit ihrer Eintrittskarte am Check-in-Schalter eine Bordkarte und müssen sich danach dem regulären Sicherheitscheck unterziehen. Im Wartebereich ihres Gates ergibt sich dann aus dem allgemeinen Treiben heraus die Handlung, während in den umliegenden Gates der reguläre Flugverkehr weiter abgewickelt wird.

Beispiel

(vgl. http://www.zdftheaterkanal.de, Abfrage am 10. Mai 2005)

Von einer unechten Innovation wird dann gesprochen, wenn die Leistung neu für das Theater, nicht jedoch für die Besucher ist.

Nach den Kölner Theatern, die in 2004 bereits ihre „vierte kölner theaternacht" durchgeführt haben, präsentierten sich die Hamburger Bühnen (Deutsches Schauspielhaus, Hamburgische Staatsoper, Thalia Theater etc.) zum Auftakt der neuen Spielzeit 2004/05 erstmals in einer gemeinsamen Theaternacht. 26 staatliche und private Bühnen boten in einer Septembernacht Auszüge aus aktuellen Programmen sowie Sonderveranstaltungen.

Beispiel

(vgl. http://www.zdftheaterkanal.de, Abfrage am 27. September 2004)

Da die Entwicklung echter Innovationen ein hohes Innovationspotenzial und entsprechende Ressourcen und Kompetenzen im Theater voraussetzt, wird es vielfach „nur" zu einer Übernahme von Innovationen aus anderen Theatern, Kulturbetrieben oder auch privatwirtschaftlichen Unternehmen kommen.

Die große Bedeutung von Innovationen im Rahmen der Leistungspolitik von (kulturellen) Dienstleistungsbetrieben resultiert in erster Linie aus dem Ziel, das bisherige Leistungsspektrum künftig um weitere Angebote zu ergänzen. Darüber hinaus können die Innovationen unter anderem beitragen zu einer **Zielsetzung**

- Erhöhung des Leistungsniveaus,

- (flexiblen) Anpassung an Besucherwünsche,

- Steigerung des Erlebniswerts von Besuchern,

- Steigerung der Motivation der Theatermitarbeiter.

Im Kernbereich von Theatern stellt jede Uraufführung eine (echte) Leistungsinnovation dar; darüber hinaus können Erstaufführungen an den einzelnen Bühnen sowie zum Teil auch (besonders prägnante) Neuinszenierungen als (unechte) Leistungsinnovation gelten (vgl. Hilger 1989, S. 221). Im Bereich der Service- und Zusatzleistungen können als Leistungsinnovationen der letzten Jahre exemplarisch genannt werden:

- Internet-Auftritt,

- elektronisches Ticketing,

- Besucherbindungsprogramme,

- „All-inclusive"-Pakete für Kulturtouristen,

- „Corporate Entertainment"-Veranstaltungen,

- Theaterpädagogik für bestimmte Zielgruppen (so bietet etwa das Alte Schauspielhaus Stuttgart sogenannte „management-by-shakespeare"-Seminare für Führungskräfte an),

- Parties für bestimmte Zielgruppen („Disko im Theater"),

- Theaternächte.

Allerdings handelt es sich dabei überwiegend um die so genannten unechten Innovationen, da Museen und andere Kultur- beziehungsweise Freizeiteinrichtungen bereits vielfach Vorreiter gewesen sind. Nicht zuletzt im Hinblick auf das hohe Durchschnittsalter des Publikums und der Sorge, dass den Theatern künftig die Besucher fehlen, gewinnt die Entwicklung innovativer Angebote zur Gewinnung junger Besucher immer mehr an Bedeutung. Nachfolgend sei hierzu ein Beispiel aus dem Orchestermarketing vorgestellt.

Beispiel

In der Kölner Philharmonie können junge Konzertbesucher mit einem neu aufgelegten Gutscheinheft ein Konzert aus jeder Sparte für fünf Euro besuchen und für weitere fünf Euro einen Freund mitnehmen. An jugendliche Konzertbesucher richtet sich auch die Einrichtung einer Jugendlounge im Philharmoniefoyer. Dort können sich Musikfreunde vor und nach den Konzerten kennen lernen oder auch ihre Meinung zum Konzert online im Computer der Jugendlounge abgeben. Jugendliche zwischen 13 und 17 Jahren können zudem kostenlos Konzerte der KölnMusik besuchen, und als „Jugendreporter" eine Konzertkritik schreiben und diese im Internet veröffentlichen.

(vgl. http://www.koelner-philharmonie.de; Abfrage am 27. Juni 2005)

4.4.1.2. Leistungsvariation

Im Rahmen einer Leistungsvariation werden verschiedene Merkmale **Begriffs-** einer bereits bestehenden Leistung verändert, wie zum Beispiel die **abgrenzung** Formgebung und das Material eines Programmheftes. Wichtig ist, dass es hierbei ausschließlich um die Veränderung bereits am Markt einge- führter Leistungen geht: Die Grundeigenschaften und -funktionen dieser Leistungen bleiben erhalten, es werden lediglich vordergründig funktionale und/oder symbolische Eigenschaften verändert.

Gesellschaftliche Trends oder technische Neuerungen können dabei eine Leistungsvariation ebenso sinnvoll erscheinen lassen wie wirt- schaftliche oder durch den Wettbewerb bedingte Notwendigkeiten. Wesentlicher Impetus für die Variation von Leistungen ist auch im Theatermarketing die Möglichkeit, bestimmte Zielgruppen noch be- dürfnisspezifischer ansprechen zu können (oder neue zu erschließen), um auf diese Weise Vorteile im Wettbewerb mit anderen Kultur- und Freizeitanbietern zu erzielen.

Die Impulse für Variationsentscheidungen können aus verschiedenen, theaterinternen und -externen Quellen rühren, zum Beispiel aus

- Besucherbefragungen,

- Mitarbeiterbefragungen (vor allem des Besucherkontaktpersonals),

- dem Theater-Controlling,

- dem Beschwerdemanagementsystem.

Die nachfolgende Tabelle 12 verdeutlicht exemplarisch weitere Mög- lichkeiten der Leistungsvariation von Theatern.

4.4.1.3. Leistungseliminierung

Die Leistungseliminierung bedeutet die endgültige Herausnahme eines **Begriffs-** Angebots aus dem Leistungsprogramm und führt damit zu dessen Re- **abgrenzung** duzierung beziehungsweise Straffung. Die Gründe für die Einstellung bestimmter Leistungen können vielfältig sein (vgl. Klein 2005, S. 321 f.):

- Nachfrage- und Umsatzrückgang (zum Beispiel weil der Produktle- **Zielsetzung** benszyklus einer Aufführung die Sättigungs- beziehungsweise De- generationsphase erreicht hat; anders ausgedrückt: die im Vorfeld anvisierte Zielgruppe wurde erreicht und hat die Aufführung gese- hen),

Tab. 12: Beispiele für Leistungsvariationen im Theater

Leistung	Variation der Leistung
Theater-magazin	Überarbeitung des Theatermagazins hinsichtlich Schrift-bild, Farbgebung und Seitenumfang
Internet-Auftritt	Veränderung der Website hinsichtlich Navigation, Inter-aktivität und Informationsumfang
Premierenfeier	Aufwertung durch themenbezogene Dekoration, Hinter-grundmusik, separate Bewirtung von VIPs
Einführungs-veranstaltung	zeitliche Straffung und Veränderung der Schwerpunkt-setzung (zum Beispiel weil die Besucher immer weniger Zeit haben und/oder gleichzeitig immer weniger Vor-kenntnisse mitbringen)
Matinee	Eingehen von themenadäquaten Sponsoring-Partnerschaften (zum Beispiel mit einem spanischen Weinhändler, der ergänzend zu einer Darbietung spani-scher Stücke Tapas und Wein reicht)

- personelle oder finanzielle Engpässe (zum Beispiel wird eine Wie-deraufnahme aufgrund eines besonders kostspieligen Engagements von Künstlern unmöglich gemacht),

- negativer Einfluss auf das Theaterimage (zum Beispiel bei Auffüh-rungen – oder auch Produkten im Theatershop –, die nicht mehr dem ästhetisch-künstlerischen Anspruch einer neuen Intendanz ge-nügen),

- Änderung gesetzlicher Vorschriften (wenn zum Beispiel ein be-stimmtes Bühnenbild nicht mehr den Brandschutzverordnungen genügt) oder allgemeiner wirtschaftlicher Rahmenbedingungen (so wirken sich zum Beispiel sinkende Einkommen bei den privaten Haushalten auch auf die frei verfügbaren Mittel für Kultur aus),

- Bedarfs- beziehungsweise Nachfrageveränderungen (Absetzung von Produktionen, die die Besucher- und Kritikererwartungen nicht oder nicht mehr erfüllen und die damit als „abgespielt" gelten).

Den genannten Kriterien können jedoch im Kulturbereich gewichtige Argumente gegenüberstehen, aufgrund derer eine an sich notwendige Elimination bestimmter Leistungen unterbleibt; hierzu gehören unter anderem

- Prestige-/Imagegründe (zum Beispiel reflektiert eine bestimmte Aufführung den ästhetisch-künstlerischen, von der Intendanz ver-folgten Standpunkt des Theaters),

- Synergieeffekte beziehungsweise Cross-Selling-Potenziale mit ande-ren Leistungen,

- kulturpolitische Gründe.

4.4.1.4. Leistungsdifferenzierung

Im Vergleich zu den genannten leistungspolitischen Optionen „Leistungsvariation" und „Leistungselimination", bei denen der Ersatz beziehungsweise die Elimination bestehender Angebote im Vordergrund steht, werden im Rahmen der Leistungsdifferenzierung neben den bestehenden Leistungen weitere Varianten aufgenommen. Ziel der Differenzierung von Theaterleistungen ist es, der Heterogenität von Besuchern besser gerecht zu werden und eine Bedürfnisbefriedigung bei unterschiedlichen Zielgruppen zu erreichen. Die nachstehende Tabelle 13 zeigt Möglichkeiten der Leistungsdifferenzierung im Theater.

Begriffsabgrenzung

Zielsetzung

Tab. 13: Beispiele für Leistungsdifferenzierungen im Theater

Leistung	Differenzierung der Leistung
Spielstätte	Erschließung zusätzlicher außergewöhnlicher, ästhetisch-künstlerisch reizvoller Orte (so bespielt das Schauspielhaus Düsseldorf eine Tiefgarage, die Deutsche Oper am Rhein hat den „Ring" in den Landschaftspark Duisburg und die „Beuys-Oper" in die Rheinmetallhalle verlegt)
Theaterpädagogik	Durchführung von unterschiedlichen Veranstaltungen für spezielle Zielgruppen (zum Beispiel gibt es im Staatstheater Nürnberg zwei verschiedene Jugendclubs – „Küken" und „Backfische" –, die jeweils bedürfnisspezifisch angesprochen werden)
Theatergastronomie	Ergänzung des kulinarischen Spektrums um Angebote vor oder nach der Vorstellung („Happy-Oper-Cocktail", "Late-Opera-Dinner")
Raumvermietung	Ergänzung der reinen Vermietung durch Angebot eines „full service" (Catering, künstlerisches Begleitprogramm, Konferenz-/Seminartechnik etc.)
Abonnement	Ergänzung der traditionellen Abonnementformen um, neue segmentspezifische Angebote („Besucher-Cards" etc.)

4.4.2. Kommunikationspolitik

4.4.2.1 Aufgaben und Planungsprozess

Die Kommunikationspolitik beinhaltet sämtliche Aspekte der Generierung, Aufbereitung und Vermittlung von Informationen zwischen einem Theater und seinen internen und externen Interessengruppen (vgl. Kapitel 2). Zu den internen Adressaten gehören die Mitarbeiter und die Träger, relevante externe Adressaten sind unter anderem:

Begriffsabgrenzung

Adressaten

- Besucher,

- Medienvertreter,

- Sponsoren,

- Multiplikatoren (Lehrer, Reiseveranstalter, Stadtmarketinggesellschaften etc.),

- (kultur-)politische Entscheidungsträger,

- Zulieferer,

- allgemeine Öffentlichkeit.

Besonderheiten Aufgrund der Tatsache, dass Theater (kulturelle) Dienstleistungsbetriebe sind (vgl. Kapitel 2), müssen im Rahmen der Kommunikationspolitik gewisse Besonderheiten beachtet beziehungsweise muss eine speziell auf diese Probleme zugeschnittene Kommunikationsarbeit geleistet werden (vgl. Meffert/Bruhn 2003, S. 423ff.); als mögliche Implikationen seien exemplarisch genannt:

- Da die Leistungsfähigkeit eines Theaters selbst nicht darstellbar ist, ist es eine Aufgabe kommunikationspolitischer Maßnahmen, die spezifische Dienstleistungskompetenz zu dokumentieren (zum Beispiel durch die Plakatierung von Rezensionen zu einer Aufführung im Foyer oder durch die Nennung erreichter Besuchszahlen beziehungsweise die Erwähnung der „großen Nachfrage" auf Plakaten und Flyern).

- Des Weiteren muss das Leistungspotenzial eines Theaters vermittelt werden (zum Beispiel durch die explizite Nennung des für eine Inszenierung verantwortlichen renommierten Regisseurs oder die Herausstellung einer hochkarätigen Solistin im Rahmen der Pressearbeit).

- Im Rahmen kommunikationspolitischer Maßnahmen kann darüber hinaus auch eine Materialisierung der Theaterleistungen erreicht werden; dies kann durch das Angebot tangibler Elemente (zum Beispiel durch materielle Geschenke im Rahmen von Verkaufsförderungsaktionen, wie etwa CDs, DVDs etc.) oder durch die Visualisierung tangibler Elemente (zum Beispiel durch die Darstellung eines von der Aufführung mitgerissenen, begeisterten Publikums auf Plakaten) geschehen.

Planungsprozess der Kommunikation Um auch im Theaterbereich ein möglichst hohes Maß an Professionalität zu erreichen, sollten im Rahmen des Einsatzes kommunikationspolitischer Instrumente sukzessive vier Phasen durchlaufen werden (vgl. Abb 19). Nicht zuletzt auch unter Berücksichtigung des in vielen Häusern nur geringen Kommunikationsbudgets fördert die Orientierung an einem solchen systematischen Prozess den effizienten und effektiven

Einsatz der verschiedenen zur Verfügung stehenden kommunikationspolitischen Instrumente. Im Folgenden wird skizziert, welche Aufgaben
in welcher Phase des Kommunikationsprozesses anfallen (vgl. Mef-
fert/Bruhn 2003, S. 435).

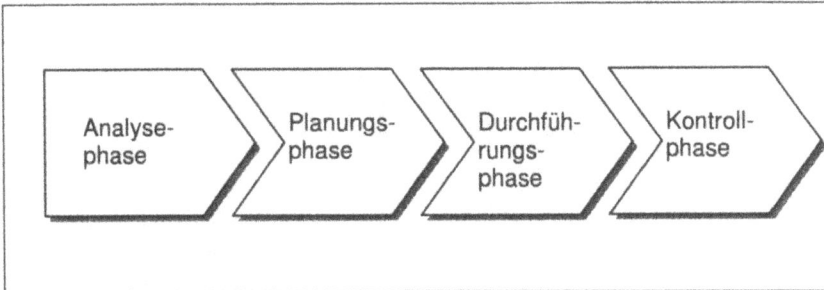

Abb. 19: Phasen im Planungsprozess der Theaterkommunikation

1. **Analysephase:** In dieser Phase muss die gesamte Kommunikati-
   onssituation des Theaters analysiert werden. Neben allgemeinen
   marktbezogenen Einflussfaktoren sind hier vor allem die Aktivitäten
   der Wettbewerber, die Besucher und ihr Informations- beziehungsweise Kommunikationsverhalten sowie die personellen und finanziellen Ressourcen des Theaters von Relevanz.

2. **Planungsphase:** In einem nächsten Schritt sind die Kommunikationsziele festzulegen, die sich aus den übergeordneten (Marketing-)
   Zielen eines Theaters ableiten lassen. Es ist wichtig, diese Ziele zu
   operationalisieren, das heißt messbar zu machen, damit nach Abschluss einer Kommunikationskampagne überprüft werden kann,
   ob die Ziele auch tatsächlich erreicht worden sind.

Zur Operationalisierung der Ziele bietet sich die Berücksichtigung
folgender Aspekte an:

- Inhalt (was soll kommuniziert werden?),

- Zeitbezug (in welchem Zeitraum?),

- und Segmentbezug (für welche Interessengruppe?).

Neben den ökonomischen Zielen erlangen im Rahmen der Kommunikationspolitik von Theatern insbesondere die psychologischen
Ziele große Bedeutung (vgl. Tab. 14). Dabei ist allerdings auf die
grundsätzliche Zuordnungsproblematik von Ursachen und Wirkungen im Theatermarketing hinzuweisen: So können neben markt-
und wettbewerberbezogenen Faktoren zum Beispiel auch andere
Theatermarketingaktivitäten (Preispolitik, Leistungspolitik etc.) einige der nachstehend genannten Wirkungen erzeugen beziehungsweise beeinflussen (vgl. hierzu auch Kapitel 4.4.5).

Tab. 14: Kommunikationsziele von Theatern

Ökonomische Ziele	Psychologische Ziele
▪ Erhöhung der Besucherzahlen	▪ Informationsfunktion
▪ Erhöhung der Abonnenten-zahl	▪ Erinnerungswirkung
▪ Erhöhung der Eigeneinnah-men	▪ Gefühlswirkung
▪ Erhöhung der Mitgliederzahl im Freundeskreis	▪ Interesseweckung
▪	▪ Imagewirkung
	▪ Auslösung eines (Wieder-) Besuchswunschs
	▪ Beeinflussung des Weiter-empfehlungsverhaltens

Corporate Identity

Im Rahmen der Planungsphase sind des Weiteren die Zielgruppen der kommunikationspolitischen Aktivitäten zu konkretisieren; bei der Hauptzielgruppe Besucher müssen die verschiedenen Segmente (Jugendliche, Abonnenten, Kulturtouristen etc.) zielgruppenspezifisch angesprochen werden. Im Anschluss an diese Zielgruppenfestlegung werden die einzelnen Instrumente (Öffentlichkeitsarbeit, Werbung etc.) ausgewählt und beispielsweise Plakatflächen gebucht. Dabei ist die besondere Bedeutung einer integrierten Kommunikation herauszustellen: Diese zielt darauf ab, eine Einheit aus den unterschiedlichen Quellen der internen und externen Kommunikation von Theatern herzustellen, um ein für sämtliche Zielgruppen der Theaterkommunikation konsistentes Erscheinungsbild des Theaters zu vermitteln (vgl. Meffert/Bruhn 2003, S. 431). Dieser Aspekt einer Corporate Communication ist Bestandteil der Corporate Identity eines Theaters: Die Organisationsidentität drückt den gegenwärtigen Zustand eines Theaters, seine Tradition, bisherige Führungspolitik, Einstellungen, Werte und Normen der Führungskräfte und Mitarbeiter aus und zeigt sich im Handeln und Verhalten der Mitarbeiter sowie auch in der Wahrnehmung von außen und von innen; sie spiegelt sich in drei Dimensionen wider:

▪ Corporate Behavior (die Art und Weise, wie sich die Mitarbeiter untereinander und gegenüber den verschiedenen Anspruchsgruppen verhalten, soll möglichst einheitlich sein; zum Beispiel können bestimmte Umgangsformen für den Besucherkontakt festgeschrieben werden),

▪ Corporate Design (dies drückt sich in einem unverwechselbaren visuellen Erscheinungsbild aus; hierfür ist die konstante Verwendung einheitlicher optischer Gestaltungsmerkmale im Rahmen der Kommunikationspolitik Voraussetzung: Logo, Schrifttypen etc.),

- Corporate Communication (die Art und Weise wie ein Theater mit seinen internen und externen Anspruchsgruppen kommuniziert – sei es optisch, akustisch, verbal oder non-verbal – soll einheitlich erfolgen).

Neben der Auswahl der Zielgruppen und der Integration der verschiedenen Kommunikationsprozesse muss im Rahmen der Planungsphase auch eine Entscheidung über das Gesamtbudget beziehungsweise die Teilbudgets für den Einsatz der einzelnen Kommunikationsinstrumente getroffen werden.

3. **Durchführungsphase:** In dieser Phase werden die vorab ausgewählten Einzelmaßnahmen der Kommunikationspolitik in der Praxis eingesetzt. Besondere Aufmerksamkeit sollte in dieser Phase der Auswahl des Zeitpunkts der Durchführung zukommen. So sind bestimmte Zeiträume (Sommerferien etc.) für den Erfolg einer Kommunikationskampagne nicht eben förderlich. Neben den üblichen Instrumenten, die vom Theater aktiv gesteuert werden können, spielt die sogenannte Mund-zu-Mund-Kommunikation im Dienstleistungsmarketing eine bedeutsame Rolle. Denn aufgrund des hohen Anteils an immateriellen Leistungen im Leistungsbündel von Theatern orientieren sich viele (potenzielle) Besucher an Empfehlungen anderer Besucher, um die Leistung im Vorfeld besser „greifbar" zu machen. Die beste Möglichkeit für ein Theater, diese Mund-zu-Mund-Kommunikation aktiv zu beeinflussen, liegt darin, möglichst viele Besucher zufriedenzustellen (vgl. Kapitel 2).

4. **Kontrollphase:** Zum Abschluss wird eine Kontrolle der Kommunikationswirkungen vorgenommen. Mögliche Erhebungsmethoden sind: Messung von Veränderungen bei den Besucherzahlen oder der Besucherstruktur, Messung der gestützten beziehungsweise ungestützten Erinnerung (zum Beispiel nach einer Werbekampagne), Befragung der Besucher nach Image und Bekanntheitsgrad (im Idealfall vor und nach der Durchführung der entsprechenden kommunikationspolitischen Maßnahmen).

4.4.2.2 Wirkungen der Theaterkommunikation

Um die Kommunikationspolitik eines Theaters möglichst erfolgreich zu gestalten, sollten die Wirkungsweisen der Kommunikation bekannt sein. Diese lassen sich anhand eines dreistufigen Prozessmodells erklären (vgl. Abb. 20), das im Folgenden vereinfacht dargestellt wird (vgl. ausführlich Meffert 2000, S. 692).

Werbemittelkontakt
(Wirkung im Unterbewusstsein)

⬇

Wahrnehmung
(Aufmerksamkeit, Aufnahme thematischer Informationen etc.)

⬇

Verarbeitung
(Verständnis der Botschaft, Speicherung von Inhalten etc.)

⬇

Verhalten
(Besuchsentscheidungsprozess)

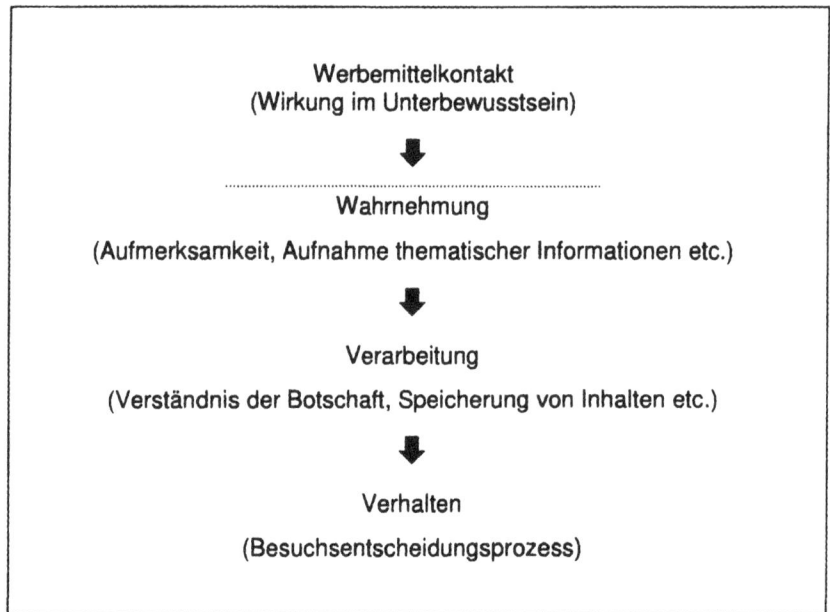

Abb. 20: Vereinfachte Darstellung der Kommunikationswirkung

Wahrnehmung

Die Stufe der Wahrnehmung von Maßnahmen der Theaterkommunikation stellt zwangsläufig eine sehr wichtige Stufe im Kommunikationsvorgang dar, denn ohne Wahrnehmung kann der (potenzielle) Besucher keine Botschaft verarbeiten, lernen oder erinnern. Ein zentraler Bestandteil der Wahrnehmungswirkung ist die Aufmerksamkeit, das heißt die Bereitschaft des Theaterbesuchers, Reize aus seiner Umwelt aufzunehmen. Gelingt es dem Theater, mit Hilfe von (Werbe-)Botschaften die Aufmerksamkeit des Besuchers zu wecken, dann kann davon ausgegangen werden, dass dieser auch beeinflussbar ist: Denn die Aufmerksamkeit stellt eine vorübergehende Aktivierungserhöhung dar, die zur Sensibilisierung des Besuchers gegenüber bestimmten, vom Theater ausgesendeten Signalen führt (vgl. hierzu ausführlich Kroeber-Riel/Weinberg 2003, S. 57).

Verarbeitung

Die zweite Stufe der Kommunikationswirkung ist die Stufe der Verarbeitung, zu der Vorgänge wie das Verstehen und das Erinnern zählen. Bei vielen Informationen wird das Verstehen auf Seiten des Empfängers vorausgesetzt; hierbei handelt es sich um Informationen, die sich der Besucher bewusst vergegenwärtigen muss und nachvollziehen soll: Zu diesen thematischen Informationen gehört zum Beispiel reproduzierbares Wissen (Informationen über Preise, aktuelle Stücke etc.) oder auch der Theatername und mögliche Bezugsquellen (Theaterkasse, externe Vorverkaufsstellen etc.). Das Produktwissen auf der einen Seite und die langfristige, emotionale Positionierung des Theaters auf der anderen Seite stellen bereits zentrale Bestandteile der Erinnerungswirkung dar. Vorrangiges Ziel ist es dabei häufig, dass das beworbene Theater erinnert wird; in diesem Zusammenhang wird auch von „Bekanntheit" als wichtiger Wirkungsgröße der Marktkommunikation gesprochen (vgl. Meffert 2000, S. 693).

Eine zentrale Stellung nehmen im Wirkungsmodell der Kommunikation die Einstellungen beziehungsweise Images ein. Mit Hilfe des Rückgriffs auf Einstellungen sind Menschen dazu in der Lage, ein subjektives, emotional fundiertes Urteil über Gegenstände der Umwelt auch in ungewohnten Situationen relativ zügig zu fällen; der Begriff des Image wird dabei zunehmend synonym zum Einstellungsbegriff verwendet. Bezogen auf den Theaterbereich lässt sich aus diesem Verständnis ableiten, dass der Theaterbesucher seine Besuchsentscheidung entsprechend seiner Einstellung zu den beworbenen Theaterleistungen trifft. Da die kommunikationspolitischen Aktivitäten eines Theaters – und hier vor allem die Werbung – durch ihre Präsenz und Wiederholung von großer Bedeutung für die Imagebildung sind, kommt einer Kommunikationskampagne dementsprechend eine wichtige einstellungs- und imagebildende Funktion zu: Das vom Besucher aus der Werbung aufgenommene Bild des Theaters beziehungsweise seiner Angebote wird verarbeitet und verfestigt sich anschließend durch bestätigende Erfahrungen im Rahmen der nächsten Theaterbesuche (vgl. auch Meffert 2000, S. 694).

Die abschließende dritte Stufe im Wirkungsmodell ist die Stufe des **Verhalten** Verhaltens: Welchen Einfluss haben die kommunikativen Appelle eines Theaters auf die Besuchsabsichten und tatsächlichen Besuchsentscheidungen des umworbenen Publikums? Diese Frage lässt sich nur unter Berücksichtigung aller relevanten Faktoren einer Besuchsentscheidung beantworten, denn die Kommunikationspolitik eines Theaters stellt nicht die alleinige Ursache des Besucherverhaltens dar, ebenso wie ihre Botschaften nicht der einzige Einflussfaktor für die Entstehung von Aufmerksamkeit, Bekanntheit und für die Einstellungsbildung sind. Viele marketingpolitische Determinanten wie zum Beispiel der Preis oder die Distribution (aber auch die Reaktionen von Wettbewerbern, Presseberichterstattungen oder das allgemeine kulturpolitische Klima) können von Einfluss auf die Werbewirkungen und das tatsächliche Besuchsverhalten sein (vgl. hierzu ausführlich Meffert 2000, S. 694). Darüber hinaus können auch externe Faktoren (Zeitmangel etc.) eine Besuchsentscheidung verhindern.

Nicht zuletzt spielt auch das so genannte „Involvement" der Kommunikationsempfänger eine entscheidende Rolle für die Wirksamkeit der Theaterkommunikation: Das Involvement umfasst ganz allgemein die innere Anteilnahme, mit der sich ein Individuum einer Aufgabe oder einer Entscheidung widmet; damit setzt das Involvement eine Aktivierung beim Adressaten voraus und drückt die damit verbundene gedankliche Auseinandersetzung mit einer Problemstellung aus. Aus diesem

Verständnis lässt sich ableiten, dass der Empfänger einer Werbebotschaft bei hohem Involvement („high involvement") anders reagiert als ein Empfänger mit niedrigem Involvement („low involvement"). Bezogen auf den Kulturbereich kann dann von einem hohen Involvement ausgegangen werden, wenn der Besuch eines Kulturbetriebs oder die Inanspruchnahme einer kulturellen Leistung besonders wichtig ist und in enger Verbindung zu der Persönlichkeit oder Selbsteinschätzung eines Individuums steht; in einem solchen Fall wird den Werbemaßnahmen eines Theaters in aller Regel große Aufmerksamkeit gewidmet. Ein niedriges Involvement bedeutet dagegen, dass der Besuch einer kulturellen Veranstaltung oder die Inanspruchnahme einer kulturellen Leistung einem Individuum weniger wichtig ist; in diesem Fall wird den Werbemaßnahmen eines Theaters in aller Regel deutlich weniger Aufmerksamkeit geschenkt. Damit aber wird offensichtlich, dass die möglichst genaue Einschätzung des Involvements der jeweils anvisierten Zielgruppe von Bedeutung ist, um adäquate Kommunikationsmaßnahmen ergreifen zu können (vgl. Meffert 2000, S. 110ff.).

4.4.2.3 Instrumente der Theaterkommunikation

Im Hinblick auf die Ansprache der verschiedenen Zielgruppen eines Theaters sind jeweils unterschiedliche Kommunikationsinstrumente geeignet; Abbildung 21 gibt einen Überblick über die grundsätzlich zur Verfügung stehenden Möglichkeiten, die nachfolgend im Hinblick auf ihre Bedeutung für den Theaterbereich in ihren Grundzügen erläutert werden. Wie bereits erwähnt spielt darüber hinaus auch die Mund-zu-Mund-Kommunikation eine wichtige Rolle in der Kommunikationspolitik von (kulturellen) Dienstleistungsbetrieben. Solche personenbezogenen Informationsquellen (Freunde, Kollegen etc.) zeichnen sich gegenüber anderen Informationsquellen durch eine erhöhte Glaub- und Vertrauenswürdigkeit aus - Bekannte, Freunde etc. berichten von eigenen Erfahrungen mit den Theaterleistungen (vgl. Meffert/Bruhn 2003, S. 125).

a) Werbung

Begriffs-abgrenzung

Die Werbung umfasst den Transport und die Verbreitung werblicher Informationen über die Belegung von entsprechenden Werbeträgern im Umfeld öffentlicher Kommunikation (vgl. Meffert/Bruhn 2003, S. 451). Werbeträger sind Medien (Zeitungen, Plakate, Szene-Magazine, Rundfunk etc.), die eine bestimmte Werbeinformation enthalten (zum Beispiel die Ankündigung einer neuen Inszenierung oder einer Benefiz-Veranstaltung), um die Aufmerksamkeit der relevanten Adressaten zu gewinnen. Im Theaterbereich wird derzeit noch im Wesentlichen über Anzeigen und Beilagen in Zeitungen und Zeitschriften, über Plakate, die häufig auf so genannten Dreieck-Ständern im Stadtgebiet angebracht werden, und über Außenwerbung an den Häusern selbst (Transparente, Fahnen, Schilder, Licht etc.) geworben. Zu den neueren Trägern der Werbung von Theatern gehören:

- City-Light-Poster,

Werbeträger

- Gratispostkarten,

- Banner (Internet),

- Haltestellenwerbung,

- Lackierung von Straßenbahnen,

- Aufkleber für den Fahrzeuginnenraum des ÖPNV,

- Werbespots in U-Bahnhöfen.

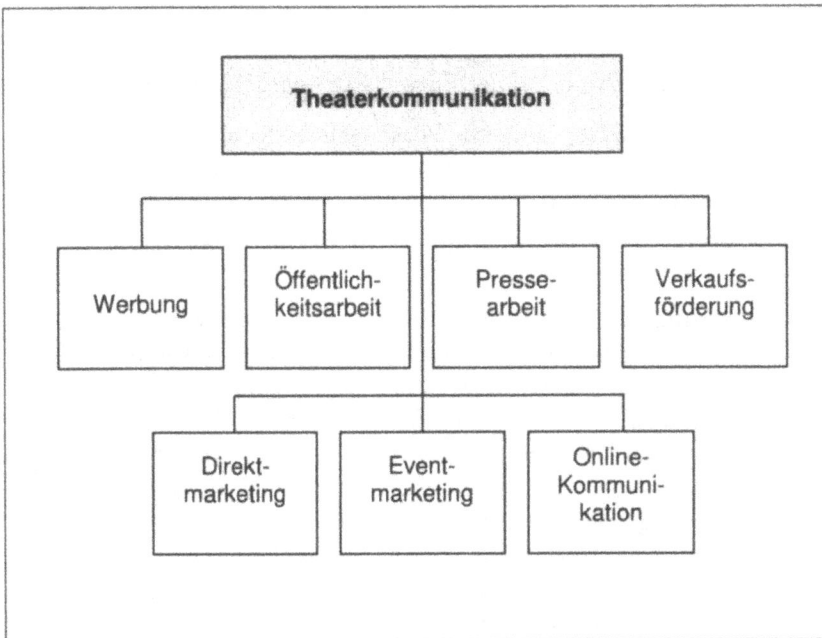

Abb. 21: Instrumente der Theaterkommunikation

Ziel der Theaterwerbung – wie auch aller anderen Maßnahmen der Theaterkommunikation – ist es, das Problem der Intangibilität vieler Theaterleistungen aufzuheben und den Aufbau eines positiven Images zu fördern. Vor allem für die Entscheidung von Erstbesuchern kann das durch die Werbung vermittelte Image im Zuge des Besuchsentscheidungsprozesses von besonderer Bedeutung sein; aber auch für die Wiederbesucher ist die im Rahmen der Theaterwerbung vorgenommene Imagebildung aufgrund ihrer Bestätigungsfunktion von Relevanz. Für den Erfolg einer Werbekampagne ist eine systematische Vorgehensweise wichtig; hierbei sind die folgenden Schritte zu beachten (vgl. Abb. 22; Meffert/Bruhn 2003, S. 451ff.):

Entscheidungsphasen der Werbung

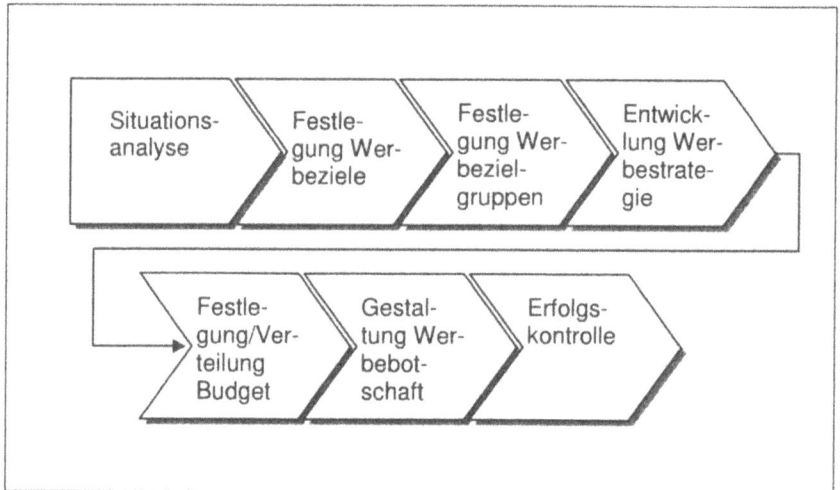

Abb. 22: Prozessschritte bei der Entwicklung einer Werbekampagne

1. **Situationsanalyse:** In dieser Phase geht es darum, Informationen über wichtige, die Werbemaßnahmen unmittelbar oder mittelbar betreffende Rahmenbedingungen zu sammeln (Besucherstruktur, Werbekampagnen der Konkurrenz, Trends in der Werbebranche etc.).

2. **Festlegung der Werbeziele:** In einem nächsten Schritt sind die Ziele festzulegen, die durch die Werbung erreicht werden sollen. Unter Berücksichtigung bekannter Werbewirkungsmodelle wie dem AIDA-Modell (attention, interest, desire, action) können verschiedene Wirkungsstufen bei der Verarbeitung von Werbeinformationen unterschieden werden: Wahrnehmungswirkung, Emotionswirkung (Stimulierung von Gefühlen beim Rezipienten durch die Darstellung entsprechender emotionaler Szenen), Informationswirkung, Einstellungswirkung (Imagebildung, Verbesserung der Qualitätswahrnehmung etc.) und Verhaltenswirkung (Besuchsabsicht, Weiterempfehlungsverhalten etc.).

3. **Festlegung der Werbezielgruppen:** Im Rahmen dieser Phase sind die Adressaten festzulegen, die durch die Werbemaßnahmen erreicht werden sollen. Kernzielgruppe der Theaterwerbung sind die aktuellen und potenziellen Besucher eines Theaters; mögliche Kriterien für ihre differenzierte Beschreibung sind zum Beispiel:

   ▪ Besucherstatus (aktuelle Besucher, Noch-nicht-Besucher, Nicht-mehr-Besucher, Abonnenten, Mitglieder des Freundeskreises etc.)

   ▪ sozioökonomische Kriterien (Alter, Wohnort, Familienlebenszyklus, Bildungsgrad etc.)

- psychologische Kriterien (Motive, Einstellungen, Lifestyle etc.)

- Kriterien des beobachtbaren Kaufverhaltens, kommunikations-, preis- oder kulturbezogene Ansatzpunkte (zum Beispiel Besucher eines Theatermuseums als Werbezielgruppe).

4. **Entwicklung der Werbestrategie:** In diesem Schritt geht es um die Entwicklung von strategischen Verhaltensplänen, die über eine unterschiedliche Fristigkeit verfügen (kurz-, mittel- und langfristig) und die festlegen, in welcher Intensität, Gewichtung und Gestaltung sowie zu welchen Zeitpunkten die Werbemaßnahmen umgesetzt werden sollten, damit die anvisierten Werbeziele des Theaters auch tatsächlich realisiert werden.

5. **Festlegung und Verteilung des Werbebudgets:** In einem folgenden Schritt ist der finanzielle Rahmen abzustecken, in dem sich die Ausgaben für Werbemaßnahmen innerhalb einer bestimmten Planungsperiode bewegen sollen. Bei der Bestimmung dieses Budgets wird auch in der Praxis von Theatern häufig nach heuristischen Methoden vorgegangen, die bestimmte Regeln (Ausrichtung an den geplanten Werbemaßnahmen, Ausrichtung an den Aktivitäten der Konkurrenz, Fortschreibung des Vorjahres etc.) als Kriterien für die Budgetbestimmung definieren.

In vielen Theatern wird der finanzielle Korridor für Werbeaktionen allerdings zunehmend schmaler. Nicht zuletzt im Hinblick auf die Schwierigkeiten bei der Überprüfung des Werbeerfolgs (Aufmerksamkeitswirkung von Plakaten, Beeinflussung der Besuchsentscheidung durch Anzeigen etc.) sind viele Theater dazu übergegangen, reine Werbemaßnahmen zu reduzieren beziehungsweise nur noch punktuell einzusetzen und stärker andere Instrumente der Kommunikationspolitik zu nutzen.

6. **Gestaltung der Werbebotschaft:** Aufgrund des hohen Anteils an immateriellen Leistungen ergeben sich Visualisierungs- und Argumentationsschwierigkeiten für die Theater. So lässt sich die Qualität einer Inszenierung oder das beim Theaterbesuch mögliche Bildungs- und Unterhaltungserlebnis nicht ohne weiteres im Rahmen der Werbemaßnahmen darstellen. Mögliche Wege aus diesem Dilemma sind:

- Surrogatbezogene Gestaltungsoptionen (Darstellung der Theaterstätte, begeisterter Besucher oder eines bekannten Dirigenten beziehungsweise Künstlers, Einsatz von Meinungsführern, wie zum Beispiel einer bekannten Person aus dem öffentlichen Leben etc.),

- psychologische Gestaltungsoptionen (Einsatz von Dramaturgie durch einen Hinweis darauf, dass das Gastspiel eines Ensembles deutschlandweit einzigartig und nicht wiederholbar ist etc.),

- modalitätsabhängige Gestaltungsoptionen (Variation von Texten und Bildern, interaktive und dynamische Darstellung von Sachverhalten, Wahl von auffälligen Farben etc.).

7. **Erfolgskontrolle:** Im Anschluss an die Durchführung von Werbemaßnahmen sollte eine Werbewirkungskontrolle erfolgen. Zum einen lassen sich zum Beispiel anhand der Veränderungen bei Besucher- und Umsatzzahlen vorsichtige Rückschlüsse auf den Erfolg von Werbemaßnahmen ziehen; zum anderen können die Werbezielgruppen im Rahmen von Tests (gestützte beziehungsweise ungestützte Erinnerung an die Maßnahmen) oder Befragungen (Einstellung, Image) Auskunft über die Werbewirkung geben.

Die Erfolgskontrolle wird jedoch durch folgende Aspekte erschwert: Zum einen stehen die Marketingmaßnahmen untereinander in einem engen Beziehungsgeflecht (vgl. Kapitel 4), zum anderen sind auch die Maßnahmen anderer Marktakteure (Wettbewerber, Kooperationspartner etc.) von Einfluss auf den Erfolg der eigenen kommunikationspolitischen Aktivitäten.

b) Öffentlichkeitsarbeit (Public Relations)

Begriffs-abgrenzung

Die Öffentlichkeitsarbeit umfasst die Planung, Organisation, Durchführung sowie Kontrolle aller Aktivitäten eines Theaters, um bei internen und externen Zielgruppen um Verständnis sowie Vertrauen zu werben. Dieses Instrument der Kommunikationspolitik, auch Public Relations genannt, hat damit zum primären Ziel, ein positives Image bei den relevanten Zielgruppen zu schaffen. Dabei sei an dieser Stelle noch einmal darauf hingewiesen, dass auch die internen Stakeholder Adressaten der Theaterkommunikation im Allgemeinen beziehungsweise der Öffentlichkeitsarbeit im Besonderen sind. Im Vordergrund stehen dabei personalpolitische Ziele: Die Motivation und das Engagement der Mitarbeiter sollen durch entsprechende Maßnahmen gefördert werden (vgl. Klein 2005, S. 435).

Aber auch bei allen anderen (externen) Anspruchsgruppen sollte ein Theater um Akzeptanz bemüht sein, denn die Realisierung seiner grundsätzlichen künstlerischen Ziele hängt in hohem Maße von der Unterstützung beziehungsweise dem Interesse dieser Gruppen ab. Bereits aus der oben vorgenommenen Begriffsabgrenzung ist offenkundig geworden, dass Öffentlichkeitsarbeit weit über Werbung hinausgeht: Ihre Ausrichtung ist deutlich langfristiger ausgelegt, sie konzentriert sich nicht auf einzelne Veranstaltungen, sondern will vielmehr insgesamt eine positive Gesamteinstellung der verschiedenen Anspruchsgruppen gegenüber einem Theater erwirken. Damit verfügt die Öffentlichkeitsarbeit auch über eine Stabilisierungsfunktion für die Häuser: Denn stabile, durch kontinuierliche Öffentlichkeitsarbeit aufgebaute Beziehungen zu den relevanten Teilgruppen können die Position eines Theaters stärken, zum Beispiel auch dann, wenn die Besucherzahlen in einer Spielzeit hinter den Erwartungen zurückgeblieben sind (vgl. Klein 2005, S. 436f.).

Hinsichtlich der Erscheinungsformen lassen sich die leistungsbezogene und die gesellschaftsbezogene Öffentlichkeitsarbeit unterscheiden: Während im Rahmen der leistungsbezogenen Öffentlichkeitsarbeit zum Beispiel Informationen über die engagierte, theaterpädagogische Arbeit mit Kindern vermittelt werden, wird im Zuge der gesellschaftsbezogenen Öffentlichkeitsarbeit zum Beispiel eine Stellungnahme der Theaterleitung zu der Bedeutung des Musikunterrichts in Schulen verbreitet. Konkrete Ausgestaltung findet die Öffentlichkeitsarbeit unter anderem im Rahmen von

Ausgestaltung

- redaktionellen Beiträgen in Zeitschriften oder Zeitungen,

- Newslettern,

- Mitarbeiterzeitungen,

- Websites.

Ein wichtiges Instrument sind darüber hinaus allgemeine Informationsbeziehungsweise Imagebroschüren, die die Philosophie beziehungsweise das Leitbild einer Einrichtung („business mission") an die relevanten Zielgruppen transportieren könnte. Eine solche professionell gestaltete Imagebroschüre ist die Visitenkarte eines Hauses und wesentlich für eine wirksame Außendarstellung, insbesondere auch im Rahmen der Kommunikation mit potenziellen Kooperationspartnern (Sponsoren, Pressevertreter etc.).

c) Pressearbeit

Presse- und Öffentlichkeitsarbeit werden im Kulturbereich häufig in einem Atemzug genannt und im Regelfall auch innerhalb der Theaterorganisation einer Stelle – in vielen Fällen der Dramaturgie – zugeordnet. In Anlehnung an Klein soll hier jedoch unter Berücksichtigung der Tatsache, dass sich die Öffentlichkeitsarbeit eines Theaters an eine Vielzahl von Teilgruppen wendet, die Pressearbeit jedoch unmittelbar an die spezielle Zielgruppe der Journalisten in den Medien (Printmedien, Fernsehen, Hörfunk) und dann erst mittelbar an das Massen- beziehungsweise Fachpublikum, eine getrennte Darstellung erfolgen (vgl. Klein 2005, S. 438).

Zielgruppenorientierung

Für eine optimale Platzierung der eigenen Botschaften ist eine genaue Kenntnis der Medienlandschaft unabdingbar. Zu beachten ist dabei immer auch: Welche Medien werden von den verschiedenen Zielgruppen tatsächlich genutzt? Zur Beantwortung dieser wichtigen Frage können zum Beispiel die im Auftrag der Arbeitsgemeinschaften der ARD-Werbegesellschaften jährlich herausgegebenen Media-Perspektiven ausgewertet werden. Darüber hinaus ist es sinnvoll, im Rahmen von Primärforschungen (Besucherbefragung) das Mediennutzungsverhalten der eigenen Besucher zu erhellen (vgl. Klein 2005, S. 439f.).

Einflussfaktoren Im Hinblick auf den Erfolg der Pressearbeit eines Theaters lassen sich verschiedene Einflussfaktoren identifizieren. Wesentlich ist es, dass die Pressearbeit kontinuierlich betrieben wird: Regelmäßig sollten Pressemitteilungen verschickt werden, bei besonders wichtigen Anlässen (Verpflichtung einer bedeutenden Sängerin, neuer Spielplan etc.) sind darüber hinaus Pressekonferenzen einzuberufen. Im Vorfeld von Premieren sollten Einzelinterviews und Reportagen angeregt werden. Grundsätzlich gilt der Aufbau von engen Kontakten zu den wichtigsten (zumindest lokal und regional arbeitenden) Journalisten – sowie damit einhergehend der Aufbau eines soliden Adressenverzeichnisses – als ein entscheidender Erfolgsfaktor für die Pressearbeit eines Theaters. Des Weiteren ist es wichtig, dass die strategische Planung der Pressearbeit von der Theaterleitung, aber auch von anderen Abteilungen im Haus ausreichend unterstützt wird (frühzeitige Abstimmungsgespräche etc.).

Wirksamkeits-kontrolle Für eine Kontrolle der Wirksamkeit der Pressearbeit sollten die Berichte der lokalen, regionalen und wichtigsten überregionalen Zeitungen und Zeitschriften systematisch gesichtet werden: Wer hat wann in welcher Art über das Theater beziehungsweise seine verschiedenen Leistungen berichtet? Im Idealfall stehen finanzielle Ressourcen für die Beauftragung so genannter Ausschnittdienste bereit, die professionell und umfassend die Zeitungen auf bestimmte Meldungen durchsuchen. Unabhängig davon, wer die Presseauswertung vornimmt, ist in jedem Fall eine systematische Wirkungskontrolle sicherzustellen, die sich nicht allein auf die Auswertung positiver Kritiken beschränkt (vgl. Klein 2005, S. 443).

d) Verkaufsförderung

Begriffs-abgrenzung Die Verkaufsförderung bezieht sich auf die Analyse, Planung, Durchführung und Kontrolle von in der Regel zeitlich begrenzten Maßnahmen, die dazu dienen, bei den relevanten Zielgruppen kurzfristig (zusätzliche) Anreize zum Besuch eines Theaters beziehungsweise zur Inanspruchnahme seiner Leistungen zu setzen. Wenngleich verkaufsfördernde Aktionen den Adressaten auch Informationen liefern und der Kommunikation mit dem Theater dienen, so geht es in erster Linie um eine Beeinflussung von Motivationen der jeweiligen Zielgruppe. Damit müssen die Maßnahmen über einen entsprechenden Anreiz- und Aufforderungsgehalt verfügen; folgende Aspekte sind daher bei der

Ausgestaltung verkaufsfördernder Maßnahmen zu berücksichtigen (vgl. Klein 2005, S. 453f.):

- Die Maßnahmen sollten über einen kommunikativen Wert verfügen, **Maßnahmen** das heißt die Aufmerksamkeit des Adressaten wecken und ihn an das Theater beziehungsweise seine Leistungen heranführen.

- Die Aktionen sollten bestimmte Anreize enthalten, die der Adressat schätzt und die in ihm das Bedürfnis auslösen, mehr nachzufragen als ursprünglich geplant.

- Die Maßnahmen sollten über eine entspreche Aufforderung verfügen, die Kauf- beziehungsweise Besuchsentscheidung möglichst zeitnah zu treffen.

Mögliche Aktionen der Verkaufsförderung von Theatern, die vor allem der Ansprache bisher noch nicht oder noch zu selten erreichter Besucherschichten dienen, sind unter anderem:

- Durchführung eines Tages der offenen Tür,

- Angebot einer theaterpädagogischen „Schnupperstunde",

- Teilnahme an Straßenfesten und saisonalen Märkten (Informationsstand, Aufführung etc.),

- Ausschreibung von Gewinnspielen,

- Verteilung von Produkt- beziehungsweise Hörproben (zum Beispiel von der neuesten Einspielung),

- Verteilung von Gutscheinen (zum Beispiel für einen ermäßigten Eintritt im Theater oder den ermäßigten Erwerb eines Produktes aus dem Theatershop),

- Durchführung von Auktionen (Versteigerung von Kostümen und Requisiten aus dem Theaterfundus etc.).

e) Direktmarketing

Mit der Direktkommunikation soll eine persönliche Ansprache einzel- **Zielsetzung** ner Adressaten erreicht werden. Die Maßnahmen der Direktkommunikation bezwecken daher entweder eine gezielte Einzelansprache, in deren Rahmen ein unmittelbarer Dialog möglich wird oder sie versuchen, durch eine indirekte Ansprache die Grundlage für einen persönlichen Dialog in einer zweiten Stufe zu legen.

Als Mittel der direkten Ansprache eignet sich im Theaterbereich sowohl **Instrumente** der gezielte Versand von Werbebriefen oder -mails an Interessenten mit der Möglichkeit zur Rückantwort (Fragebogen, Gewinnspiel, Rabattgewährung etc.) als auch die persönliche Ansprache von Zielpersonen (an einem Informationsstand im Foyer des Theaters, in einem kooperierenden Kulturbetrieb, auf Stadtfesten oder im Rahmen des Telefonmarketing etc.).

Erfolgsvoraus-setzungen

Ein wesentlicher Erfolgsbestandteil von Maßnahmen des Direct Mailing liegt in einer verlässlichen, regelmäßig aktualisierten Datenbank, denn nur wenn eine fundierte Datenbasis über die Zielgruppen (Besucher, Medienvertreter, Sponsoren etc.) vorhanden ist, kann diese Maßnahme der Direktkommunikation ihre Wirksamkeit voll entfalten. Es gibt verschiedene Wege, die eigene Datenbank um Adressen von kulturaffinen Personenkreisen zu erweitern. So kann ein Theater zum Beispiel an einem (überregionalen) Tauschring teilnehmen, in den die Adressen verschiedener Kulturinstitutionen eingespeist werden. Eine weitere Möglichkeit bietet sich mit der Erfassung von Anschriften jener Personen, die das Theater im Rahmen von Kartenbestellungen oder allgemeiner Informationseinholung schriftlich kontaktieren. Auch durch die Schaffung des Angebots, dass Besucher Theaterzeitungen und Leporello „automatisch" per Post beziehen können, lassen sich weitere Adressen gewinnen. Darüber hinaus können geeignete Adressen bei so genannten Listbrokern gemietet beziehungsweise gekauft werden. Allerdings ist darauf hinzuweisen, dass die Nutzung der Adressen mit Vorsicht erfolgen sollte, da die unerwünschte Zusendung von Informationsmaterial beziehungsweise Werbung auch zu negativen Reaktionen beim Empfänger führen kann.

Aber auch neuere Instrumente des Direktmarketing werden von einigen Theatern bereits eingesetzt: So können sich unter dem Motto „Oper in Kürze" Interessenten monatlich per SMS über die Höhepunkte in der Oper Leipzig informieren lassen. Dieser Service ist kostenfrei und kann jederzeit widerrufen werden. Für die Anmeldung beim SMS-Service ist lediglich die Angabe der eigenen Mobilfunknummer auf der Website der Oper erforderlich (vgl. http://www.oper-leipzig.de/html/sms.html; Abfrage am 8. Juni 2005).

f) Event-Marketing

Erlebnis- und Dialogorientie-rung

Ein Event ist eine besondere Veranstaltung oder ein spezielles Ereignis im Theater, das von den relevanten Zielgruppen vor Ort multisensitiv erlebt wird. Dementsprechend lässt sich dem Event-Marketing die zielgerichtete, systematische Planung, Organisation, Inszenierung und Kontrolle von Events als Plattform einer erlebnis- und dialogorientierten Präsentation von Theatern und ihren Leistungen subsumieren (vgl. Meffert/Bruhn 2003, S. 488).

Durch entsprechende emotionale und psychische Stimuli sollen starke Aktivierungsprozesse bei den Besuchern beziehungsweise einzelnen Besuchergruppen (junge Besucher, Familien etc.) in Bezug auf Dienstleistungen oder das Theater als Ganzes (zum Beispiel im Hinblick auf das Image eines Hauses) ausgelöst werden. Wesentliches Merkmal des

Event-Marketing ist seine hohe Dialogfähigkeit: Events ermöglichen unmittelbare Kontakte zu den anwesenden Zielgruppen, die ihrerseits in einer für sie angenehmen und zwangfreien Situation angetroffen werden. Events können sowohl zur Kommunikation mit theaterinternen als auch -externen Austauschpartnern eingesetzt werden.

Ausgewählte Beispiele für Events im Theaterbereich, die sich in erster Linie an die Besucher als relevante Zielgruppe richten, sind:

- Benefizveranstaltungen,

- Theaternächte,

- Theaterparties,

- Premierefeiern.

g) Online-Kommunikation

In den Bereich der Online-Kommunikation fällt die Vermittlung von Botschaften mittels elektronischer Medien. Hierzu stehen den Häusern vor allem folgende Instrumente zur Verfügung:

- E-Mail (elektronische Post),

- elektronische Newsletter,

- Website,

- elektronische Diskussionsforen (Mailinglisten, Newsgroups),

- elektronische Gästebücher,

- Online-Events.

Die Vorteile, die sich aus einer Ausschöpfung der Möglichkeiten im **Vorteile** Bereich der Online-Kommunikation ergeben, sind für den Theaterbereich – nicht zuletzt im Hinblick auf seine häufig nur unzureichende Ausstattung mit finanziellen und personellen Ressourcen – interessant:

- Die Online-Kommunikation ist – im Vergleich zu traditionellen Versandformen – schnell.

- Das Internet ist omnipräsent und verfügt über eine große Reichweite (überregionale und sogar internationale Aufmerksamkeitsweckung wird möglich).

- Gegenüber herkömmlichen Printmedien verfügt die Online-Kommunikation über einen großen Kostenvorteil (Wegfall von Materialkosten, Versandkosten etc.).

- Die Nichtlinearität des Internets (Hypertexte) ermöglicht eine Vielzahl von Querverweisen in unbegrenzter Breite und Tiefe; der User kann sich eine Vielzahl von Informationen erschließen (Hintergrundinformationen zu Künstlern, Stücken etc.).

- Im Rahmen der Online-Kommunikation wird eine Interaktion zwischen User und Theater möglich (elektronisches Gästebuch etc.).

- Maßnahmen der Online-Kommunikation ermöglichen eine zeitgemäße Imagepflege.

Das nachfolgende Beispiel zu Aktivitäten der Berliner Bühnen zeigt anwendungsbezogen Möglichkeiten der Online-Kommunikation beziehungsweise des Internetmarketing für Theater.

Beispiel

In der Spielzeit 2004/05 wurde erstmalig eine gemeinsame Seite von 24 großen Berliner Bühnen (Deutsche Oper Berlin, Deutsches Theater, Friedrichstadtpalast, Staatsballett Berlin, Staatsoper Unter den Linden etc.) online gestellt. Unter http://www.berlin-buehnen.de kann der User von aktuellen und detaillierten Spielplaninformationen über Künstlerbiographien bis hin zum Kartenverkauf alle wichtigen Informationen für seinen potenziellen Theaterbesuch abrufen.

Ein weiterer Nutzen der umfangreichen Datenbank ist aus Marketingsicht die Möglichkeit der kostenlosen Datenweitergabe an andere theaterbezogene Informationsportale (theaterportal.de, zdftheaterkanal.de etc.); hierdurch sowie durch die Einbindung von Redaktionen aus dem Printbereich kann eine flächendeckende, aktuelle Informationsbasis über das Berliner Bühnengeschehen geschaffen werden.

4.4.3. Preispolitik

4.4.3.1 Bestimmungsfaktoren preispolitischer Entscheidungen

Die Preispolitik befasst sich mit der Höhe der für die Theaterleistungen zu entrichtenden Entgelte. Der Preis steht dabei als Entgeltfaktor dem gesamten Leistungsbündel gegenüber. Er beeinflusst nicht nur die Entscheidung des Besuchers, überhaupt eine Leistung in Anspruch zu nehmen, sondern auch die Auswahl einer Leistung innerhalb eines Angebotsumfeldes. Preispolitische Entscheidungen sind nicht zuletzt deshalb so bedeutsam, weil sie sowohl auf die Mengen- als auch auf die Wertkomponente des Umsatzes einwirken. Im Allgemeinen werden preispolitische Entscheidungen getroffen, wenn es

- um die Festsetzung eines Preises für eine neue beziehungsweise eine einmalige Leistung und/oder

- um Preisänderungen auf Grund von Veränderungen in Angebot und Nachfrage, von Aktionen der Wettbewerber oder von Beschlüssen der Träger geht.

Während die Preispolitik im Marketing für erwerbswirtschaftliche Unternehmen vielfach einen wesentlichen Aktionsparameter darstellt, verfügen die Theater über einen deutlich geringeren Gestaltungsspielraum. Im Theaterbereich ist als Besonderheit zu beachten, dass die Eintrittspreise im Regelfall nicht ökonomisch festgelegt werden, das heißt an Erfolgs- und Kostengrößen orientiert, sondern in der Regel (kultur-)politischen Vorgaben unterliegen und mit den Verwaltungsräten beziehungsweise den Rechtsträgern abgestimmt werden müssen. Nicht zuletzt unter sozioökonomischen Gesichtspunkten vorgenommene Preisdifferenzierungen erfolgen unter der Maßgabe, einem möglichst großen Kreis von Personen einen Theaterbesuch zu ermöglichen beziehungsweise Zugangsbarrieren für bestimmte Bevölkerungsgruppen zu senken ("Kultur für alle"). Allerdings ist nachdrücklich darauf hinzuweisen, dass eine solche kulturpolitisch motivierte Festlegung von Preisen in erster Linie auf den Bereich der Kernleistung beziehungsweise der Eintrittskarten von Theatern beschränkt sein sollte.

eingeschränkter Gestaltungsspielraum im Kernbereich

Anders stellt sich die Situation im Bereich der Zusatz- beziehungsweise Serviceleistungen (Theatershop, Theatercafé, Raumvermietung, Verleih von Fundusbeständen, Medienauswertung der Produktionen etc.) dar, in dem die Preiskalkulation unter Berücksichtigung folgender Aspekte vorgenommen werden sollte:

Aspekte der Preiskalkulation im Zusatzbereich

- marktübliches Preisniveau,

- Nachfrage,

- Wettbewerb,

- Deckungsbeiträge,

- Kosten,

- Preise anderer Theaterleistungen.

Durch diese differenzierte Vorgehensweise im Rahmen der Preispolitik kann Einfluss auf die Höhe des Eigenfinanzierungsanteils genommen werden. Wenngleich öffentliche Theater also niemals ihre Gesamtkosten durch Eigeneinnahmen decken können (der durchschnittliche Eigenfinanzierungsanteil deutscher Bühnen lag in der Spielzeit 2002/03 bei rund 16%; vgl. Deutscher Bühnenverein 2004a, S. 3), so ist es im Rahmen einer entsprechenden Preispolitik doch möglich, in bestimmten Teilbereichen zumindest kostendeckend zu arbeiten. Allerdings wird der Anreiz zur Steigerung der Eigeneinnahmen immer dann fehlen, wenn diese Einnahmen im Rahmen der kameralistischen Wirtschaftsführung nicht dem Theater verbleiben, sondern in den Haushalt des Trägers zurückfließen – so wie es in vielen Theatern derzeit noch immer der Fall ist (vgl. Röper, S. 89ff.).

**Entscheidungs-
phasen der
Preispolitik**

In Anlehnung an die systematische Vorgehensweise bei der Festlegung kommunikationspolitischer Maßnahmen ist es auch im Rahmen preispolitischer Überlegungen sinnvoll, eine Strukturierung verschiedener Entscheidungsphasen vorzunehmen, die nachfolgend skizziert werden (vgl. Abb. 23).

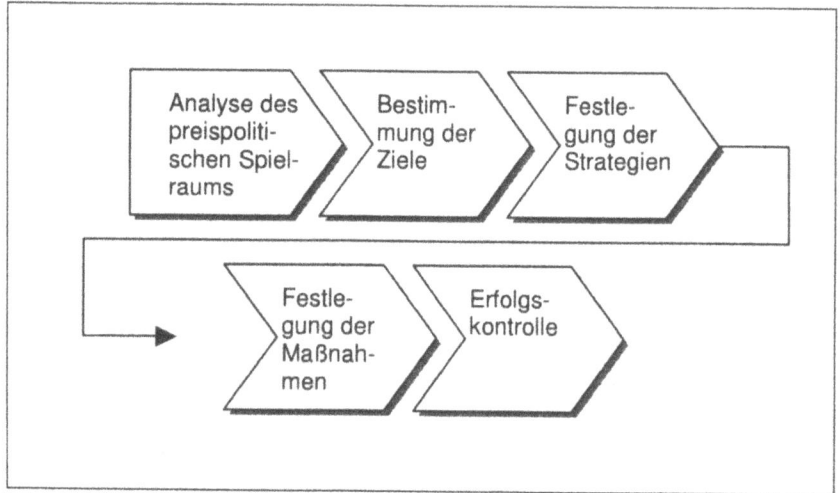

Abb. 23: Entscheidungsphasen preispolitischer Maßnahmen

1. **Analyse des preispolitischen Spielraums:** Zunächst ist es erforderlich, eine Situationsanalyse durchzuführen, die Aufschluss über den preispolitischen Spielraum des Theaters gibt (Positionierung/Angebotsprofil, Wettbewerbssituation, Besucherstruktur, politische Vorgaben etc.).

2. **Bestimmung preispolitischer Ziele:** Im Anschluss an die Analyse des preispolitischen Spielraums sind die Ziele zu formulieren, die mit der Preisfestlegung verfolgt werden. Hierbei kann unterschieden werden zwischen theaterbezogenen und markt- beziehungsweise besucherorientierten Zielsetzungen, zum Beispiel:

   ▪ Einführung neuer Angebote und Dienstleistungen,

   ▪ Erschließung der Angebote für bestimmte Besuchersegmente,

   ▪ Imageveränderung,

   ▪ Besucherbindung,

   ▪ Kostendeckung beziehungsweise Verlustminimierung,

   ▪ Erhöhung des Einspielergebnisses,

   ▪ Abschöpfung von Preisbereitschaften,

   ▪ Aufbau von Barrieren (zum Beispiel zur Sicherstellung von Exklusivität).

3. Festlegung preispolitischer Strategien: In dieser Phase des Planungsprozesses geht es in erster Linie um Entscheidungen im Bereich der

- Preispositionierung (Hoch-, Mittel- oder Niedrigpreisstrategie zum Beispiel im Bereich des Merchandising, bei Premieren und Sonderveranstaltungen),

- Preisdifferenzierung (im Hinblick auf unterschiedliche Altersgruppen und damit Einkommensverhältnisse von Besuchern oder im Hinblick auf unterschiedliche Wochentage und Aufführungszeiten) und

- Preisbündelung (Entwicklung von Kombi-Tickets, die zum Besuch verschiedener Einrichtungen berechtigen etc.).

4. Festlegung preispolitischer Maßnahmen: Ganz allgemein lassen sich die Methode der kostenorientierten Preisfestlegung (die über eine „inside-out"-Perspektive verfügt) und die Methode der marktorientierten Perspektive (die entsprechend „outside-in" ausgerichtet ist) unterscheiden. Letztere Verfahrensweise lässt sich weiter aufschlüsseln in die besucherbezogene und in die konkurrenzbezogene Preisbestimmung. Alle drei Methoden werden nachstehend skizziert:

- Kostenorientierte Preisbestimmung

Im Rahmen der kostenorientierten Preisbestimmung wird das Ziel verfolgt, mit den Entgelten die Kosten der Leistungserstellung zu decken. Dabei zeigt sich im Dienstleistungsbereich allgemein die Problematik, dass die Aufrechterhaltung der Leistungsbereitschaft des Dienstleistungsanbieters zu einem hohen Anteil von nicht oder nur wenig beeinflussbaren Kosten (Personalkosten, Energiekosten etc.) führt; diese Kostenstruktur verhindert eine verursachungsgerechte Verteilung auf einzelne Kostenträger (Aufführungen etc.) und erschwert die kostenorientierte Preisfestlegung (vgl. Meffert/Bruhn 2003, S. 517). Neben diesem grundsätzlichen Problem im Dienstleistungsmarketing ist es für die Theater - wie bereits erwähnt - auch aus kulturpolitischen Gründen im Regelfall nicht möglich, an den Gesamtkosten orientierte Eintrittspreise zu erheben: So bezahlte der Besucher in der Spielzeit 2002/2003 durchschnittlich 14 EUR an der Kasse eines deutschen Stadt- oder Staatstheaters für eine Eintrittskarte; jedoch legten die Träger (Land, Kommune) bei jeder einzelnen verkauften Karte noch 95 EUR dazu – das heißt ein die Gesamtkosten deckender Eintrittspreis würde rund 110 EUR betragen (vgl. Deutscher Bühnenverein 2004, S. 180ff.). Dies heißt jedoch nicht, dass eine kostenorientierte beziehungsweise kostendeckende Preisbestimmung im Theater grundsätzlich nicht möglich ist;

wie bereits angeführt, können die Kosten der Leistungserstellung vor allem im Servicebereich – aber selbstverständlich nicht nur dort (sondern auch bei einzelnen Inszenierungen, theaterpädagogischen Maßnahmen, Gastspielen etc.) – durch eine entsprechende Preispolitik (und Nachfrage) gedeckt werden.

Ein wichtiges und auch im Theaterbereich relativ leicht zu handhabendes Instrument zur kostenorientierten Preisbestimmung ist die Break-Even-Analyse, auch Deckungsbeitragsrechnung genannt. Mit Hilfe dieser Methode kann ein Theater, das die Herstellungskosten einer bestimmten Leistung (theaterpädagogische Veranstaltung, Gastspiel etc.) kennt, ermitteln, bei welchem Preis und welcher Ausbringungsmenge kostendeckend oder sogar - auf diese Leistung bezogen - gewinnbringend gearbeitet werden kann. Im Rahmen der Break-Even-Analyse wird von linearen Gesamtkosten und Erlöskurven ausgegangen; den Ausgangspunkt bildet die Gleichung (vgl. Thommen/Achleitner 2001, 224ff.):

(1) Gewinn (G) = Erlöse (E) – Kosten (K)

Break-Even-Point

Im Break-Even-Point (vgl. Abb. 24) ist das Ergebnis gleich Null, das heißt es wird weder ein Gewinn noch ein Verlust erzielt, die (variablen und fixen) Kosten werden durch die erzielten Erlöse gedeckt. Unter der Annahme eines linearen Kostenverlaufs kann die Gleichung (1) wie folgt geschrieben werden:

(2) $G = p * x - k_{var} * x - K_{fix}$.

Dabei stellt p den Preis, x die Ausbringungsmenge (die annahmegemäß auch abgesetzt wird), k_{var} die variablen Kosten (die in direktem Zusammenhang mit der Stückzahl der herzustellenden Leistung stehen, wie zum Beispiel Druckkosten für ein Theatermagazin oder Honorarkosten für eine freie Theaterpädaogin) und K_{fix} die fixen Kosten, die unabhängig von der Menge der produzierten Leistungen anfallen (Infrastrukturkosten, wie etwa Gebäudekosten, Energiekosten etc.), dar. Gleichung (2) kann nun übertragen werden in

(3) $G = x (p - k_{var}) - K_{fix}$

Da $(p - k_{var})$ dem Deckungsbeitrag pro Stück entspricht, ist der Bruttogewinn G abhängig von der abgesetzten Menge x und den Fixkosten. Der Preis für eine Leistung kann nunmehr wie folgt berechnet werden:

(4) $p = (G + K_{fix})/x + k_{var}$

Es ist deutlich geworden, dass das Theater oberhalb des Break-Even-Points einen Gewinn erzielt; der Gewinn bezieht sich dabei allerdings nur auf die betrachtete Leistung (zum Beispiel theaterpädagogische Einführungsveranstaltung). Auf die gesamte Situation des

Theaters bezogen kann dieser Überschuss eingesetzt werden, um defizitäre Projekte zu finanzieren („Quersubventionierung") oder den Zuschuss des Trägers zu senken (vgl. Klein 2005, S. 364).

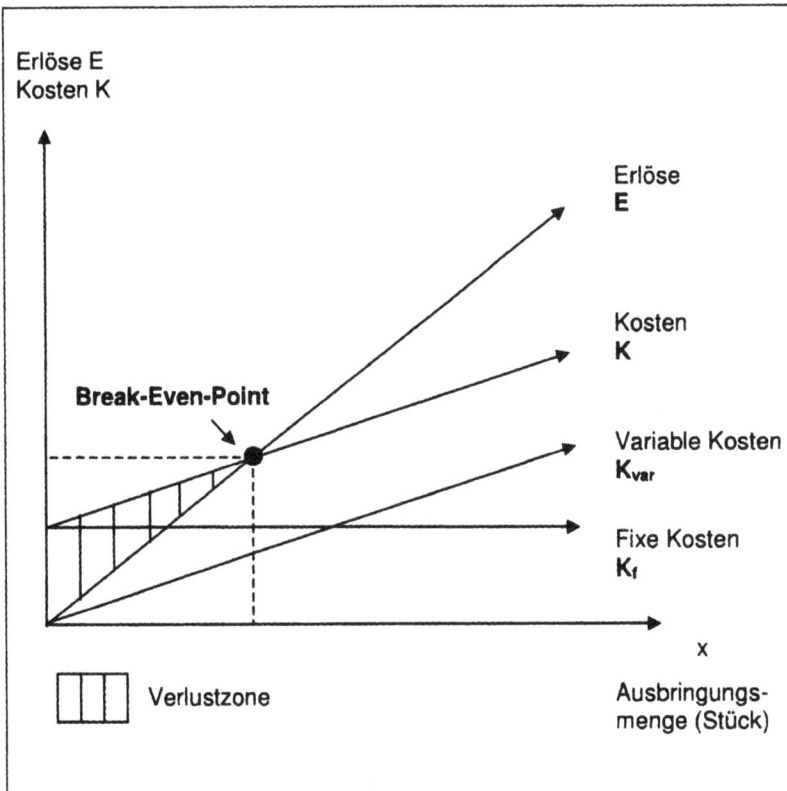

Abb. 24: Schematische Darstellung der Break-Even-Analyse

Das Verfahren der Break-Even-Analyse besitzt allerdings eine entscheidende Schwachstelle (vgl. Thommen/Achleitner 2001, 226): Der Preis wird aufgrund des geschätzten Absatzes bestimmt, obgleich der Absatz immer auch vom Preis abhängt – damit entsteht ein Zirkelschluss. Zudem wird die Nachfrageseite, insbesondere die Elastizität der Nachfragefunktion, nicht berücksichtigt; hierauf wird nachfolgend einzugehen sein.

- Besucherorientierte Preisbestimmung

Bei dieser Strategie ist die Preisvorstellung beziehungsweise das Preisbewusstsein der Besucher maßgeblich für die Festsetzung von Leistungsentgelten, entsprechend werden die Preise an den Bedürfnissen und Erwartungen (aktueller beziehungsweise potenzieller) Besucher orientiert. Aufgrund des hohen immateriellen Anteils vieler Theaterleistungen und der daraus resultierenden fehlenden Sichtbarkeit der Leistungsmerkmale kann dem Preis als Ersatzkriterium zur Qualitätsbeurteilung auch im Theaterbereich eine relativ hohe Bedeutung beigemessen werden – womit hier eine eindeutige Position gegen (pauschale) kulturpolitische Bemühungen um einen möglichst geringen Preis für kulturelle Leistungen bezogen wird (frei nach dem Motto: „Was nichts kostet, das ist auch nichts").

Preisakzeptanz

Bei der Ermittlung der Preisbereitschaften und Preisakzeptanzschwellen von Besuchern – zum Beispiel im Rahmen von Befragungen – muss allerdings einem grundsätzlichen Problem im Dienstleistungsbereich Rechnung getragen werden: Der Nutzer kann das Preis-Leistungs-Verhältnis ohne die tatsächliche Inanspruchnahme der Leistungen aufgrund ihres überwiegend immateriellen Charakters nur mit großer Unsicherheit beurteilen. Entsprechend sollte ihm diese Beurteilung erst nach dem Theaterbesuch beziehungsweise der Nutzung von Theaterleistungen abverlangt werden. Dabei kann generell nach einer Preiseinschätzung gefragt werden oder es werden dem Besucher alternative Preise genannt, die er bewertet (zu teuer, günstig, zu billig etc.). Darüber hinaus kann der Besucher gebeten werden, seine Preisschwelle zu nennen, ab der er die Leistung als zu teuer wahrnehmen würde. Weiterhin stehen die Auswertung der Anmerkungen im Besucherbuch oder Gespräche mit den unmittelbar in Besucherkontakt stehenden Mitarbeitern (vor allem an der Kasse) als Hilfsmittel der Preisfindung zur Verfügung.

Preiselastizität

Grundsätzlich gilt: Sollen die Preise für bestimmte Leistungen verändert werden, so ist immer auch die Preiselastizität der Nachfrage zu berücksichtigen. Sie zeigt an, wie sich die Nachfrage nach einer Leistung verändert, wenn der Preis für diese Leistung um einen bestimmten Betrag erhöht oder gesenkt wird. Die Preiselastizität misst somit die Reaktion der Nachfrage auf Preisänderungen; sie ist definiert als das Verhältnis der relativen (prozentualen) Änderung der Nachfrage nach einer Leistung zu der sie auslösenden relativen (prozentualen) Änderung des Preises dieser Leistung. (vgl. Thommen/Achleitner1999, S. 236). In diesem Kontext sei auch noch einmal auf die Preis-Absatzfunktion hingewiesen, die eine funktionale Beziehung zwischen der nachgefragten Menge eines Gutes und der Höhe seines Preises herstellt; in ihrer einfachsten Ausprägung lässt sie sich gemäß Abbildung 25 darstellen.

Preis-Absatz-Funktion

In der Regel ist die Preis-Absatzfunktion fallend: Wenn der Preis sinkt, so steigt die Nachfrage nach den Leistungen eines Anbieters (und vice versa); die Preiselastizität ist in diesem Fall stets negativ – eine Variation des Preises führt zu einer entgegengesetzten Mengenänderung. Dabei muss der Zusammenhang nicht zwangsläufig linear verlaufen; er kann vielmehr die unterschiedlichsten Kurvenformen annehmen. In empirischen Untersuchungen konnte herausgefunden werden, dass die Preiselastizität der Nachfrage im Kulturbereich re-

lativ gering ist (vgl. Throsby/Withers 1979, S. 29; Frey/Pommer-
ehne 1989, S. 9). Die (moderate) Erhöhung von Eintrittspreisen
führt demzufolge in der Regel nur zu unterproportionalen Veränderungen in der Nachfrage (das heißt zu einem nur geringen Rückgang
der Besucherzahlen). Die Gründe hierfür liegen nicht zuletzt darin,
dass Besucher von kulturellen Leistungen (insbesondere aus der so
genannten Hochkultur) häufig über ein höheres Einkommen verfügen und höhere Eintrittspreise keinen Besuchshinderungsgrund darstellen. Diese geringe Preiselastizität der Nachfrage führt andererseits auch dazu, dass die Senkung von Eintrittspreisen in der Regel
keinen großen Einfluss auf die Gewinnung neuer Besucher beziehungsweise die Erhöhung der Besuchszahlen hat (vgl. ausführlicher
Giller 1995, S. 58ff.; Klein 2005, S. 354ff.).

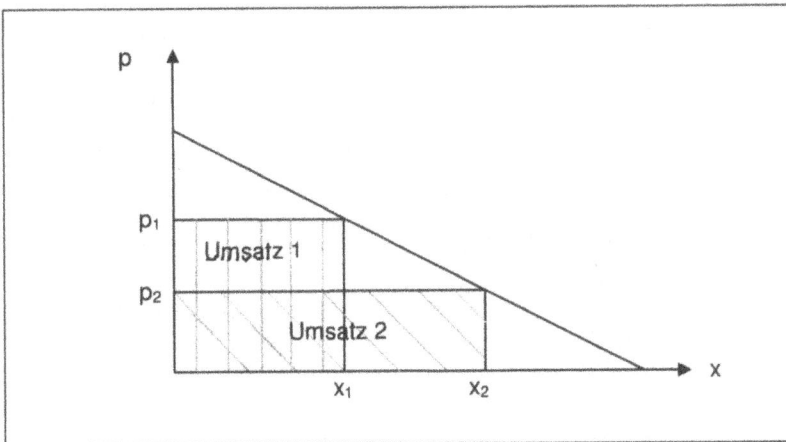

Abb. 25: Preis-Absatz-Funktion

- Konkurrenzorientierte Preisbestimmung

Diese Strategie orientiert sich bei der Preisfestsetzung an externen
Kalkülen; sie setzt den Preis nach Analyse der Preise für Konkur-
renzangebote (vergleichbare Theater, Kultur- oder Freizeiteinrichtungen) fest. Problematisch bei dieser Vorgehensweise ist allerdings,
dass weder die Kosten Berücksichtigung finden noch die Bedürfnisse und Preisbereitschaften der Nachfrager.

5. **Kontrolle im Rahmen der Preispolitik:** Auch im Rahmen der
   Preispolitik müssen nach Ablauf einer gewissen Frist die Wirkungen
   der preispolitischen Maßnahmen überprüft werden. Hierzu können
   Verkaufszahlen und Besucherstatistiken Auskunft geben. Weiterführende Informationen können zum Beispiel auch im Rahmen von
   quantitativen oder qualitativen Besucherbefragungen gewonnen
   werden. Allerdings wird auch in diesem Bereich eine Kontrolle der
   Aktivitäten durch die möglicherweise von anderen Instrumenten des
   Theatermarketing sowie auch von Marketingmaßnahmen anderer

Marktakteure (Wettbewerber, Kooperationspartner etc.) ausgehenden Wirkungen erschwert.

4.4.3.2 Preisdifferenzierung als preispolitische Strategie

Im Kern geht es bei der Preisdifferenzierung um die Ausnutzung des Umstandes, dass Nachfrager auf einem Markt üblicherweise unterschiedlich hohe Zahlungsbereitschaften für die gleiche Leistung aufweisen. Vorrangiges Ziel der Preisdifferenzierung ist es auch im Dienstleistungsbereich, Konsumentenrenten abzuschöpfen und die Erlöse – und damit im Kulturbereich den Eigenfinanzierungsanteil – zu erhöhen; darüber hinaus soll durch die gezielte Beeinflussung des Nachfrageverhaltens eine gleichmäßigere Auslastung der Dienstleistungskapazitäten erreicht und die Entstehung von Leerkosten soweit wie möglich vermieden werden (vgl. Diller 2000, S. 294ff., Meffert/Bruhn 2003, S. 529, Fassnacht 2003, S. 485ff.).

Durch Maßnahmen der Preisdifferenzierung setzt sich der Eintrittskartenerlös eines Theaters wie folgt zusammen:

$$E_{Kulturbetrieb} = (p_1 * x_1) + (p_2 * x_2) + (p_3 * x_3) + ... + (p_n * x_n)$$

Dabei können p_1 beziehungsweise x_1 der reguläre Eintrittspreis beziehungsweise die Anzahl der verkauften Eintrittskarten an Vollzahler, p_2 beziehungsweise x_2 der ermäßigte Eintrittspreis für Studierende beziehungsweise die Anzahl der verkauften Eintrittskarten an Studierende, p_3 beziehungsweise x_3 der Eintrittspreis für andere Ermäßigungsberechtigte (Abonnenten, Theater-Card-Inhaber etc.) beziehungsweise die Anzahl der verkauften Eintrittskarten an Ermäßigungsberechtigte etc. sein. Es ist offenkundig, dass der Gesamterlös eines Theaters steigt, wenn es durch Maßnahmen der Preisdifferenzierung gelingt, Besucher mit höherer Preisbereitschaft zu entsprechend höheren Preisen zu bedienen und Besucher mit geringerer Preisbereitschaft, die ansonsten auf den Besuch des Theater beziehungsweise die Inanspruchnahme seiner Leistungen verzichten würden, durch einen entsprechend ermäßigten Preis zu gewinnen.

Kriterien der Preisdifferenzierung

Zur Differenzierung von Preisen für Theaterleistungen werden im allgemeinen folgende Kriterien – isoliert oder kombiniert – herangezogen:

- **räumliche Preisdifferenzierung**

Im Rahmen dieser Strategie werden zum Beispiel preisliche Differenzierungen zwischen den verschiedenen Spielstätten eines Theaters (Kleines Haus, Großes Haus, Spielstätte außerhalb des Theaterstandorts etc.) vorgenommen.

- **zeitliche Preisdifferenzierung**

Bei dieser Form der Preisdifferenzierung sind der Zeitpunkt der Inanspruchnahme von Theaterleistungen und/oder der Bestellung von Theatertickets ausschlaggebend. So werden zum Beispiel in Zeiten höherer Nachfrage (zum Beispiel am Wochenende, in der Weihnachtszeit etc.) höhere Preise gefordert, während in Zeiten schwächerer Nachfrage die gleichen Theaterleistungen (zum Teil deutlich) günstiger angeboten werden. Darüber hinaus gibt es mittlerweile auch im deutschen Theaterbereich so genannte „Last-Minute"-Tickets: Da jeder nicht verkaufte Platz einer Vorstellung eine entgangene Einnahme für das Theater darstellt, werden in manchen Häusern sämtliche der bis kurz vor Aufführungsbeginn nicht verkauften Eintrittskarten zu einem deutlich reduzierten Preis verkauft (in der Regel 50%iger Preisnachlass). Diese Maßnahme kann bei entsprechender Flankierung durch kommunikationspolitische Instrumente vor allem jene Zielgruppen an das Theater heranführen, die ihre Freizeitgestaltung eher spontan vornehmen.

- **publikumsorientierte Preisdifferenzierung**

Diese Variante der Preisdifferenzierung knüpft an die mit verschiedenen persönlichen Merkmalen (Alter, Familienstand, soziale Stellung, Besucherstatus etc.) variierende Preisbereitschaft der Besucher bei der Inanspruchnahme von Theaterleistungen an. Vor allem Gruppenbesucher, Familien, Kinder und Jugendliche, Studenten, Auszubildende und Arbeitslose zahlen in der Regel einen ermäßigten Eintrittspreis. Die Bedeutung einer solchen Preisdifferenzierung nach besucherbezogenen Merkmalen in Zeiten zeigt das nachfolgende Beispiel der Berliner Bühnen:

In der Spielzeit 2004/05 wurden an den Berliner Bühnen sogenannte „3-Euro-Tickets" für Restkarten eingeführt. Hierdurch sollen Besitzer von Sozialkarten die Möglichkeit erhalten, Restkarten an den Abendkassen der Berliner Bühnen für drei Euro zu erwerben. Durch diese konzertierte Maßnahme des Berliner Kultursenators und der Berliner Bühnen soll dem Umstand Rechnung getragen werden, dass der Zugang zu Kultur- und Freizeitveranstaltungen über Eintrittspreise geregelt wird, die sich viele Sozialleistungsempfänger nicht leisten können. Durch das 3-Euro-Ticket soll einkommensschwächeren Menschen die Möglichkeit gegeben werden, vermehrt an der öffentlichen Kultur und damit auch am öffentlichen Leben teilzuhaben.

Beispiel

(vgl. http://www.theaterkanal.de, Abfrage am 11. April 2005)

- **mengenorientierte Preisdifferenzierung**

Diese Form der Preisdifferenzierung wird in Abhängigkeit von der Anzahl der bei einem Theater nachgefragten Dienstleistungseinheiten vorgenommen. Beispiele hierfür sind das Abonnementsystem und die

Besucherorganisationen. Wenngleich die Theater in den letzten Jahren vielfach einen deutlichen Rückgang bei der Nachfrage nach Abonnements hinnehmen mussten, so zeigen doch einzelne Häuser, dass die Nachfrage auch wieder belebt werden kann: So konnte beispielsweise das Bochumer Schauspielhaus unter der Intendanz von Matthias Hartmann seine Abonnentenzahlen verdoppeln (vgl. von Becker 2005, S. 25).

Zur Stimulierung der Nachfrage vor allem bei bisher dem Abonnementsystem eher kritisch gegenüberstehenden Besuchergruppen ist in den letzten Jahren eine Vielfalt an unterschiedlichen Abonnements entstanden; neben den klassischen Varianten (Premieren-Abo, Fest-Abos, Wochentags-Abo, Nachmittags-Abo etc.) existiert mittlerweile eine Vielzahl weiterer, kreativer Spielarten wie zum Beispiel das „Rhein-Abo" des Schauspielhauses Düsseldorf, das den Abonnenten den Besuch von jeweils zwei Einrichtungen in Düsseldorf (Schauspielhaus Düsseldorf, Deutsche Oper am Rhein) und Köln (Schauspiel Köln, Oper Köln) – inklusive des Verzehrs der rheinischen Bierspezialitäten „Alt" beziehungsweise „Kölsch" – zum ermäßigten Preis ermöglicht. Der Vorteil der Abonnements besteht dabei nicht nur in einem deutlichen Nachlass gegenüber dem regulären Eintrittspreis, sondern es werden dem Abonnenten in der Regel noch weitere Vergünstigungen eingeräumt (kulantes Rückgabe-/Umtauschrecht, Zusendung von Theaterinformationen etc.).

Neben den klassischen Abonnements bieten einige Theater mittlerweile so genannte Besucher-Cards an, die sich vor allem an die jüngeren Besucher richten und sie in ihrer Nutzungsfreiheit weniger stark einschränken als die traditionellen Besucherbindungsprogramme. Mit dem Erwerb einer solchen Karte kommt der Besucher zunächst in den Genuss eines materiellen Vorteils (in der Regel deutliche Ermäßigung auf alle Eintrittskarten eines Hauses). Darüber hinaus erhält der Karteninhaber üblicherweise zahlreiche weitere Serviceleistungen aus allen Bereichen des Marketingmix, wie zum Beispiel Einladungen zu Gesprächen mit Künstlern, Zusendung des theatereigenen Newsletters, spezifische Rabatte auf Produkte aus dem Theatershop, Einladung zu exklusiven Veranstaltungen etc. Insgesamt zielt die Einführung der Besucherkarten darauf ab, zwischen Theater und Besucher eine möglichst langfristige Austauschbeziehung herzustellen: Der Besucher soll sich seinem Theater „zugehörig" fühlen, das Theater wiederum übernimmt mehr und mehr eine umfassende Gastgeberrolle (vgl. Klein 2005, S. 394).

Mit der Schauspiel-Card des Düsseldorfer Schauspielhauses erhält der Besucher 50% Ermäßigung auf alle Eintrittskarten des Theaters (mit Ausnahme des Kinder- und Jugendtheaters); der Besuch jeder elften Vorstellung ist kostenlos. Bei Premieren und Sonderveranstaltungen wird bei Vorlage der Karte noch eine Ermäßigung von 20% auf den regulären Eintrittspreis eingeräumt. Weitere Vorteile der Schauspiel-Card sind:

Beispiel

- freie Wahl der Termine und Vorstellungen,

- unentgeltliche Zusendung des monatlichen Spielplans,

- jährliche, exklusive Sonderveranstaltung für Schauspiel-Card-Inhaber,

- zwei Kinder bis 16 Jahre haben in Begleitung von Schauspiel-Card-Besitzer freien Eintritt.

Die Schauspiel-Card kostet 60 EUR, ist ein Jahr gültig und nicht übertragbar.

(http://www.schauspielhaus-duesseldorf.de, Abfrage am 5. Mai 2005)

Ergänzend zu der Darstellung der Vielfalt an preispolitischen Maßnahmen sei darauf hingewiesen, dass die Übersichtlichkeit des Preissystems nicht durch eine übermäßige Ausweitung der Preisdifferenzierung gefährdet werden sollte; auch kann es durch den Einsatz mehrerer Varianten der Preisdifferenzierung zu Überschneidungen kommen, die zu Unzufriedenheit beim Besucher führen können. Gleichwohl ist die in der Praxis von Theatern häufig anzutreffende Bandbreite an unterschiedlichen Preisen sowohl aus kulturpolitischen als auch aus Gründen der Einnahmeoptimierung erforderlich. Auch vor diesem Hintergrund wird noch einmal die wichtige Beratungsfunktion des Service- und Kassenpersonals deutlich; einer intensiven Schulung sollte deshalb besonderes Augenmerk zukommen.

4.4.4. Distributionspolitik

Die Distributionspolitik bezieht sich auf sämtliche Entscheidungen und Handlungen, die in Zusammenhang mit der Übermittlung von Theaterleistungen zum Besucher stehen. Dabei wirken sich die konstitutiven Eigenschaften von Dienstleistungen (vgl. Kapitel 2.2) auch in diesem Teilbereich des Theatermarketing aus und begrenzen die Zahl der einsetzbaren Instrumente beziehungsweise deren konkrete Ausgestaltungsmöglichkeiten: So sind Theaterdienstleistungen (Aufführungen etc.) – anders als Sachleistungen – aufgrund ihres immateriellen Charakters nicht handelbar, sondern erfordern in der Regel eine lokale beziehungsweise multi-lokale Leistungserstellung; lediglich die sogenannten Leistungsversprechen, also die Verpflichtung eines Theaters, zu einem

Begriffs-abgrenzung

späteren Zeitpunkt eine bestimmte Leistung zu erbringen und dies über ein materielles Trägermedium zu dokumentieren (Eintrittskarte für eine Aufführung), können über eigene oder fremde Verkaufsorgane (Theaterkasse, Vorverkaufsstellen etc.) vertrieben werden.

Zielgrößen Zielsetzung der Distributionspolitik sind neben den übergeordneten Zielen des Theatermarketing, wie zum Beispiel Umsatz- und Marktanteilssteigerung (vgl. Kapitel 4.2), unter anderem die folgenden versorgungsorientierten Zielgrößen (vgl. auch Meffert/Bruhn 2003, S. 554f.):

- **Präsenz, Erreichbarkeit und Zugänglichkeit**: Die Nichttransportfähigkeit von Dienstleistungen und die im Rahmen ihrer Erstellung notwendige Integration des externen Faktors erfordert eine simultane Präsenz des Dienstleisters Theater und der Besucher. Daraus leitet sich zum Beispiel die Forderung nach besuchernahen Standorten ab – die gute Erreichbarkeit eines Theaters (Anbindung an den öffentlichen Personennahverkehr, gutes Besucherleitsystem, ausreichende Parkplätze etc.) wird somit zu einem wichtigen Qualitätsmerkmal. Darüber hinaus spielt hier auch die Zugänglichkeit von Theatern und ihren Leistungen eine große Rolle (Beginn der Vorstellungen, Beginn der Werkeinführungen, Öffnungszeiten der Theaterkasse etc.).

- **Zugang des externen Faktors zum Erstellungsprozess**: Die problemlose und besuchergerechte Integration des externen Faktors in den Dienstleistungserstellungsprozess von Theatern ist ein weiteres wichtiges Ziel der Distributionspolitik. Hierzu zählen zum Beispiel entsprechend ausgestattete Räume für den Aufenthalt des externen Faktors „Besucher" (ausreichende Sitzgelegenheiten im Foyer, ästhetisch ansprechende Innenraumgestaltung, gute Akustik etc.).

- **Lieferbereitschaft**: Während der „Öffnungszeiten" muss das Leistungspotenzial des Theaters permanent bereitgehalten werden, das heißt die Fähigkeit und Bereitschaft der Theatermitarbeiter zur Erbringung der verschiedenen, vom Besucher im Laufe eines Theaterabends nachgefragten Leistungen (Wegweisung in der Pause, Beratung im Theatershop etc.).

Im Rahmen der Distributionspolitik kann grundsätzlich unterschieden werden zwischen der direkten und der indirekten Distribution. Bei der direkten Distribution wird zwischen Produzenten und Endverbrauchern kein Mittler eingeschaltet, das heißt der Vertrieb der Dienstleistung wird vom gleichen Betrieb erbracht, der auch die Dienstleistung erstellt. Allerdings ist bei dieser Art der Distribution der Absatzradius relativ klein – im vorliegenden Kontext bleibt er auf die unmittelbare Theatersphäre beschränkt. Bei der indirekten Distribution wird dagegen ein externer Absatzmittler zum Vertrieb der Leistungen eingesetzt.

Außer diesen Grundformen existieren in der Praxis Kombinationslösungen aus direkter und indirekter Distribution (vgl. Meffert/Bruhn 2003, S. 550ff.).

Im Rahmen der direkten Distribution stehen den Theatern unter anderem folgende Vertriebskanäle zur Verfügung (vgl. Ayen 2002, S. 69ff., Röper 2001, S. 291ff.):

direkte Distributions-kanäle

- **Theaterkasse**

Ein Theater sollte es seinem Publikum grundsätzlich so leicht wie möglich machen, eine Eintrittskarte zu erwerben. So ist im Zusammenhang mit dem Vertriebskanal Theaterkasse für viele (potenzielle) Besucher von Interesse, ob sie ihre Karten auch außerhalb der üblichen Bürozeiten kaufen können (nach 18 Uhr, samstags etc.). Des Weiteren spielt die personelle Besetzung der Kassen eine wichtige Rolle: Den Mitarbeitern kommt eine Schlüsselstellung nicht zuletzt auch im Hinblick darauf zu, aus unentschlossenen, potenziellen Besuchern tatsächliche Besucher werden zu lassen. Eine gewisse Dienstleistungsmentalität, Schulungen zu Programmangeboten beziehungsweise Informationen aus der Dramaturgie und auch eine entsprechende Aufstockung des Personals in Spitzenzeiten können dazu beitragen, das Besuchserlebnis schon im Vorfeld positiv zu beeinflussen.

Die Theaterkasse sollte aber nicht nur möglichst lange geöffnet und mit genügend Mitarbeitern besetzt, sondern auch über möglichst viele Wege kontaktierbar sein. In vielen Fällen stellt allerdings die telefonische Erreichbarkeit der Theaterkassen ein Problem dar, das nicht unterschätzt werden darf. So werden sich Besucher, die niemanden erreichen oder immer wieder auf eine belegte Telefonleitung treffen, oder die bei besonderen Beratungswünschen (Platzwahl, Art der Inszenierung etc.) auf die Zeitnot der Mitarbeiter aufgrund von Unterbesetzung stoßen, möglicherweise verärgert einem Wettbewerber auf dem Kultur- und Freizeitmarkt zuwenden und/oder sich negativ im Freundes- oder Bekanntenkreis äußern.

- **Abonnementbüro**

Neben der Theaterkasse steht den Theatern mit dem Abonnementbüro ein weiterer, direkter Kanal zur Distribution ihres Leistungsversprechens zur Verfügung. Viele Abonnementbüros beschränken sich derzeit allerdings noch häufig auf die verwaltungstechnische Abwicklung der bestehenden Abonnements und die Aufnahme neuer Bewerber. Nicht zuletzt aufgrund der Tatsache, dass viele Theater in den letzten Jahren einen Rückgang bei der Abonnementnachfrage verzeichneten, ist es erforderlich, dass die Mitarbeiter auch aktiv neue Abonnenten werben. Schließlich können sich die Theater mit einem soliden Abonnentenstamm eine Grundauslastung sichern, die sie weniger abhängig von Einzelerfolgen macht.

- **Website**

Immer mehr Theater verfügen über einen professionellen Internet-Auftritt, in dessen Rahmen nicht nur Informationen über den Spielplan abgerufen werden können, sondern auch auf direktem Wege die Bestellung von Karten mittels Online-Formular oder per E-Mail möglich ist. Dieser Service, der für den Besucher allerdings nur dann ein Service ist, wenn die Bearbeitung auch tatsächlich zeitnah (in der Regel innerhalb von 24 Stunden) erfolgt, stellt vor allem für das regionale und überregionale Publikum eine deutliche Vereinfachung der Kartenbeschaffung dar.

- **eigener Vorverkaufsstand**

Um die Zielgruppe des jungen Publikums stärker anzusprechen, sind einige Theater dazu übergegangen, während des Semesters (häufig gemeinsam mit anderen Kultureinrichtungen) einen temporären Vorverkaufsstand in den Universitäten einzurichten (zum Beispiel in der Nähe der Mensa). Diese Form des direkten Vertriebs wird häufig von Mitgliedern des Freundeskreises ehrenamtlich übernommen.

Indirekte Distributionskanäle

Anders als bei der direkten Distribution werden bei der indirekten Distribution selbständige, betriebsexterne Organe eingeschaltet. Solche Absatzmittler können im Theaterbereich zum Beispiel sein:

- **Besucherorganisationen**

Die Vorläufer der heutigen Besucherorganisationen (Bund deutscher Volksbühnen, Bund der Theatergemeinden etc.) sind in ihren Anfangsjahren mit dem Ziel entstanden, auch unteren gesellschaftlichen Schichten den Zugang zum Theater und damit zu kultureller Bildung zu eröffnen. Ihre Funktion beschränkt sich mittlerweile in erster Linie auf die Vermittlung stark vergünstigter Eintrittskarten an ihre Mitglieder, die sich zu einer Abnahme mehrerer Karten je Spielzeit verpflichten und entsprechende Termine zugeteilt bekommen.

Wenngleich die Rolle der Besucherorganisationen zum Teil auch kritisch gesehen wird, da sie über eine gewisse Einkaufsmacht verfügen (und damit nicht nur günstige Konditionen durchsetzen, sondern auch Einfluss auf das Programmangebot nehmen können), so sind sie doch ein wichtiger Vertriebskanal für die Theater: Sie organisieren durch ihre Mitglieder ein erhebliches Potenzial an regelmäßigen Theaterbesuchern und können – bei entsprechender Abstimmung – die Arbeit des theatereigenen Vertriebskanals „Abonnementbüro" unterstützen (indem sich zum Beispiel die Besucherorganisation mit ihren Aktivitäten auf das Umland konzentriert, während sich das Abonnementbüro auf Vertriebstätigkeiten am unmittelbaren Standort fokussiert).

- **externe Vorverkaufsstellen**

Theater, deren Theaterkasse und Bestellservice an ein computergestütztes Kartenverwaltungssystem angeschlossen ist, können dieses mit anderen, betriebsexternen Ticketingsystemen vernetzen. Auf diese Weise können externe Vorverkaufsstellen Originalkarten für das Theater verkaufen; mögliche Vorverkaufsstellen sind vor allem lokal, regional und überregional agierende Theater- und Konzertkassen (Köln Ticket, Interklassik, CTS etc.), aber auch Reisebüros und Citymarketinggesellschaften.

Aus Besuchersicht ist zu bedenken, dass dieser Vertriebskanal an Attraktivität gegenüber den direkten Distributionskanälen verliert, wenn an der externen Vorverkaufsstelle entsprechend hohe Aufschläge auf den Kartenpreis (in der Regel zuzüglich einer Systemgebühr je Karte) fällig werden. Theater, die einen nennenswertem Umfang an Eintrittskarten über fremde Vorverkaufsstellen vertreiben, sind vor diesem Hintergrund dazu übergegangen, mit dem Systembetreiber einen Rahmenvertrag zu vereinbaren, wonach die zusätzlichen Gebühren nicht für den einzelnen Besucher anfallen, sondern vom Theater gesammelt übernommen werden.

- **Schulen**

Vor allem mit Hinblick darauf, dass junge Menschen immer weniger häufig ihren Weg in die Einrichtungen der Hochkultur finden, können Schulen (außerhalb der so genannten und von vielen Schülern auch tatsächlich so empfundenen „Zwangsbesuche") eine wichtige Funktion als indirekter Vertriebskanal einnehmen. In diesem Kontext ist es eine wichtige Aufgabe im Rahmen der Ausgestaltung der Distributionspolitik eines Theaters, engagierte Lehrer für die Weitergabe von Informationsmaterial zu geeigneten Stücken und den Vertrieb von (vergünstigten) Theaterkarten zu gewinnen.

Neben den exemplarisch genannten, direkten und indirekten Vertriebskanälen spielen im Rahmen der Distributionspolitik von Theatern jedoch auch andere Aspekte eine wichtige Rolle. Wie bereits erwähnt, geht es hier vor allem um die Frage des Standorts beziehungsweise der Erreichbarkeit und der Zugänglichkeit der Häuser. Von den Theatern werden im Hinblick auf die zeitliche Zugänglichkeit bereits sehr unterschiedliche Maßnahmen eingeleitet, wie zum Beispiel

- Spätvorstellungen am Wochenende für ein jüngeres Publikum,

- Nachmittagsvorstellungen für Kinder oder Senioren,

- spätere Anfangszeiten für Berufstätige unter der Woche.

Wie bereits erwähnt besteht die Aufgabe der Distributionspolitik neben der Gewährleistung einer zeitlichen Distribution von Theaterleistungen des weiteren auch in der physischen Verbreitung von Theaterleistungen, zum Beispiel durch Gastvorstellungen eines Theaters in anderen Städten und Gemeinden oder Aufführungen in theaterähnlichen sowie theaterfremden Räumen am Ort der Hauptbühne. Vor allem letztgenannte Maßnahmen verfügen dabei auch über ein wichtiges akquisitorisches Potenzial: Durch das zusätzliche Angebot neuer Spielstätten können neue Publikumsschichten angesprochen und gebunden werden (vgl. Hilger 1985, S. 297). Dabei sollen vor allem jüngere Menschen durch solche Maßnahmen gewonnen werden, wie nicht zuletzt auch die Aktivitäten des Düsseldorfer Schauspielhauses zeigen, das ungewöhnliche Stücke, zu ungewöhnlichen Zeiten (Nachtvorstellungen etc.), an ungewöhnlichen Orten aufführt: So werden unter anderem die Tankstelle vor dem Theater und die Tiefgarage unter dem Haus bespielt (vgl. http://www.duesseldorf.de/kultur/musenkuss/03.shtml, Abfrage am 2. Mai 2005).

4.4.5. Beziehungen zwischen den Marketinginstrumenten

Der kombinierte Einsatz der einzelnen Instrumente des Theatermarketing (Marketingmix) ist so vorzunehmen und abzustimmen, dass sich das Theater entsprechend seiner im Vorfeld getroffenen Positionierungsentscheidung am Markt darstellen und in der Wahrnehmung der Besucher (und der anderen relevanten Austauschpartner) verankern kann. Dabei muss beachtet werden, dass die einzelnen Anwendungsmöglichkeiten nicht zwangsläufig in einem neutralen Verhältnis (indifferentes Wirkungsverhältnis) zueinander stehen oder sich gegenseitig fördern (komplementäres Wirkungsverhältnis), sondern es können sich einzelne Instrumente in ihren Wirkungen auch durchaus behindern (konkurrierendes Wirkungsverhältnis):

▪ So muss die Kommunikationspolitik bezüglich ihrer Botschaften (Inhalt, Form) und der gewählten Informationsträger in Einklang stehen mit der tatsächlichen Leistungspolitik des Theaters. Ansonsten werden die vorab gebildeten Erwartungen des Besuchers an eine Aufführung im speziellen oder das Theater im allgemeinen nicht mit seinem tatsächlichen Erlebnis übereinstimmen (was zu Unzufriedenheit und negativer Mundwerbung führen kann).

▪ Das Produktsortiment im Theatershop muss im Einklang stehen mit der Positionierung und der sonstigen Leistungspolitik des Theaters (zu einer innovativen, experimentellen Inszenierungspolitik passt zum Beispiel kein beliebig zusammengestelltes Sortiment im Theatershop, das überwiegend „klassische" Aufführungen auf CD und andere konventionelle Artikel enthält).

- Ein Theater, das künftig stärker junge Besucher ansprechen möchte und entsprechende leistungspolitische Maßnahmen (späterer Aufführungsbeginn, ungewöhnliche Spielstätten etc.) ergreift, darf diese Aktivitäten nicht durch eine nicht auf die neue Zielgruppe abgestimmte Preispolitik konterkarieren.

Anhand dieser Beispiele wird deutlich, wie wichtig es für die Effektivität des Marketing ist, die verschiedenen Maßnahmen sorgsam aufeinander abzustimmen. Nur die optimale Kombination der marketingpolitischen Instrumente und die Sicherstellung eines integrierten Marketingmix erlaubt eine effektive und effiziente Mittelverwendung der Theaterressourcen. Mit der Beantwortung der folgenden Fragen im Vorfeld der Ausgestaltung des Marketingmix kann der Erfolg des Instrumenteeinsatzes erhöht werden (vgl. Kleinaltenkamp/Fließ 2002, S. 265f.):

- Welche Wechselwirkungen bestehen mit anderen Marketinginstrumenten beziehungsweise sind zu erwarten?

- Bleiben Synergieeffekte zwischen den Instrumenten ungenutzt und wenn ja, wie können sie herbeigeführt werden?

Darüber hinaus ist im Rahmen der konkreten Ausgestaltung auch der Aspekt der Prioritätensetzung zu thematisieren (vgl. Abb. 26).

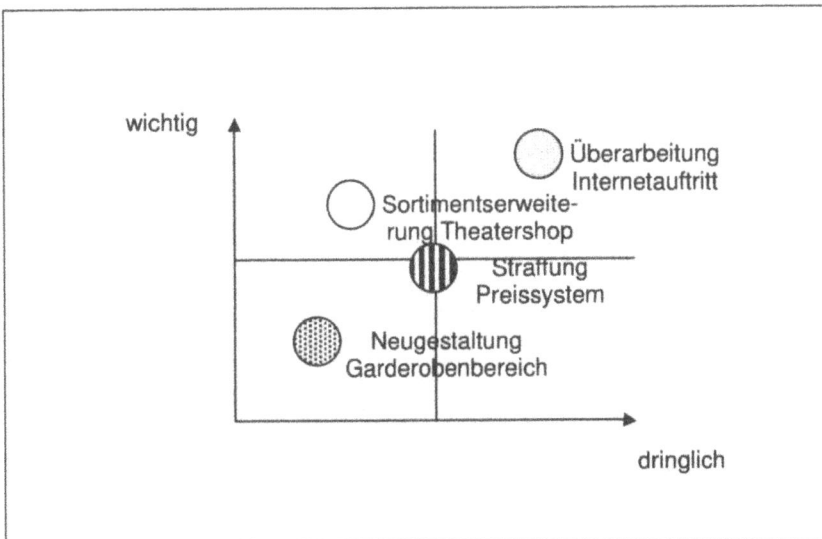

Abb. 26: Priorisierung von Marketingmaßnahmen

So ist offenkundig, dass die volle Ausschöpfung des mit dem Marketingmix verbundenen Potenzials in erster Linie großen Häusern vorbehalten bleibt. Nicht zuletzt vor dem Hintergrund der knappen finanziellen Ressourcen werden kleinere und mittelgroße Theater auf eine Ausdifferenzierung des Marketingmix vielfach verzichten müssen. Unabhängig von der Größe des Hauses ist es aber in jedem Fall sinnvoll, die verschiedenen möglichen Marketingmaßnahmen nach ihrer Priorität und Dringlichkeit zu ordnen: Welche Maßnahmen sind im Hinblick auf die Verbesserung von Besucherorientierung und Besucherbindung vorrangig? Welche Maßnahmen lassen sich vergleichsweise unkompliziert und mit wenig Aufwand umsetzen? Welche Maßnahmen sind grundsätzlich wünschenswert, aber unter Berücksichtigung der finanziellen und personellen Kapazitäten letztlich unverhältnismäßig für ein Theater?

5. Koordination und Steuerung des Theatermarketing

5.1. Marketingorganisation

5.1.1. Aufgaben

Für die erfolgreiche Umsetzung des Marketing ist es erforderlich, entsprechende interne, organisatorische und personelle Voraussetzungen im Theater zu schaffen; nur so kann eine Markt- und Besucherorientierung aller Geschäftsbereiche gewährleistet werden („Marketing als Führungsphilosophie", vgl. Kapitel 2). Aufgabe der Marketingorganisation ist es, das Marketingsystem so zu strukturieren, dass eine möglichst markt- beziehungsweise besucherorientierte Entscheidungsfindung möglich wird. Im Vorfeld ist dazu vor allem die folgende Frage zu beantworten (vgl. allgemein Bidlingmaier 1973, S. 139ff.): Welche Priorität soll dem Marketing innerhalb der Theateraktivitäten eingeräumt werden, und – daraus folgend – welche Stellung soll dem Marketing in der Gesamtorganisation des Theaters zugesprochen werden? Dabei ist auch zu klären, durch welche organisatorischen Regelungen einmalige oder sporadisch wiederkehrende Marketingaufgaben (zum Beispiel die Durchführung von Besucherbefragungen) unterstützt werden sollen.

Schaffung interner Voraussetzungen

Bei der Gestaltung der Marketingorganisation müssen Kriterien zum Tragen kommen, die die besondere Erfolgsrelevanz des Marketing für die langfristige Existenz eines Theaters zum Ausdruck bringen. Entsprechend sind folgende Grundsätze zu beachten (vgl. Meffert 2000, S. 1065):

Gestaltungskriterien

- Die Aufbauorganisation muss ein integriertes Marketing ermöglichen, das heißt die verschiedenen Marketingaktivitäten sind effizient zu koordinieren und mit anderen Funktionsbereichen eines Theaters (Dramaturgie, Betriebsbüro, Vertrieb etc.) zu vernetzen.

- Da sich die Präferenzen der Besucher, aber auch das Wettbewerbs- und Marktumfeld ständig verändern, muss die Marketingorganisation anpassungsfähig und flexibel sein.

- Die Marketingorganisation sollte die Kreativität und Innovationsbereitschaft bei den Mitarbeitern fördern.

- Die Marketingorganisation sollte so aufgebaut sein, dass eine sinnvolle Spezialisierung der verantwortlichen Mitarbeiter beziehungsweise eine zweckmäßige Aufgabenteilung möglich ist (Pressearbeit, Werbung, Vertrieb, Sponsoring etc.).

Für die Institutionalisierung des Marketing werden in der Literatur unterschiedliche Strukturierungsansätze diskutiert; im Mittelpunkt der weiteren Ausführungen stehen Aspekte der Aufbau- und Ablauforganisation des Marketing: Während sich die Aufbauorganisation mit der Strukturierung beziehungsweise Gliederung des Theaters in funktionale Teileinheiten (zum Beispiel Gliederung nach Sparten oder Leistungen) und deren Koordination befasst, untersucht die Ablauforganisation die organisatorische Gestaltung einzelner Arbeitsprozesse im Theater (zum Beispiel Werbekampagnen, Absatzplanung).

5.1.2. Grundmodelle

Funktions-bereiche

Öffentliche Theater gliedern sich allgemein in die folgenden drei Funktionsbereiche (vgl. Börner 2002, S. 36f.):

* künstlerischer Bereich (hierzu gehören Dramaturgie, Regieassistenten, darstellendes Solopersonal, Chor, Orchester, Ballett, Inspizienten, Souffleusen etc.),

* technischer Bereich (Bühnentechnik, Beleuchtung, Tontechnik, Werkstätten etc.) und

* Verwaltungsbereich (Personalabteilung, Rechnungswesen, Öffentlichkeitsarbeit, Hausverwaltung, Kartenvertrieb etc.).

Marketing spielt dabei in vielen Theatern noch eine untergeordnete Rolle – entsprechend häufig ist in den Häusern keine Stelle mit expliziter Marketingverantwortung eingerichtet. Statt dessen werden die Aufgaben des Marketing an verschiedenen Stellen innerhalb eines Theaters wahrgenommen, wie zum Beispiel in den Bereichen

* Presse-/Öffentlichkeitsarbeit,

* Verkauf und Service,

* Dramaturgie,

* Theaterpädagogik.

Auch wenn die einzelnen Stellen im Rahmen eines regelmäßigen Austauschs miteinander in Kontakt stehen, so liegen die Nachteile einer solchen Verteilung beziehungsweise Streuung der Marketingaufgaben auf der Hand: Die Aktivitäten sind in aller Regel nicht strategisch fundiert, sondern werden im Rahmen des Tagesgeschäfts „miterledigt" und in der Regel nicht aufeinander abgestimmt – des Weiteren bleiben sie aufgrund ihres meist punktuellen Charakters in ihrer Wirksamkeit eingeschränkt.

Neben diesem Modell der Aufgabenaufteilung auf unterschiedliche Verantwortungsträger, das vor allem bei kleineren Theatern anzutreffen ist (vgl. Giller 1995, S. 179), gibt es für größere und finanz- beziehungsweise personalstärkere Häuser die Möglichkeit, eine Stelle oder im Idealfall eine eigene Abteilung für das Marketing zu schaffen. Die hieraus resultierenden Vorteile liegen auf der Hand: Die Formulierung von Zielen, die Planung von Strategien sowie die Umsetzung der Maßnahmen liegen in der Federführung eines (dafür auch mit der entsprechenden Aufgabenkompetenz ausgestatteten) Verantwortungsträgers – das Marketing kann also „aus einem Guss" erfolgen. Dabei können und sollten die oben genannten Stellen (Öffentlichkeitsarbeit, Verkauf und Vertrieb etc.) auch weiterhin Teilaufgaben des Marketing wahrnehmen, wichtig ist jedoch, dass sie nunmehr durch die Marketingstelle beziehungsweise -abteilung koordiniert werden. Für den Erfolg ist es allerdings wesentlich, dass die für die Marketingmaßnahmen verantwortliche Organisationseinheit auch über eine entsprechende Entscheidungsbeziehungsweise Budgetautonomie verfügt.

Die Institutionalisierung des Marketing als Stelle kann im Theater auf folgende Weise vorgenommen werden: Sie wird der Abteilung Verwaltung zugeordnet und ist dieser auch entsprechend weisungsunterstellt (vgl. Abb. 27); die gestrichelten Linien zeigen die Notwendigkeit zur engen Vernetzung der verschiedenen, mit marketingrelevanten Aufgaben betreuten Stellen an.

Institutionalisierung des Marketing

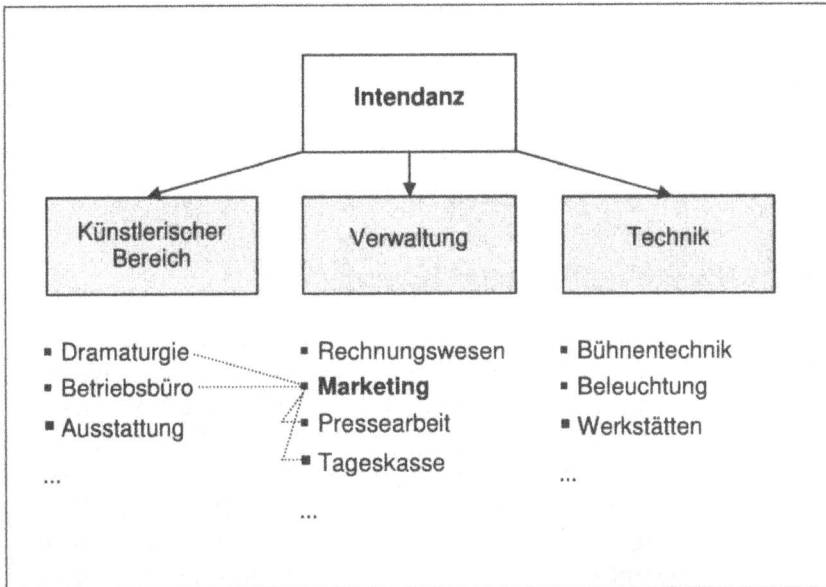

Abb. 27: Marketing als Stelle im Theater

Ist es einem Theater möglich, mit den vorhandenen Ressourcen eine eigene Marketingabteilung einzurichten (wie zum Beispiel bei der Bayerischen Staatsoper in München), so verfügt diese Lösung über den Vorteil, dass alle dem Marketing zugehörigen oder nahestehenden Aufgaben (Presse-/Öffentlichkeitsarbeit, Abonnentenbetreuung, Freundeskreisbetreuung, Sponsorenbetreuung etc.) unter einem Dach gebündelt und in institutionalisierter Weise aufeinander abgestimmt werden können (vgl. Abb. 28).

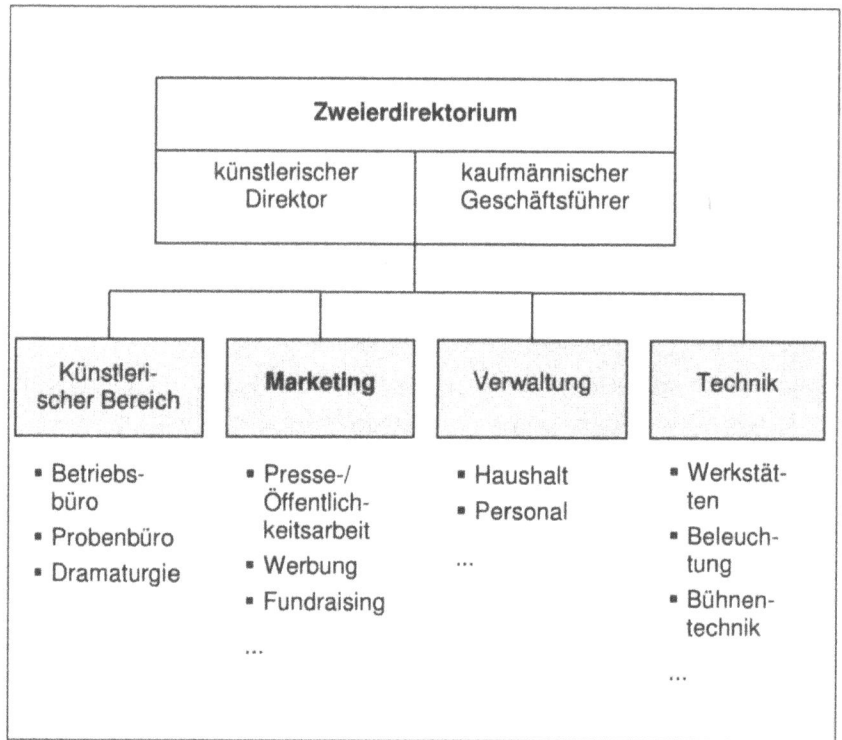

```
┌─────────────────────────────────────────────────────────────┐
│              ┌───────────────────────────────┐               │
│              │       Zweierdirektorium        │               │
│              ├───────────────┬───────────────┤               │
│              │ künstlerischer │  kaufmännischer│              │
│              │   Direktor     │ Geschäftsführer│              │
│              └───────────────┴───────────────┘               │
│                                                               │
│  ┌────────────┐ ┌────────────┐ ┌────────────┐ ┌────────────┐ │
│  │ Künstleri- │ │            │ │            │ │            │ │
│  │scher Bereich│ │ Marketing  │ │ Verwaltung │ │  Technik   │ │
│  └────────────┘ └────────────┘ └────────────┘ └────────────┘ │
│                                                               │
│  ▪ Betriebs-    ▪ Presse-/     ▪ Haushalt     ▪ Werkstät-    │
│    büro           Öffentlich-  ▪ Personal       ten          │
│  ▪ Probenbüro     keitsarbeit   ...            ▪ Beleuch-     │
│  ▪ Dramaturgie  ▪ Werbung                        tung         │
│                 ▪ Fundraising                  ▪ Bühnen-      │
│                   ...                            technik      │
│                                                   ...         │
└─────────────────────────────────────────────────────────────┘
```

Abb. 28: Marketing als Abteilung im Theater

5.2. Marketingimplementierung

Begriffs-abgrenzung

Im Anschluss an die Festlegung von Zielen, Strategien und Maßnahmen des Theatermarketing erfolgt die „Feuertaufe", das heißt die Implementierung des Marketing in die Theaterpraxis: Unter Implementierung wird dabei der Prozess verstanden, durch den „Marketingpläne in aktionsfähige Aufgaben umgewandelt werden und durch den sichergestellt wird, dass diese Aufgaben so durchgeführt werden, dass sie die Ziele des Planes erfüllen" (Kotler/Bliemel 2001, S. 1176). Wird das Marketingkonzept jedoch nicht oder nur punktuell umgesetzt, so wird zwangsläufig eine Implementierungslücke entstehen – dabei ist es eine Tatsache, dass in nicht wenigen Schubladen des Theaterbetriebs angedachte, aber nicht umgesetzte Marketingkonzepte schlummern.

Zur Förderung der Marketingimplementierung sind verschiedene Aspekte von Bedeutung (vgl. Meffert 2000, S. 1103ff.): So geht es unter anderem darum, Erwartungsdivergenzen und Kulturkonflikte (vor allem zwischen dem künstlerischen Bereich und dem Verwaltungsbereich) zu minimieren. Die für das Theatermarketing verantwortlichen Entscheidungsträger sind in hohem Maße auf die Kooperation mit anderen Stellen und Abteilungen innerhalb des Theaters angewiesen; immer wieder werden Spannungsfelder entstehen: die Bereitschaft der Bühnentechnik, eine erhöhte Anzahl an Führungen hinter den Kulissen zu akzeptieren; die Freistellung von Künstlern zur Promotion bestimmter Produktionen durch das Betriebsbüro. Um an diesen Schnittstellen zwischen Marketing und anderen Aufgabengebieten des Theaters eine publikumsfreundliche Lösung zu erreichen, ist es erforderlich, Überzeugungsarbeit zu leisten und tragfähige Kompromisse zu finden. Dabei kann auf eines nicht deutlich genug hingewiesen werden: Nur wenn sich die Intendanz hinter das Marketing stellt, kann dieses auch als Führungsphilosophie im Theater insgesamt verinnerlicht werden. Die Intendanz muss die Funktion eines Machtpromotors übernehmen, der die erfolgreiche Implementierung des Marketing weniger durch umsetzungsspezifisches Fachwissen als vielmehr durch seine hierarchische Position fördert (zum Beispiel durch Konfliktmanagement).

In diesem Zusammenhang ist das Konzept des internen Marketing für eine erfolgreiche Implementierung des Marketing in die Theaterpraxis hilfreich. Von internem Marketing wird immer dann gesprochen, wenn die Mitarbeiter und Mitarbeiterinnen einer Organisation selbst die Adressaten von Steuerungsmaßnahmen im Hinblick auf absatzmarktbezogene Erfordernisse sind. Den Hintergrund für diese Ausweitung des Marketing-Verständnisses bildet die Erkenntnis, dass sich Wettbewerbsvorteile in Zeiten, in denen Differenzierungen über die Kernleistungen immer schwieriger werden, vor allem auch über die Art der Leistungserstellung und damit über die Qualitätssteuerung der eingesetzten Mitarbeiterressourcen erreichen lassen. **Internes Marketing**

Nach Bruhn kann internes Marketing definiert werden als „[...] die systematische Optimierung unternehmensinterner Prozesse mit Instrumenten des Marketing- und Personalmanagement, um durch eine konsequente und gleichzeitige Kunden- und Mitarbeiterorientierung das Marketing als interne Denkhaltung durchzusetzen, damit die marktgerichteten Unternehmensziele effizient erreicht werden" (Bruhn 1995, S. 20). Anhand dieser Abgrenzung wird bereits deutlich, dass das Konzept des internen Marketing einer besseren, besucherorientierteren Leistungserstellung gegenüber dem (externen) Kunden dienen soll. **Zielsetzung**

Übertragen auf den Theaterbereich beschreibt das interne Marketing einen systematischen Planungs- und Entscheidungsprozess, bei dem sämtliche intern erforderlichen Maßnahmen zur Koordination relevanter Theateraktivitäten so konzipiert, umgesetzt und kontrolliert werden, dass es einem Haus möglich wird, Besuchervorteile zu schaffen und langfristig zu sichern. Im Fokus des internen Theatermarketing steht dabei das Ziel, die Fähigkeit des Kontaktpersonals (Kasse, Theater-

shop, Theaterpädagogin etc.) zum besucherorientierten Interaktions-
verhalten zu verbessern. Gleichzeitig gilt es jedoch auch bei den übrigen Mitarbeitern markt- beziehungsweise besucherorientiertes Verhalten und ihre Bereitschaft zur Unterstützung der in unmittelbarem
Besucherkontakt stehenden Mitarbeiter zu fördern.

Das Konzept des internen Marketing basiert auf der Annahme, dass
jene Strategien und Maßnahmen des Theatermarketing, die von den
eigenen Mitarbeitern nicht angenommen oder verstanden werden, auch
nicht erfolgreich auf dem Markt beziehungsweise beim Besucher umgesetzt werden können. Internes Marketing ist daher darauf ausgerichtet,
Akzeptanz für die auf den Besucher bezogenen Maßnahmen des Theatermarketing bei den Mitarbeitern zu schaffen, diese Maßnahmen intern
umzusetzen und nachhaltig abzusichern. Damit stellt das interne Marketing eine Denkhaltung beziehungsweise Philosophie dar, die von
allen Führungskräften und Mitarbeitern getragen und gelebt sowie nach
außen vermittelt werden sollte.

**Mitarbeiter-
orientierung**

Das Konzept des internen Marketing spiegelt durch den Einsatz entsprechender personalwirtschaftlicher Instrumente eine ausgeprägte
Mitarbeiterorientierung wider. Es setzt diese Instrumente jedoch nicht
als Selbstzweck ein, sondern als Mittel zur effizienten und effektiven
Umsetzung der extern ausgerichteten Marketingstrategien und Marketingmaßnahmen. Das von Bruhn in diesem Kontext angeführte Argument, dass sich die Daseinsberechtigung von Unternehmen in aller
Regel aus der Erbringung von Marktleistungen (im Sinne von Problemlösungen) für einen nicht zum Unternehmen gehörenden Personenkreis
ableitet (vgl. Bruhn 1995, S. 19f.), lässt sich analog auf den Theaterbereich übertragen: Auch hier basiert die Existenzgrundlage der Häuser
auf der Nachfrage der Besucher nach den verschiedenen Theaterleistungen. Theater können ihr Dasein wie andere öffentliche Kultureinrichtungen (Museen etc.) nur dann rechtfertigen, wenn sie auch tatsächlich Besucher haben (vgl. Hausmann 2001, S. 114).

Zusammenfassend lässt sich festhalten, dass das interne Marketing auch
im Theaterbereich als ein Konzept für die interne Realisierung von auf
den Markt bezogenen Strategien und Maßnahmen gilt: Verbesserungsmaßnahmen, die auf den Besucher beziehungsweise seine Bedürfnisse
gerichtet sind und zur Schaffung von Wettbewerbsvorteilen beitragen,
bleiben wirkungslos, wenn sie nicht durch entsprechende theaterinterne
Aktivitäten systematisch begleitet werden. Das interne Theatermarketing stellt damit eine entscheidende Voraussetzung für den erfolgreichen Marktauftritt eines Theaters dar: Ein positiver Zusammenhang
zwischen der langfristigen Mitarbeiterzufriedenheit beziehungsweise
Mitarbeiterbindung und der langfristigen Besucherzufriedenheit beziehungsweise Besucherbindung kann als unbestritten gelten. Abb. 29

verdeutlicht noch einmal die Wechselbeziehung von internem und externem Marketing.

Zur Umsetzung des internen Marketing eignen sich verschiedene Instrumente, deren Einsatz sich dabei an der Schnittstelle zwischen personalorientiertem Marketing und marketingorientiertem Personalmanagement bewegt. Damit werden dem Konzept zum einen die aus dem extern ausgerichteten Marketing bekannten Verhaltensleitlinien, Methoden und Instrumente zugrunde gelegt, zum anderen werden sämtliche personalpolitischen Aktivitäten (wie zum Beispiel die Personalakquisition oder die Personalentwicklung) im Bereich der nichtkünstlerischen Mitarbeiter unter dem Primat der Besucherorientierung vorgenommen. Folgende Maßnahmen sind dazu geeignet, Mitarbeiter eines Theaters zu markt- beziehungsweise besucherorientiertem Verhalten zu motivieren:

- internes Training (Schulungsmaßnahmen etc.)   **Maßnahmen**

- gemeinsame Gespräche (Mitarbeitergespräche, Projektgruppen etc.),

- Zielvereinbarungen (Vereinbarung von besucherbezogenen Zielen),

- betriebliches Vorschlagswesen (Institutionalisierung und Förderung des Vorschlagswesens, interne Marktforschung etc.),

- Personalmanagement (Auswahl von besucherorientierten Mitarbeitern etc.).

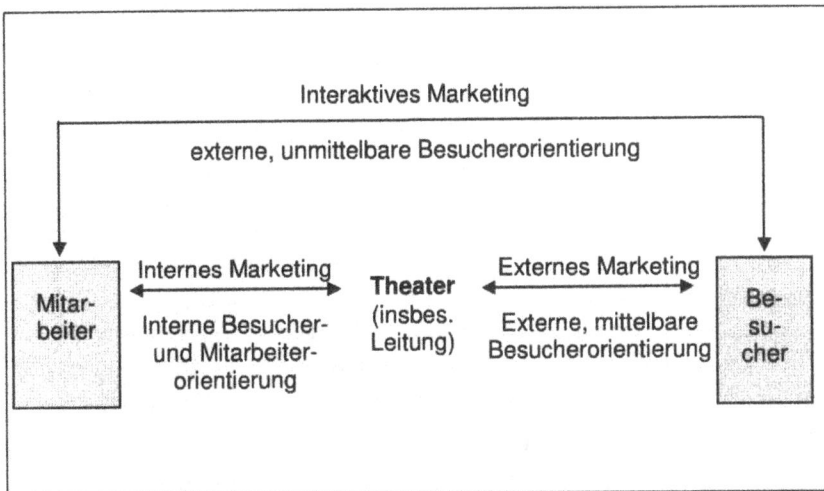

Abb. 29: Wechselbeziehung von internem und externem Theatermarketing

5.3. Marketing-Controlling

5.3.1. Begriff, Aufgaben und Ziele

Gestaltungs- und Nutzungs- funktion

Controlling stellt ein Konzept zur Sicherung der ergebnisorientierten Führung von Theatern dar, bei dem Aufgaben der Informationsversorgung, Planung, Koordination und Kontrolle auf unterschiedlichen Ebenen miteinander verknüpft werden (vgl. Röper 2001, S. 134; Schwarzmann 2000, S. 102). Aufgabe des Controlling ist es, das Planungs- und Kontrollsystem von Theatern aufzubauen und zu gestalten. Im Planungsbereich befasst sich das Marketing-Controlling in erster Linie mit der Entwicklung von ökonomischen und psychologischen Zielen (vgl. Kapitel 4); im Kontrollbereich beziehen sich die Controllingaktivitäten unter anderem auf die Kosten- und Finanzkontrolle sowie die wirtschaftliche Erfolgskontrolle der Marketingaktivitäten. Neben dieser Gestaltungsfunktion erfüllt das Controlling eine Nutzungsfunktion, die sich auf die Berechnung und Erstellung von Kennzahlen, Managementberichten, Plänen und Kontrollrechnungen bezieht. Dabei nutzt das Controlling die Informationen aus dem Planungs- und Kontrollsystem des Theaters, um sie durch eine entsprechende Aufbereitung für die ergebnisorientierte Führung verwertbar zu machen (vgl. allgemein Horváth 1998).

Dem Marketing-Controlling kommt innerhalb des umfangreichen Aufgabenspektrums des Controlling ein besonderer Stellenwert zu. Die Besonderheiten des Marketing-Controlling resultieren einerseits aus der Notwendigkeit zur Kombination von Daten des Rechnungswesen, insbesondere der Kosten- und Leistungsrechnung, mit externen Marktforschungsinformationen. Auch wenn viele Theater derzeit noch kein internes Rechnungswesen eingerichtet haben, so gehen doch zunehmend mehr Häuser – vor allem im Zuge einer (unechten) Privatisierung (vgl. Kapitel 1) – dazu über, dieses Instrument für ihre Zielerreichung verstärkt zu nutzen. Andererseits berücksichtigt das Marketing-Controlling in hohem Maße nicht-monetäre Zielgrößen wie zum Beispiel die Zufriedenheit von Besuchern oder den Bekanntheitsgrad eines Theaters. Auf diese Weise werden kontinuierliche Soll-Ist-Vergleiche, Abweichungsanalysen und die Einleitung von Anpassungsmaßnahmen möglich.

Frühwarn- funktion

Neben dieser laufenden Rückkopplung über aufgetretene Soll-Ist-Abweichungen („Feed-back-Prinzip") übernimmt das Marketing-Controlling auch eine zukunftsorientierte Steuerungsaufgabe („Feed-forward-Prinzip"): Für das Theatermarketing relevante Umwelteinflüsse, die zu Planabweichungen führen (zum Beispiel technologische Neuerungen, gesellschaftlicher Wertewandel, rechtliche Veränderungen und kulturpolitische Entwicklungen), gilt es frühzeitig zu erkennen, um entsprechende Maßnahmen einleiten zu können. Das Marketing-Controlling erfüllt damit eine Funktion als Frühwarnsystem (vgl. Kiener 1980, S. 69).

Die im Rahmen des Marketing-Controlling ermittelten Informationen richten sich zunächst an die Marketingleitung, in einem nächsten Schritt auch an die Intendanz beziehungsweise kaufmännische Führung sowie gegebenenfalls auch an externe Entscheidungsträger (Organe und Gremien des Rechtsträgers). Die den verschiedenen Adressaten gelieferten Informationen dienen zur Abschätzung der Aufgabenerfüllung beziehungsweise des Grades der Erreichung von markt- und besucherbezogenen Zielen eines Theaters; allerdings ist es wesentlich, dass jeder Informationsempfänger nur solche Informationen bekommt, die er zur Erfüllung seiner Aufgaben benötigt (Vermeidung eines „information overload").

Im Hinblick auf die Ziele des Marketing-Controlling lässt sich Folgendes festhalten (vgl. allgemein Nowicki 2000, S. 209f.):

• Verbesserung der Wirtschaftlichkeit von Marketingmaßnahmen

  Durch die laufende Beobachtung der Marketingmaßnahmen (zum Beispiel zur Bindung von Abonnenten) und der Möglichkeit, bei Fehlentwicklungen (Abonnentenzahlen entwickeln sich rückläufig etc.) korrigierend einzugreifen, erhöht sich die Effizienz des Theatermarketing.

• Sicherung der Planung und Integration von Planung und Kontrolle

  Die Aktivitäten des Marketing-Controlling dienen der Sicherung der einzelnen Stufen der Theatermarketingplanung durch die systeminterne Bereitstellung von relevanten Daten und Instrumenten sowie durch systemübergreifende Abstimmungen zwischen den jeweiligen Planungsebenen.

• Sicherung der Informationsversorgung

  Die Versorgung mit Informationen ist eine Grundaufgabe für eine zielgerichtete Führung des Theaters. Die Ermittlung des Informationsbedarfs und die Beschaffung von Informationen, deren Aufarbeitung und Weiterleitung und die Schaffung einer informatorischen Basis für die zielgerechte Erfüllung der Führungsaufgaben im Marketing steht im Mittelpunkt.

• Sicherung der Koordinationsfähigkeit der Theaterführung

  In Anbetracht der Komplexität der Leistungserstellung im Theater kann das Marketing-Controlling als Koordinationsinstrument zur Optimierung der System- und Subsystemstrukturen in Ausrichtung auf das gesamte Theater und seine Ziele fungieren.

* Sicherung und Erhöhung der Flexibilität

Die zunehmende Dynamik marketingrelevanter Ereignisse und die ständige Weiterentwicklung marketingrelevanter Rahmenbedingungen (Weiterentwicklung des Internet, hybrides Besucherverhalten etc.) erfordert das Aufspüren von Chancen und Risiken, um sich auf diese neuen Umweltbedingungen rechtzeitig einstellen zu können und eine langfristige Sicherung künstlerischer Freiräume zu erzielen.

5.3.2. Formen

Das Marketing-Controlling lässt sich im Hinblick auf seine zeitliche Dimension, aber auch bezüglich der zu steuernden Zielgrößen in ein strategisches und ein operatives Marketing-Controlling unterscheiden.

Strategisches Controlling

Das strategische Marketing-Controlling verfügt aufgrund seines Zeithorizontes von fünf bis zehn Jahren über einen langfristigen Charakter; der Fokus liegt hierbei auf der Formulierung von langfristigen, grundlegenden Marketingzielen und -strategien. Mit der systematischen Suche nach zukünftigen Erfolgspotenzialen (sowie deren kontinuierlichem Ausbau) hat das strategische Marketing-Controlling die Sicherung der langfristigen Existenz von Theatern im Blick (vgl. Meffert 2000, S. 1135; Hartung 1998, S. 24). Neben Informationen über Stärken und Schwächen aus den Theatern selbst sind Informationen aus der gesellschaftlichen Umwelt erforderlich, um künftige Entwicklungen prognostizieren und durch Umweltveränderungen bedingte Chancen beziehungsweise Risiken frühzeitig erkennen zu können.

Operatives Controlling

Im Mittelpunkt des operativen Marketing-Controlling, das mit ein bis zwei Jahren über einen deutlich kürzeren Zeithorizont als das strategische Controlling verfügt, steht die Kontrolle der Marketing-Maßnahmen, die Analyse von Abweichungsursachen und die Initiierung von Anpassungsmaßnahmen (Vgl. Meffert 2000, S. 1138 sowie auch Hartung 1998, S. 24f.). In die Marketingkontrolle werden dabei sowohl der gesamte Marketing-Mix als auch die einzelnen Maßnahmen beziehungsweise Instrumente einbezogen: Steht bei der Produkt- beziehungsweise Leistungspolitik zum Beispiel die Qualität des Leistungsbündels eines Theaters (Einführung in den Opernabend, Umgang mit Besucherbeschwerden etc.) im Fokus der Kontrolle, so wird im Rahmen der Preispolitik zum Beispiel auf die Einhaltung von Soll-Deckungsbeiträgen geachtet, zum Beispiel beim Verkauf von Leporellos. Die Kontrolle der Distributionspolitik bezieht sich in erster Linie auf die Überprüfung der Effizienz und Effektivität der Absatzkanäle von Theaterleistungen (zum Beispiel Online-Theatershop). Als ein schwierigerer Bereich im Hinblick auf die Durchführung des instrumentebezogenen Marketing-Controlling gilt die Kommunikationspolitik, da zeitliche und sachliche Zusammenhänge (konjunkturelle und saisonale Einflüsse, Konkurrenzmaßnahmen etc.) die Zurechenbarkeit des Erfolges auf einzelne Aktivitäten der Kommunikationspolitik (Werbung, Direct Mailing etc.) erschweren (vgl. ausführlicher hierzu Meffert 2000, S. 1052f.). Im Gegensatz zum strategischen Marketing-Controlling werden im Rahmen des operativen Marketing-Controlling in erster Linie Informationen aus den Theatern selbst benötigt und verarbeitet.

5.3.3. Kontrollgrößen und Instrumente

Kontrollgrößen dienen dazu, die oft unüberschaubaren Datenmengen, die im Rahmen des Rechnungswesens oder bei der Generierung von Marktforschungsinformation anfallen, zu verdichten und zu komprimierten Informationen zusammenzufassen (vgl. Meffert 2000, S. 1141ff.). Neben ihrem Einsatz als Planungsinstrument dienen sie sowohl der Effizienz- als auch der Effektivitätskontrolle. Die Kontrollgrößen des Marketing-Controlling können aus den allgemeinen Marketingzielen von Theatern abgeleitet werden und lassen sich in monetäre und nicht-monetäre unterscheiden.

Zur Kategorie der monetären Kontrollgrößen gehören (quantitative) Kennziffern wie zum Beispiel Umsatz (Eintrittskarten, Produkte aus dem Theatershop etc.), Absatz (Anzahl verkaufter Plakate, Leporellos, Merchandisingartikel etc.), Marktanteile (für das ganze Theater oder einzelne Leistungsbereiche) oder Deckungsbeiträge bestimmter Produkte und Dienstleistungen (Opernführung, Matineen etc.). Die Durchführung eines Marketing-Controlling auf Grundlage allein quantitativer, ökonomischer Kennziffern ist allerdings nicht zu empfehlen, da diese nicht in der Lage sind, die qualitative Marktentwicklung zu erfassen; hierzu ist die Berücksichtigung qualitativer, nicht-monetärer Größen erforderlich.
Monetäre Kontrollgrößen

Zur Kategorie der nicht-monetären Kontrollgrößen gehören zum Beispiel die Einstellung und Zufriedenheit der Besucher beziehungsweise anderer relevanter Adressaten (Sponsoren, Medien, Politiker), die im Theater bekannt gewordenen Beschwerden oder die Besuchertreue beziehungsweise -bindung. Wenngleich sich die nicht-monetären Kontrollgrößen oft nur mittelbar operationalisieren lassen und damit einer Messung nicht unmittelbar zugänglich sind, so ist es doch unumgänglich, sie zur Erfassung der qualitativen Marktentwicklung heranzuziehen.
Nicht-monetäre Kontrollgrößen

Da der Zielbildungsprozess in vielen Theatern noch nicht ausreichend weit fortgeschritten ist, wird anlässlich der Implementierung eines funktionsfähigen Controlling häufig auch die erstmalige Festlegung von verbindlichen Zielvorgaben erfolgen. Am Anfang dieses Prozesses sollten Fragen nach den jeweiligen thematischen Schwerpunkten, aber auch nach den Wettbewerbsvorteilen und der „unique selling proposition" stehen: Was kann das Theater besser als andere Kultur- und Freizeitanbieter (vgl. Kapitel 4)? Um die Integration der verschiedenen Mitarbeiter in den Zielfindungsprozess zu fördern – und um die Identifikation der Mitarbeiter mit „ihrem" Haus zu stärken –, können Ziele-Workshops durchgeführt werden, die zum Beispiel von externen Beratern moderiert werden und in denen die mit dem Theatermarketing im speziellen und der Theaterarbeit im allgemeinen verfolgten Ziele festgelegt werden (vgl. auch Beutling 1993, S. 73f.; Hartung 1998, S. 27).

Instrumente

Dem Marketing-Controlling steht zur Erfüllung seiner Aufgaben eine Vielzahl von Verfahren und Methoden zur Verfügung, die zum Teil auch in anderen Bereichen der Betriebswirtschaftslehre eingesetzt werden und von denen hier nur eine Auswahl im Überblick vorgestellt werden kann. Unter Berücksichtigung der im zweiten Abschnitt dieses Kapitels vorgenommenen Differenzierung des Marketing-Controlling sowie der dem Marketing-Controlling zugeschriebenen Aufgaben werden die nachfolgend vorgestellten Instrumente in strategische und operative sowie in Instrumente der Informationsversorgung unterschieden; dabei ist der Übergang zwischen den Kategorien fließend.

Mit Hilfe der Instrumente des strategischen Marketing-Controlling lassen sich künftige Veränderungen und Entwicklungen der Theaterumwelt prognostizieren; zudem dienen sie der strategischen Positionierung von Theatern auf dem (Absatz-)Markt und im Wettbewerb. Im Folgenden werden die GAP-Analyse, die Potenzial- beziehungsweise Stärken-Schwächen-Analyse und das Benchmarking vorgestellt (vgl. hierzu auch Kapitel 2).

GAP-Analyse

Die GAP-Analyse (oder Lückenanalyse) ist ein weit verbreitetes Instrument der strategischen Planung. Gegenstand dieser Analyse ist die Gegenüberstellung einer gewünschten Zielerreichung (Soll-Wert) und der Entwicklung der Zielgröße bei Fortführung der bisher gewählten Strategie (Planwert). Aufgrund dieser Gegenüberstellung kann sich eine mit der Zeit vergrößernde Abweichung ergeben, d.h. eine Ziellücke aufzeigen. Ziel dieser Vorgehensweise ist es, strategische Handlungsbedarfe aufzudecken und hierauf die Aufmerksamkeit der Theaterleitung zu lenken. Im Fokus dieser Methode steht das Ziel, diese Lücke für verschiedene Zielgrößen (Umsätze, Deckungsbeiträge etc.) und Objekte (Produkte, Geschäftsfelder etc.) zu ermitteln (vgl. Weber 2004, S. 297ff.).

Wenngleich die GAP-Analyse ein einfaches und in seinen Möglichkeiten beschränktes Instrument darstellt (subjektive Schätzung der Planwerte bei Beibehaltung der bisherigen Strategie, Probleme bei der Quantifizierung verschiedener Einflussgrößen etc.), wird es in der Unternehmenspraxis häufig als Prognose-, vor allem aber als Kommunikationsinstrument für die Managementebene eingesetzt. Abb. 30 veranschaulicht das Ergebnis einer GAP-Analyse im Theaterbereich am Beispiel der gewünschten Zielerreichung „Erhöhung der Umsatzerlöse im Theatershop um 30 % zum Zeitpunkt x".

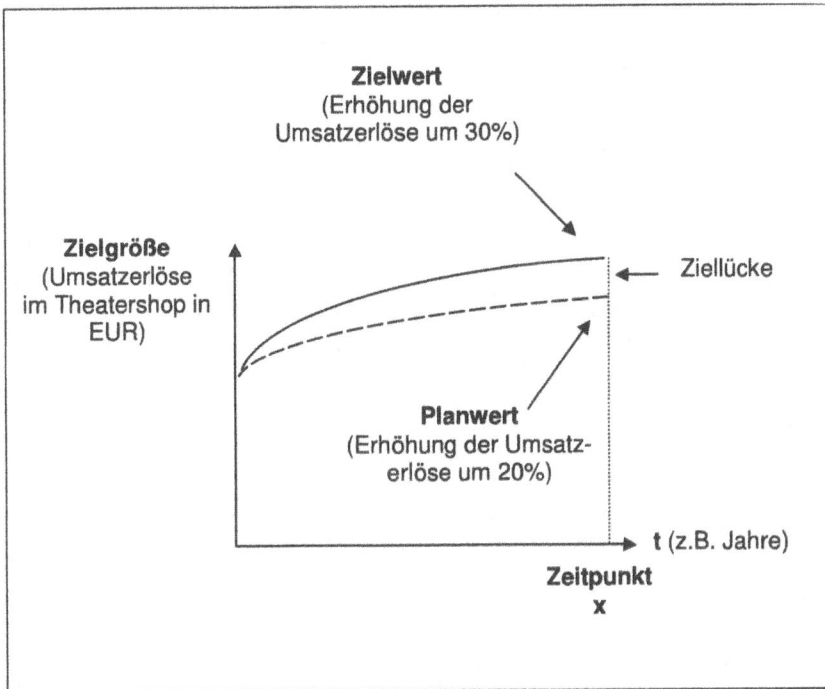

Abb. 30: Anwendung der GAP-Analyse im Theater

Diese Analyse lässt sich auch in anderen Bereichen des Theatermarketing durchführen: So kann zum Beispiel der Zielwert darin bestehen, dass zu einem bestimmten Zeitpunkt eine Erhöhung der Einnahmen aus Drittmitteln (Fundraising, Sponsoring) um 10% erreicht werden soll. Mit Hilfe der GAP-Analyse lässt sich zum Ist-Zeitpunkt aufzeigen, wie weit das Theater gegenwärtig von seinem Ziel entfernt ist und wie sich die Einnahmen bei Beibehaltung der bisherigen Strategie bis zum Planungshorizont entwickeln würden.

Ein anderes Instrument des Marketing-Controlling stellt die Potenzial- **Stärken-** beziehungsweise Stärken-Schwächen-Analyse dar. Wie bereits im zwei- **Schwächen-** ten Kapitel ausgeführt wurde, bildet die Stärken-Schwächen-Analyse **Analyse** einen Kriterienkatalog ab, der die Beurteilung des Theaters insgesamt oder einzelner Leistungsbereiche ermöglicht. Den Ausgangspunkt der Gegenüberstellung von Stärken und Schwächen bilden die für die Wettbewerbsfähigkeit und langfristige Existenzsicherung eines Theaters als besonders relevant erachteten Faktoren. Diese Erfolgsfaktoren werden in einem nächsten Schritt im Hinblick auf die wichtigsten Wettbewerber auf dem Kultur- und Freizeitmarkt bewertet. Eine kontinuierliche Durchführung der Stärken-Schwächen-Analyse ermöglicht die Identifikation und Dokumentation von Entwicklungstendenzen. Wenngleich eine wesentliche Schwäche dieses Instruments in der Subjektivität der Bewertung der einzelnen Kriterien liegt, so hat es sich doch zur Schaffung von Informationsgrundlagen für das Theatermarketing beziehungsweise das Controlling des Theatermarketing bewährt: Es hilft nicht nur den Blick für den Status quo in den Einrichtungen zu schärfen, sondern auch das Konkurrenzdenken beziehungsweise das Denken in Wettbewerbsvorteilen zu fördern. Abbildung 31 zeigt exemplarisch die Durchführung einer Stärken-Schwächen-Analye unter Berücksichtigung eines Wettbewerbers.

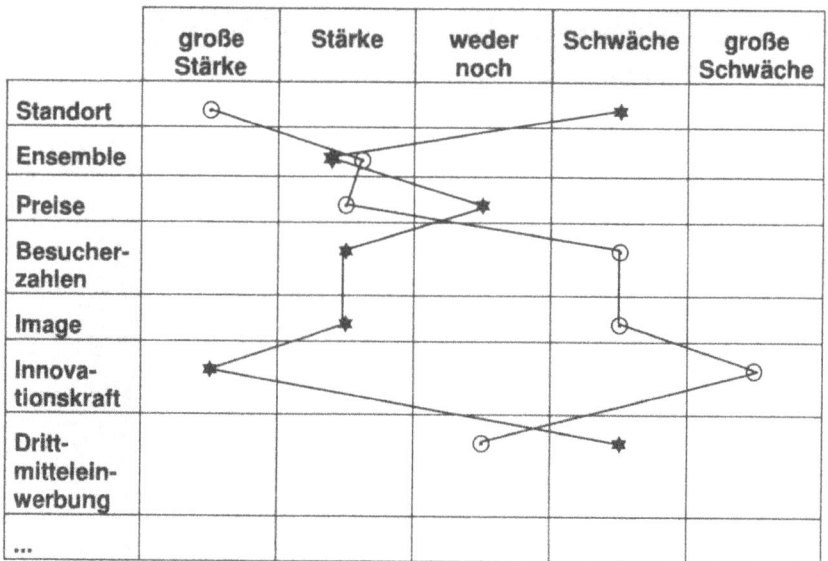

	große Stärke	Stärke	weder noch	Schwäche	große Schwäche
Standort	⊙			✳	
Ensemble		✳ ⊙			
Preise		⊙	✳		
Besucherzahlen		✳		⊙	
Image		✳		⊙	
Innovationskraft	✳				⊙
Drittmitteleinwerbung			⊙	✳	
...					

Abb. 31 : Stärken-Schwächen-Analyse (⊙ = Theater A, ✳ = Theater B)

Benchmarking Das Benchmarking eignet sich als weiteres wichtiges Instrument des Marketing-Controlling für den Einsatz im Theater. Es gilt als ein Führungs- und Steuerungsinstrument, in dessen Mittelpunkt die Messung und der Vergleich ausgewählter Objekte (Prozesse, Produkte, Dienstleistungen etc.) mit anderen Theatern oder Kulturbetrieben, aber zum Beispiel auch mit Unternehmen der Privatwirtschaft stehen (vgl. Kapitel 2). Mit der Durchführung eines Benchmarking wird auch im Theaterbereich die Zielsetzung verfolgt, durch die Orientierung an anderen, am Markt insgesamt oder in bestimmten Abläufen „besseren" Organisationen die eigene Leistungsfähigkeit nachhaltig zu verbessern. Der Maßstab zur Beurteilung der eigenen Leistungsfähigkeit in Bezug auf die ausgewählten Objekte wird dabei als Benchmark bezeichnet und stellt eine qualitative oder quantitative Kenngröße dar. Die Eignung des Benchmarking zur Unterstützung der strategischen Aufgaben des Marketing-Controlling hängt im Wesentlichen auch von einer systematischen und kontinuierlichen Anwendung dieses Instrumentes ab (vgl. hierzu ausführlich Kapitel 2).

Während die Instrumente des strategischen Marketing-Controlling auf Entwicklungsprognosen abzielen und bei der strategischen Positionierung unterstützen, helfen die Instrumente des operativen Marketing-Controlling vor allem bei der Beurteilung von Produkten beziehungsweise Leistungen und bei der Entscheidungsfindung zwischen Alternativen. Von den verschiedenen zur Erfüllung dieser Aufgabe geeigneten Instrumenten werden hier neben dem Produktlebenszykluskonzept und der Portfolio-Analyse auch die Kostenvergleichs- und die Deckungsbeitragsrechnung als zwei mit monetären Größen operierende Instrumente skizziert.

Das Produktlebenszykluskonzept basiert auf der Annahme, dass sich die Nachfrage nach Produkten und Leistungen in unterschiedliche Phasen einteilen lässt, für die ein charakteristischer Verlauf von Umsatz und Gewinn abgebildet werden kann. Die Phasen werden als Einführungsphase, Wachstumsphase, Reifephase, Sättigungsphase und Degenerationsphase bezeichnet (vgl. Abb. 32). Auch im Rahmen des Marketing-Controlling von Theatern kann das Konzept – auch wenn die Phaseneinteilung sehr idealtypisch vorgenommen wird – zur Überwachung von Produkten und Dienstleistungen eingesetzt werden. Auch im Theaterbereich ist es wichtig, dass Produkte und Leistungen aus verschiedenen Lebenszyklusphasen vorgehalten werden. Mit Hilfe des Produktlebenszykluskonzepts kann das Marketing-Controlling entsprechend Innovationen anstoßen und damit einen wesentlichen Beitrag zur Sicherung der Wettbewerbsfähigkeit eines Theaters leisten. Zu den Charakteristika der verschiedenen Phasen lässt sich folgendes festhalten (vgl. Wöhe 2002, S. 509ff.; Klein 2005, S. 323f.):

Produktlebenszykluskonzept

1. **Einführungsphase**: In dieser Phase wird eine neue Leistung auf den Markt gebracht (Uraufführung eines Theaterstücks etc.); der Bekanntheitsgrad ist zwangsläufig noch sehr gering, entsprechend viele Marketingmaßnahmen (vor allem Werbung und Pressearbeit) müssen eingeleitet werden. Die ersten Besucher sind vor allem die Aufgeschlossenen, Experimentierfreudigen und Neugierigen.

2. **Wachstumsphase**: Durch die Marketingmaßnahmen, aber vor allem auch durch (positive) Mundwerbung wird die Leistung bei immer mehr Besuchern bekannt. Die Nachfrage steigt.

3. **Reifephase**: Die absolute Marktausdehnung und die Umsatzkurve wachsen weiterhin, allerdings mit langsameren Zuwachsraten als in der vorherigen Phase. Es kommen jetzt „Nachzügler", die auch noch mitreden wollen; manch ein (Wiederholungs-)Besucher nimmt

die Leistung noch einmal mit Freunden und Bekannten in Anspruch.

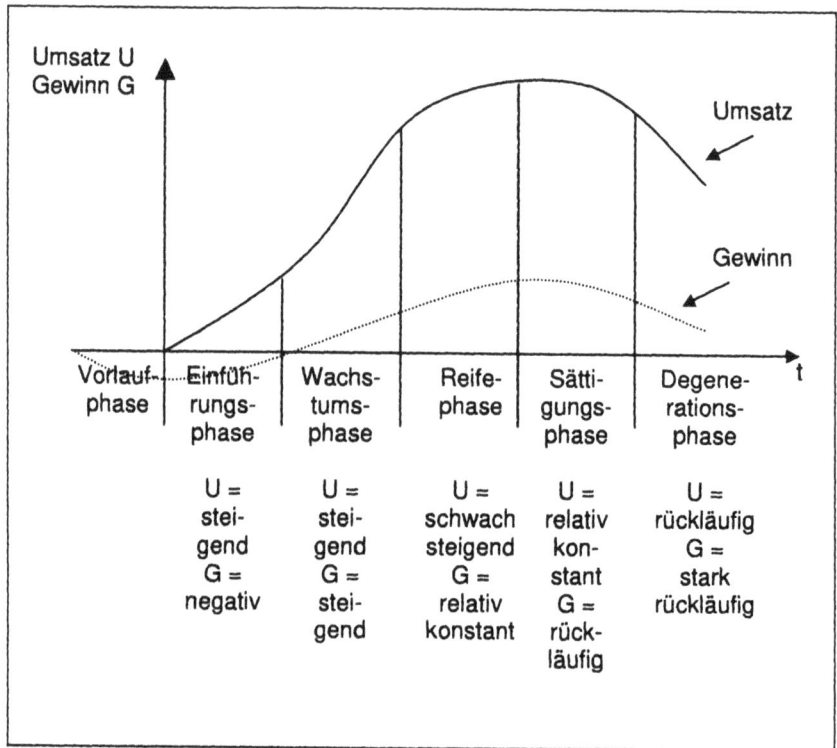

Abb. 32: Beispiel für eine Produktlebenszykluskurve

4. **Sättigungsphase**: In dieser Phase erreicht die Umsatzkurve ihr Maximum beziehungsweise erschöpft sich zunehmend; die Besucherzahlen gehen langsam, aber stetig zurück. Spätestens jetzt muss ein Nachfolgeprodukt aufgebaut werden, um das Erfolgspotenzial des Theaters zu erhalten und das Interesse an beziehungsweise die Nachfrage nach Theaterleistungen zu sichern.

5. **Degenerationsphase**: Diese Phase beschließt den Lebenszyklus einer Leistung. Mögliche Ursachen hierfür können sein: Der Markt wurde voll ausgeschöpft (die anvisierte Zielgruppe wurde erreicht), neue Angebote von Wettbewerbern sind auf den Markt gekommen, bestimmte Trends haben das Nachfrageverhalten temporär oder nachhaltig verändert etc.

Portfolio-Analyse

Die Portfolio-Analyse basiert auf den beiden Entscheidungskriterien „Marktwachstum" und „relativer Marktanteil"; im Kern geht es darum, den Theatern mittels einer Mischkalkulation ein ausgewogenes Leistungsspektrum (zum Beispiel von etablierten und weniger etablierten Inszenierungen) zu sichern. Während das Marktwachstum die Attraktivität eines Marktes (zum Beispiel für kulturtouristische Leistungen, für

Kinderopern, für die Vermietung von Räumen etc.) im Sinne einer ausreichenden Nachfrage ausdrückt, spiegelt der relative Marktanteil die Wettbewerbsituation des Theaters auf diesem Markt wider. Abbildung 33 zeigt einen solchen zweidimensionalen Raum, in dem die Produkte oder Leistungen in einer Vierfeldermatrix positioniert werden.

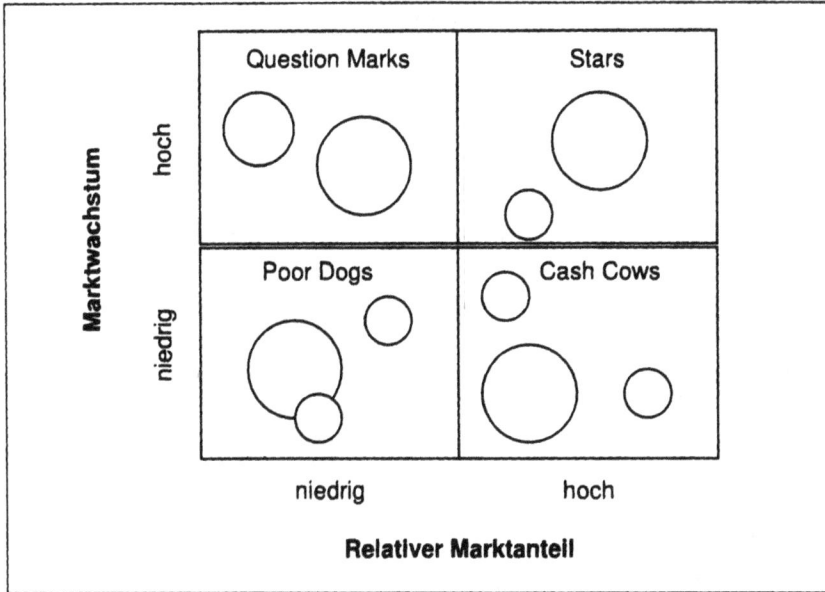

Abb. 33: Beispiel für ein Marktanteils-Marktwachstums-Portfolio

Am günstigsten werden jene Leistungen beurteilt, die im Feld der „Stars" liegen: Sie haben ein hohes Marktwachstum und gleichzeitig einen hohen Marktanteil; entsprechend sollten diese Leistungen durch Investitionen weiter gefördert werden (zum Beispiel durch eine intensive Vermarktung), denn aus den Stars von heute sollen die Cash Cows von morgen werden.

Bei den als „Cash Cows" bezeichneten Leistungen eines Theaters können aufgrund des hohen eigenen Marktanteils Kostenvorteile abgeschöpft werden (niedrige Stückkosten, hohe Deckungsbeiträge). Da der Markt jedoch nicht mehr wächst, sollten allerdings auch keine Investitionen mehr getätigt werden. Diese Selbstläufer eines Theaters (Operettenaufführungen, Weihnachtsinszenierungen etc.) sind nicht zuletzt deswegen interessant, weil mit ihnen Einnahmen erzielt werden, die andere Geschäftseinheiten unterstützen können.

Leistungen im Feld der „Poor Dogs" stellen Problemfälle für das Theater dar, die aufgrund des geringen Marktwachstums und des eher niedrigen Marktanteils aufgegeben werden sollten. Sie befinden sich in der Sättigungs- beziehungsweise Degenerationsphase und erwirtschaften in der Regel einen sehr geringen oder keinen Deckungsbeitrag – das heißt sie verzehren Ressourcen ohne entsprechende Einnahmen zu generieren; entsprechend ist eine Desinvestitionsstrategie angezeigt (zum Beispiel Absetzung vom Spielplan).

Schwieriger zu beurteilen sind Theaterleistungen, die in das Feld der „Question Marks" fallen: Hier ist zwar das Marktwachstum hoch, aber der eigene Marktanteil nur gering; die Zukunft dieser Leistungen ist mit einem Fragezeichen zu versehen. In der Regel handelt es sich hierbei um so genannte Nachwuchsprodukte (zeitgenössische Musik, junge Theaterautoren, experimentelles Theater etc.), die mit entsprechenden Marketingmaßnahmen gezielt gefördert oder aufgegeben werden müssen (vgl. Klein 2005, S. 339).

Kostenvergleichsrechnung

Bei der Kostenvergleichsrechnung werden unter Rückgriff auf Zahlen aus der Kostenrechnung die Kosten für verschiedene Produktvarianten (zum Beispiel Druck eines umfangreichen Informationstextes oder Angebot einer Einführungsveranstaltung durch eine Theaterpädagogin) oder Entscheidungsalternativen (zum Beispiel Make-or-buy Entscheidung hinsichtlich der Bühnenausstattung) ermittelt und miteinander verglichen. Kriterium für die Vorteilhaftigkeit einer Variante ist ausschließlich die Kostengröße: Die Entscheidung wird zugunsten jener Alternative fallen, bei der die Kosten am niedrigsten sind. Dabei findet der Erlös im Rahmen dieses Instrumentes keine Berücksichtigung; dies ist gleichzeitig auch einer der wesentlichen Kritikpunkte an dieser Methode.

Deckungsbeitragsrechnung

Bei der Deckungsbeitragsrechnung werden neben den Kosten auch die vom Theater erzielten Erlöse einbezogen (vgl. Kapitel 4); dabei werden die einer Entscheidungsalternative (zum Beispiel Herstellung eines einfachen Theatermagazins anstatt eines Hochglanzmagazins) direkt zurechenbaren Erlöse (Umsatz pro Stück) den direkt zurechenbaren, variablen Kosten (Druckkosten, Gestaltungskosten, Autorenhonorare etc.) gegenübergestellt. Die sich hieraus ergebende Differenz lässt sich als Deckungsbeitrag bezeichnen und stellt jenen Betrag dar, den die Entscheidungsalternative zur Deckung ohnehin anfallender, nicht von der Entscheidung betroffener Kosten (das heißt von Fixkosten wie zum Beispiel die Personalkosten der Shopmitarbeiter) leisten kann. Ist der Deckungsbeitrag positiv, so kann die Realisierung der Entscheidungsalternative ceteris paribus zu einer Steigerung des Theatererfolges beitragen. Unter der Voraussetzung, dass im Theater keine Kapazitätsengpässe bestehen (im Hinblick auf die Mitarbeiter oder die zur Verfügung stehenden Arbeitsplätze etc.), ist die betrachtete Alternative zu verwirklichen.

Instrumente der Informationsversorgung

Die Informationsversorgung wird von der einschlägigen Literatur zu den wesentlichen Aufgaben des Controlling gezählt. Hierbei geht es in erster Linie um die Beschaffung und Bereitstellung quantitativer Informationen (zum Beispiel Erlöse aus dem Kartenverkauf für eine Matinee, Deckungsbeiträge aus dem Verkauf von Merchandisingartikeln). Daneben werden jedoch immer auch qualitative Aussagen (zum Beispiel über das Image eines Theaters oder über die Zufriedenheit der Besucher mit bestimmten Serviceleistungen) von der Theaterleitung benötigt. Zu den originären Instrumenten der Informationsversorgung werden unter anderem der Jahresabschluss (Bilanz, Gewinn- und Verlustrechnung, Anhang), die Kosten- und Leistungsrechnung sowie die Einnahmen- und Ausgabenrechnung gezählt. Zu den derivativen Instrumenten gehört vor allem der Einsatz von Kennzahlen, die allen Hierachieebenen im Theater zur schnellen Information dienen und neben Zeitvergleichen auch innerbetriebliche Vergleiche (zum Beispiel von verschiedenen Abteilungen eines Theaters) und zwischenbetriebliche Vergleiche (zum Beispiel von verschiedenen Theatern) ermöglichen. Aufgrund des begrenzten Aussagegehalts von Einzelkennzahlen werden häufig Kennzahlensysteme gebildet, die verschiedene qualitative Größen durch mathematische Verknüpfungen zu einem System zusammenfügen.

Das Marketing-Controlling ist nicht zuletzt in die Aufbauorganisation von Theatern einzubinden. Diese Integration hängt zwangsläufig auch von der Größe eines Hauses ab. In Häusern mit eigener Marketing-Abteilung kann das Marketing-Controlling von einer bereits bestehenden Marketing-Stelle (zusätzlich) übernommen oder im Rahmen einer Stabsstelle neu institutionalisiert werden. Für den Erfolg bei der Aufgabenerfüllung ist dabei eine enge Kooperation mit dem für das zentrale Controlling im Theater verantwortlichen Mitarbeiter wichtig. In mittelgroßen oder kleinen Theatern, in denen für die Aufgaben des Marketing in der Regel keine eigene Stelle vorgesehen ist, kann das Marketing-Controlling von dem kaufmännischen Geschäftsführer oder der Verwaltungsleitung beziehungsweise einer kaufmännischen Assistenz übernommen werden. In jedem Fall ist hierzu entweder die Einstellung von entsprechend qualifizierten Mitarbeitern oder die Schulung und Weiterbildung des vorhandenen Personals erforderlich.

Literaturverzeichnis

Ansoff, H. I. (1966): Management Strategies, München.

Allmann, U. (1997): Innovatives Theatermanagement. Eine Fallstudie, Wiesbaden.

Arbeitsgruppe „Zukunft von Theater und Oper in Deutschland" (2002): Zwischenbericht, in: Wagner, B. (Hrsg.): Jahrbuch für Kulturpolitik 2004, Thema: Theaterdebatte, Bd. 4, Essen, S. 343-352.

Ayen, H. (2002): Marketing für Theaterbetriebe, Neuwied.

Backhaus, K.(2003): Industriegütermarketing, 7. Aufl., München.

Backhaus, K. (1992): Investitionsgüter-Marketing: Theorieloses Konzept mit Allgemeinheitsanspruch? in: Schmalenbachs Zeitschrift für betriebswirtschaftliche Forschung, Jg. 44, Nr. 9, S. 771-791.

Backhaus, K./Erichson, B./Plinke, W./Weiber, R. (2003): Multivariate Analyemethoden, 8. Aufl., Berlin.

Baumann, B. (2000): Besucherforschung von Museen – eine empirische Analyse, Arbeitspapier zur Schriftenreihe Schwerpunkt Marketing Band 109, München.

Becker, J. (2001): Marketing-Konzeption. Grundlagen des Zielstrategischen und Operativen Marketing-Managements, 7. Auflage. München.

Bendzuck, G. (1999): Kulturmarktforschung am Beispiel des Ohnsorg-Theaters, in: Bendixen, P. (Hrsg.): Handbuch für Kulturmanagement, Stuttgart, E 1.3, S. 1-26.

Bennett, R. (2002): Ticket Sales Forecasting Methods and Performance of UK Theatre Companies, in: International Journal of Arts Management, Vol. 5, No. 1, S. 36-49.

Berekoven, L./Eckert, W./Ellenrieder, P. (2004): Marktforschung. Methodische Grundlagen und praktische Anwendung, 10. Aufl., Wiesbaden.

Beutling, L. (1993): Controlling in Kulturbetrieben am Beispiel Theater. Grundlagen für eine Managementmodell zur betriebswirtschaftlichen Steuerung, Lehrbrief der FernUniversität Hagen, Weiterbildender Studiengang Kulturmanagement, Hagen.

Bidlingmaier, J. (1973): Marketingorganisation, in: Die Unternehmung, 27. Jg., Nr. 3, S. 133-154.

Bitner, M./Hubbert, A. R. (1984): Encounter Satisfaction Versus Overall Satisfaction Versus Quality: The Customer's Voice, in: Rust, R./ Oliver, R. (Hrsg.): Service Quality, Thousand Oaks, S. 72-94.

Bliemel, F.W./Eggert, A. (1998): Kundenbindung. Die neue Sollstrategie?, in: Marketing. Zeitschrift für Forschung und Praxis, 20. Jg., Nr. 1, S. 37-46.

Börner, S. (2002): Führungsverhalten und Führungserfolg. Beitrag zu einer Theorie der Führung am Beispiel des Musiktheaters, Wiesbaden.

Bruhn, M. (1995): Internes Marketing als Forschungsgebiet der Marketingwissenschaft, in: Bruhn, M. (Hrsg.): Internes Marketing, Wiesbaden, S. 15-61.

Bruhn, M. (2001): Relationship Marketing. Das Management von Kundenbeziehungen, München.

Butzer-Strothmann, K./Günter, B./Degen, H.. (2001): Leitfaden für Besucherbefragungen durch Theater und Orchester, Baden-Baden.

Camp, R. (1989): Benchmarking, Milwaukee, Wis.

Deutscher Bühnenverein (2004a): Theaterstatistik 2002/2003, Köln.

Deutscher Bühnenverein (2004b): Auswertung und Analyse der repräsentativen Befragung von Nichtbesuchern deutscher Theater, http://www.buehnenverein.de/upload/presse/451d_NB-Analyse.pdf, Erstellungsdatum: 23. 01. 2003, Verfügbarkeitsdatum: 26. 10. 2004.

Diller, H. (2000), Preispolitik, 3. Aufl., Stuttgart.

Dubach, E. B./Frey, H. (1997): Sponsoring. Der Leitfaden für die Praxis, Bern.

Duda, A./Hausmann, A. (2003): Bedeutung und Anwendung von Publikumsforschung, in: Das Orchester, Zeitschrift für Orchesterkultur und Rundfunk-Chorwesen, Heft 3, S. 17-22.

Duda, A./Hausmann, A. (2004): Professionelles Management als Erfolgsfaktor im Kultursponsoring, in: Stiftung und Sponsoring, Heft 5, S. 34-37.

Duda, A. (2005): Benchmarking zur Effizienzsteigerung von Theatern und Opernhäusern, in: Verwaltung & Management. Zeitschrift für allgemeine Verwaltung, 10. Jg., Heft 1, S. 40-43.

Engelhardt, W. H./Kleinaltenkamp, M./Reckenfelderbäumer, M. (1993): Leistungsbündel als Absatzobjekte: Ein Ansatz zur Überwindung der Dichotomie von Sach- und Dienstleistungen, in: Schmalenbachs Zeitschrift für betriebswirtschaftliche Forschung, Jg. 45, Nr. 5, S. 395-426.

Engelhardt, W. H./Kleinaltenkamp, M./Reckenfelderbäumer, M. (1992): Dienstleistungen als Absatzobjekt, Arbeitsbericht Nr. 52, Institut für Unternehmungsführung und Unternehmensforschung, Ruhr-Universität Bochum, Bochum.

Fantapié Altobelli, C./Sander, M. (2001): Internet-Branding, Marketing und Markenführung im Internet, Stuttgart 2001.

Fassnacht, Martin (2003): Preisdifferenzierung in: Handbuch Preispolitik, in: Diller, H./Herrmann, A., Wiesbaden, S. 483-502.

Föhl, P. S./Huber, A. (2004): Fusionen von Kultureinrichtungen. Ursachen, Abläufe, Potenziale, Risiken und Alternativen, Essen.

Fuchs, H. (1988): Theater als Dienstleistungsorganisation. Legitimationsprobleme des bundesdeutschen Sprechtheaters in der Gegenwart, Frankfurt am Main.

Giller, J. (1995): Marketing für Sinfonieorchester, Aachen.

Gundlach, Ch. (1999): Win-Win-Partnerships. Mit der richtigen Strategie profitieren beide Seiten vom Sponsoring: Sponsor und Gesponserter, in: Bendixen, P. (Hrsg.): Handbuch für Kulturmanagement, Stuttgart, D 4.7, S. 1-24.

Gundlach, Ch. (2000): Sponsoren finden im lokalen und regionalen Raum, in: Bendixen, P. (Hrsg.): Handbuch für Kulturmanagement, Stuttgart, S. 1-26.

Günter, B. (1993): Mit Marketing aus der Theaterkrise, in: Absatzwirtschaft. Zeitschrift für Marketing, Sondernummer Oktober 1993, S. 56-63.

Günter, B. (1997a): Museum und Publikum: Wieviel und welche Form der Besucherorientierung benötigen Museen heute? in: Landschaftsverband Rheinland (Hrsg.): Das besucherorientierte Museum, Köln, S. 11-18.

Günter, B. (1997b): Wettbewerbsvorteile, mehrstufige Kundenanalyse und Kunden-Feedback im Business-to-Business-Marketing, in: Backhaus, K./Günter, B./Kleinaltenkamp, M./Plinke, W./Raffée, H. (Hrsg.): Marktleistung und Wettbewerb, Wiesbaden, S. 213-231.

Günter, B. (1999a): Schlanke Instrumente für mehr Besucherorientierung – eine Herausforderung für Theater, in: Nix, C./Engert, K./Donau, U. (Hrsg.): Das Theater und der Markt: Beiträge zu einer lasterhaften Debatte, Gießen, S. 110-115.

Günter (1999b): Risiken und Nebenwirkungen, in: Die Deutsche Bühne, Heft 9, S. 22-25.

Günter, B. (2001): 2001 – Odyssee im Kunstraum, in: Die Deutsche Bühne, Heft 7, S. 22-23.

Günter, B./Hausmann, A. (2005): Marketing-Konzeptionen für Museen, Lehrbrief der FernUniversität Hagen, Weiterbildender Studiengang Museumsmanagement, Hagen (im Druck).

Green, P. E./Tull, D. S. (1982): Methoden und Techniken der Marketingforschung, Stuttgart.

Haibach, M. (2002): Handbuch Fundraising. Spenden, Sponsoring, Stiftungen in der Praxis, Frankfurt/Main.

Haller, S. (1998): Beurteilung von Dienstleistungsqualität, 2. Aufl., Wiesbaden.

Hamman, P./Erichson, B. (2000): Marktforschung, 3. Aufl., Stuttgart.

Hausmann, A. (2001): Besucherorientierung von Museen unter Einsatz des Benchmarking, Bielefeld.

Hausmann, A. (2004a): Kennzahlen und „best practices" im Kulturmanagement, in: Heinze, Th. (Hrsg.): Neue Ansätze im Kulturmanagement, Wiesbaden, S. 89-106.

Hausmann, A. (2004b): Der Einsatz von Kennzahlen zur Verbesserung der Finanzierungsstruktur von Museen, in: museumskunde, I/2004, S. 32-36.

Heinrichs, W. (1997): Kulturpolitik und Kulturfinanzierung, München.

Heinrichs, W. (1998): Nichts wird mehr so sein wie gestern! Die neuen Mühen und Chancen der Kulturfinanzierung in: Bendixen, P. (Hrsg.): Handbuch für Kulturmanagement, Stuttgart, D 2.1, S. 1-22.

Heinrichs, W. (1999): Kulturmanagement, 2. Aufl., Darmstadt.

Heinrichs. W./Klein, A./Bendixen, P. (1999): Kultur- und Stadtentwicklung. Kulturelle Potentiale als Image- und Standortfaktor in Mittelstädten, Ludwigsburg.

Heinrichs, W./Klein, A.. (2001): Kulturmanagement von A bis Z, 2. Aufl., München.

Heinze, Th. (1990): Theater: Tempel der Kunst. Eine empirische Studie zum Selbstverständnis exponierter Theatermacher, Lehrbrief der FernUniversität Hagen, Weiterbildender Studiengang Kulturmanagement, Hagen.

Heinze, Th. (1994): Kultur und Wirtschaft. Perspektiven gemeinsamer Innovation, Opladen.

Heinze, Th. (1999): Konzeptionelle und marketingstrategische Überlegungen zum (regionalen) Kulturtourismus, in: Heinze, Th. (Hrsg.): Kulturtourismus. Grundlagen, Trends und Fallstudien, München, S. 1-17.

Heinze, Th. (2002): Kultursponsoring, Museumsmarketing, Kulturtourismus, Wiesbaden.

Heinze, Th. (2004): Kulturentwicklungsplanung – Eine Fallstudie: „Kultur und Konsens in Rheine", in: Heinze, Th. (Hrsg.): Neue Ansätze im Kulturmanagement. Theorie und Praxis, Wiesbaden, S. 43-88.

Helm, S. (2000): Kundenempfehlungen als Marketinginstrument, Wiesbaden.

Helm, S./Klar, S. (1997): Besucherforschung und Museumspraxis, Schriften des Rheinischen Freilichtmuseums, Kommern, Nr. 57, München.

Hilger, H. (1985): Marketing für öffentliche Theaterbetriebe, Frankfurt/Main.

Hilke, W. (1989): Grundprobleme und Entwicklungstendenzen des Dienstleistungs-Marketing, in: Hilke, W. (Hrsg.): Dienstleistungs-Marketing, Wiesbaden, S. 5-44.

Hinterhuber, H.H. (1996): Strategische Unternehmensführung, 6. Aufl., Berlin.

Horvárth, P. (2000): Das Controllingkonzept. Der Weg zu einem wirkungsvollen Controllingsystem, 4. Aufl., München.

Horvath, P. (2003): Controlling, 9. Aufl., München.

Hüttner, M. (1989): Grundzüge der Marktforschung, 4. Aufl., Berlin.

Irle, G. (2002): Kunstsponsoring im Steuerrecht. Behandlung des fördernden Unternehmens und des Förderungsempfängers auf der Basis der ertrag- und umsatzsteuerlichen Sphärenabgrenzung, Berlin.

Janisch, M. (1993): Das strategische Anspruchsgruppenmanagement. Vom Shareholder Value zum Stakeholder Value, Bern.

Kadenbach, K. (2000): Publikumsbindung durch Projekte für und mit dem Zuschauer am Thalia Theater Hamburg, in: Bendixen, P. (Hrsg.): Handbuch für Kulturmanagement, Stuttgart, D 4.7, S. 1-20.

Kamenz, U. (2001): Marktforschung, 2. Aufl., Stuttgart.

Keuchel, S. (2003): Rheinschiene – Kulturschiene, Mobilität, Meinungen, Marketing, Bonn.

Kiener, J. (1980): Marketing-Controlling, Darmstadt.

Kommunale Gemeinschaftsstelle für Verwaltungsvereinfachung (1989): Führung und Steuerung des Theaters, Köln.

Kleinaltenkamp, M. (1998): Begriffsabgrenzungen und Erscheinungsformen von Dienstleistungen, in: Bruhn, M. (Hrsg.): Handbuch Dienstleistungsmanagement, Wiesbaden, S. 30-52.

Kleinaltenkamp, M./Fließ, S. (2002): Marketingstrategie, in: Kleinaltenkamp, M./Plinke, W. (Hrsg.): Strategisches Busisess-to-Business-Marketing, Berlin, S. 235-282.

Klein, A.. (2005): Kultur-Marketing. Das Marketingkonzept für Kulturbetriebe, 2. Aufl., München.

Klein, A.. (2003): Besucherbindung im Kulturbetrieb, Wiesbaden.

Klein, A. (2002): Der Nicht-Besucher. Wer ist er und wie kann er für Kunst und Kultur gewonnen werden, in: Bendixen, P. (Hrsg.): Handbuch für Kulturmanagement, Stuttgart, E 1.6, S. 1-30.

Klein, A. (2004): „Das Theater und seine Besucher. ‚Theatermarketing ist Quatsch'", in: Wagner, B. (Hrsg.): Jahrbuch für Kulturpolitik 2004, Thema: Theaterdebatte, Bd. 4, Essen, S. 125-141.

Koppelmann, U. (2000): Beschaffungsmarketing, Berlin.

Kotler, P./Scheff, J. (1997): Standing Room Only: Strategies For Marketing The Performing Arts, Harvard.

Kotler, P./Bliemel, F. (2001): Marketing-Management. Analyse, Planung, Umsetzung und Steuerung, 10. Aufl., Stuttgart.

Kössner, B. (1999): Marketingfaktor Kunstsponsoring. Neue Impulse durch Partnerschaften von Wirtschaft und Kunst, Hamburg.

Kreilkamp, E. (1987): Strategisches Management und Marketing, Berlin.

Kröber-Riel, W./Weinberg, P. (2003): Konsumentenverhalten, 8. Aufl., München.

Küppers, H.-G./Konietzka, Th. (2004): Blinder Eifer schadet nur. Aspekte einer Theaterreform, in: Wagner, B. (Hrsg.): Jahrbuch für Kulturpolitik 2004, Thema: Theaterdebatte, Bd. 4, Essen, S. 200-210.

Leschig, G. (2005): Mythos Sponsoring. Kultursponsoring: Finanzierungsinstrument der Zukunft?, Düsseldorf.

Lissek-Schütz, E. (1998): Die Kunst des Werbens um Gunst und Geld. Fundraising als Marketingstrategie auch für Kulturinstitutionen, in: Bendixen, P. (Hrsg.): Handbuch Kultur-Management, Stuttgart, D 4.2, S. 1-28.

Lissek-Schütz, E. (1999): Kulturfinanzierung in privater Hand – das Beispiel USA, in: Heinze, Th. (Hrsg.): Kulturfinanzierung. Sponsoring – Fundraising – Public Private Partnership, Münster, S. 217-243.

Lovelock, C. H./Weinberg, C. B. (1989): Public & Nonprofit Marketing, Danvers, Mass.

Meffert, H. (2000): Marketing, 9. Aufl., Wiesbaden 2000.

Meffert, H. (1995): Marketing, in: Tietz, B./Köhler, R./Zentes, J. (Hrsg.): Handwörterbuch des Marketing, 2. Aufl., Stuttgart, Sp. 1472-1490.

Meyer, B. (1998): Betriebsformen in Kultureinrichtungen, in: Bendixen, P. (Hrsg.): Handbuch Kultur-Management, Stuttgart, H 4.2, S. 1-16.

Meyer, A./Oevermann, D. (1995): Kundenbindung, in: Tietz, B./Köhler, R./Zentes, J. (Hrsg.): Handwörterbuch des Marketing, 2. Aufl., Stuttgart, Sp. 1340-1351.

Nevermann, K. (2004): Schlag nach bei Goethe! Freiheit und Kontrolle im Kulturbereich, in: Wagner, B. (Hrsg.): Jahrbuch für Kulturpolitik 2004, Thema: Theaterdebatte, Bd. 4, Essen, S. 195-199.

Nieschlag, R./Dichtl, E./Hörschgen, H. (2002): Marketing, 19. Aufl., Berlin.

Nowicki, M. (2000): Theatermanagement. Ein dienstleistungsbasierter Ansatz, Hamburg.

Parasuraman, A. (1991): Marketing Research, 2. Aufl., Reading, Mass..

Plinke, W. (2000): Grundlagen des Marktprozesses, in: Kleinaltenkamp, M./Plinke, W. (Hrsg.): Technischer Vertrieb – Grundlagen des Business-to-Business Marketing, 2. Aufl., Berlin 2000, S. 3-95.

Pommerehne, W.W./Frey, B. (1989): Muses and Markets. Explorations in the Economics of the Arts, Oxford 1989.

Rischbieter, H. (1976): Theaterpolitik, Theaterfinanzierung: Theater in der Bundesrepublik 1949-76 – ein stabiles oder ein starres System?, in: Theater heute, Sonderheft, S. 178-184.

Rothärmel, B. (1999): Das erfolgreiche Produkt – Erlebnisstrategien der Stella AG, in: Nix, Ch./Engert, K./Donau, U. (Hrsg.): Das Theater und der Markt: Beiträge zu einer lasterhaften Debatte, Gießen, S. 99-109.

Röckrath, G. (1994): Vom Regiebetrieb zur GmbH. Rechtsformen für Kultureinrichtungen, dargestellt am Beispiel des Theaters, in: Bendixen, P. (Hrsg.): Handbuch für Kulturmanagement, Stuttgart, H 4.2, S. 1-20.

Röper, H. (2001): Handbuch Theatermanagement. Betriebsführung, Finanzen, Legitimation und Alternativmodelle, Köln.

Salzbrenner, U. (2004): Plädoyer für das Primat des Künstlerischen, Aspekte zu Strukturfragen von Musiktheatern und Orchestern, in: Institut für Kulturpolitik der Kulturpolitischen Gesellschaft (Hrsg.): Jahrbuch für Kulturpolitik 2004, Essen, S. 191-194.

Schneidewind, P. (2000): Entwicklung eines Theaterinformationssystems, Frankfurt am Main.

Schwarzmann, W. (2000): Entwurf eines Controllingkonzepts für deutsche Musiktheater und Kulturorchester in öffentlicher Verantwortung, Aachen.

Schwerdtfeger, D. (2004): Markenpolitik für Theater – ein produktpolitisches Konzept, Köln.

Schugk, M. (1996): Betriebswirtschaftliches Management öffentlicher Theater und Kulturorchester, Wiesbaden.

Schulze, G. (1993): Die Erlebnisgesellschaft: Kultursoziologie der Gegenwart, Frankfurt am Main.

Siebert, G. (1997): Prozeß-Benchmarking. Methode zum branchenunabhängigen Vergleich von Prozessen, Berlin.

Sievers, N. (2005): Publikum im Fokus – Begründung einer nachfrageorientierten Kulturpolitik, in: Wagner, B. (Hrsg.): Jahrbuch für Kulturpolitik 2005, Thema: Kulturpublikum, Bd. 5, Essen, S. 1-40.

Spielhoff, A. (1974): Überlegungen zur städtischen Theaterplanung, in: Schwencke, O./Revermann, K./Spielhoff, A. (Hrsg.): Plädoyers für eine neue Kulturpolitik, München, S. 66-76.

Stauss, B. (1995): „Augenblicke der Wahrheit" in der Dienstleistungserstellung: ihre Relevanz und ihre Messung mit Hilfe der Kontaktpunkt-Analyse, in: Bruhn, M./Stauss, B. (Hrsg.): Dienstleistungsqualität, 2. Aufl., Wiesbaden, S. 379-396.

Terlutter, R. (2000): Lebensstilorientiertes Kulturmarketing, Wiesbaden.

Throsby, C.D./Withers, G.A. (1979): The Economics of the Performing Arts, New York.

Thommen, J.P./Achleitner, A.K. (2001): Allgemeine Betriebswirtschaftslehre. Umfassende Einführung aus managementorientierter Sicht, 3. Aufl., Wiesbaden.

Töpfer, A./Mann, A. (1997): Benchmarking: Lernen von den Besten, in: Töpfer, A. (Hrsg.): Benchmarking – Der Weg zu Best Practice, Berlin, S. 31-75.

Trommsdorff, V. (1998): Konsumentenverhalten, 3. Aufl., Stuttgart.

Von Becker (2005): Der Kuss des Gelingens, in: Tagesspiegel, Samstag, 26. Juni 2005, 61. Jahrgang, S. 25.

Wagner, B. (2004): Theaterdebatte – Theaterpolitik, in: Wagner, B. (Hrsg.): Jahrbuch für Kulturpolitik 2004, Thema: Theaterdebatte, Bd. 4, Essen, S. 11-35.

Wagner, B. (1994): Theaterreform im Spiegel von Theatergutachten, in: Popp, S./Wagner, B. (Hrsg.): Das Theater und sein Preis. Beiträge zur Theaterreform, Frankfurt/M., S. 79-140.

Wahl-Zieger, E. (1978): Theater und Orchester zwischen Marktkräften und Marktkorrektur, Göttingen.

Weber, J. (2004): Einführung in das Controlling, 10. Aufl., Stuttgart.

Weinberg, P. (1992): Erlebnismarketing, München.

Weis, Chr. (2004): Vorwort, in: Wagner, B. (Hrsg.): Jahrbuch für Kulturpolitik 2004, Thema: Theaterdebatte, Bd. 4, Essen, S. 9-10.

Witt, M. (2000): Kunstsponsoring. Gestaltungsdimensionen, Wirkungsweise und Wirkungsmessungen, Berlin.

Wöhe, G. (2002): Einführung in die Allgemeine Betriebswirtschaftslehre, 21. Aufl., München.

Wright, Peter (1990): "Eyes on Stalks", in: Arts Management, o.Jg., Nr. 9, S. 13.

Zentrum für Kulturforschung (2004): Teilergebnisse des Jugend-KulturBarometers 2004 „Zwischen Eminem und Picasso", Bonn.

Internetquellen

http://www.bayerische.staatsoper.de

http://www.berlin-buehnen.de

http://www.duesseldorf.de/kultur/musenkuss/03.shtml

http://www.fh-lausitz.de/fhl/ww/marketing

http://www.mountbakertheatre.com

http://www.oper-leipzig.de/html/sms.html

http://www.rheinoper.de

http://www.schauspielhaus-duesseldorf.de

http://www.thalia-theater.de

http://www.zdftheaterkanal.de

Sachverzeichnis

Forum *Marketing & Management*

PROBLEME • KONZEPTE • LÖSUNGEN

Aufgrund des gesellschaftlichen Wandels kann sich heutzutage kaum ein Bereich menschlichen Handelns einem bisweilen intensiven Wettbewerb entziehen. In dieser Situation werden Entscheidungs- und Handlungsspielräume mit dem Ziel ausgelotet, sich gegenüber anderen bzw. der Konkurrenz vorteilhaft abzuheben.

Dass nicht nur Unternehmen, sondern nahezu jedwede Organisation versucht, ihre Leistungen vor dem Hintergrund anderer Institutionen zu differenzieren, hat einerseits etwas mit der Deregulierung, Privatisierung und Globalisierung und infolgedessen mit dem immer stärkeren Eindringen des Marktes bzw. der Marktverhältnisse in menschliche Lebensverhältnisse. zu tun. Andererseits läßt sich diese Vermarktlichung auch auf die Individualisierung des (post-)modernen Lebens zurückführen: Der Mensch sucht sich aus den schier unendlichen Optionen das aus, was er/sie (gerade) für passend hält, aus dem traditionsorientierten Nutzer wird ein frei auswählender Nachfrager.

Die zentrale Bedeutung des Marktes für den heutigen Menschen rührt demnach von seiner - pathetisch gesprochen - Freiheit her. Mit einem Schlag sehen sich damit jegliche Anbieter von Dienstleistungen und Gütern vor das Problem gestellt, mit überlegenen Angeboten marktpräsent zu sein.

Marktpräsenz verlangt Marketing und Management. Ob nun Verwaltungen, Schulen, Kirchen, Vereine oder Krankenhäuser, Städte oder Regionen, sie alle müssen aus der Sicht potentieller Nachfrager besser als die Konkurrenz sein. Daher ist es notwendig, diese Aufgaben auf der Grundlage des Wissens um die eigenen internen und externen Handlungs- und Entscheidungsspielräume „in die Hand" zu nehmen (= managen; kommt vom Lateinischen "manus", Hand) und mittels Marketingmaßnahmen den potentiellen Kunden zu erreichen. Dabei werden die Instrumente des Marketing und die Wege zum Kunden immer vielschichtiger und diversifizierter.

Die Reihe „Forum Marketing & Management" will mit ihren Bänden einerseits jene Bereiche des sozialen, ökonomischen und kulturellen Lebens erfassen, für die diese beschriebenen Wettbewerbsbedingungen zutreffen, bislang aber noch nicht unter ihren spezifischen Management-/Marketingkonstellationen dargestellt worden sind. Auf der anderen Seite werden auch Prozesse und bestimmte Marketinginstrumente, mittels derer potentielle Kunden erfolgreich erreicht werden sollen, als eigene Marketing-/Managementgegenstände behandelt. Die einzelnen Bände richten sich in erster Linie an Praktiker, die

- auf der Basis des jeweiligen Forschungs- und Diskussionsstandes ihr spezifisches Marketing-/Managementproblem analysiert haben wollen,
- vor dem Hintergrund strategischer Setzungen bzw. Ziele mögliche Marketingmaßnahmen als ihre Problemlösungen kennenlernen wollen,
- die Durchsetzung von Marketingkonzeptionen beispielhaft demonstriert sehen wollen und
- anhand eines Fallbeispiels erfahren wollen, wie man andernorts vorgegangen ist.

Die Besonderheit der Reihe besteht demnach sowohl in der wissens- als auch praxisgestützten Aufarbeitung und Darstellung der Gegenstandsbereiche. Aufgrund des theoriegeleiteten Vorgehens sind die Bände ebenso für Wissenschaftler und Studenten an Universitäten und eine gute Arbeitsgrundlage. Darüber hinaus gewährleistet der textliche Aufbau der Bände, dass der Leser die Wissens-, Diskussions- und Anwendungsebenen leicht erschließen kann. Er erhält somit einen begründeten "Leitfaden" in die Hand, mit dem er seine Praxis fundiert gestalten (=managen) kann.

LUCIUS
LUCIUS   Stuttgart

Forum *Marketing & Management*

PROBLEME • KONZEPTE • LÖSUNGEN

Band 1: Standort-Marketing

von Ingo Balderjahn

2000. X/159 S., gb. € 24,50/sFr 42,90. ISBN 3-8282-0125-3

Das Buch liefert in gut strukturierter Form grundlegende Hinweise zur Entwicklung einer Standortmarketing-Konzeption. Dazu gehört eine umfassende Standortanalyse, die Formulierung von Leitlinien und Zielen der Standortentwicklung sowie die Implementierung von Strategien zur Profilierung eines Standortes und die Durchführung geeigneter Maßnahmen.

Band 2: Kirchenmarketing

Strategisches Marketing für kirchliche Angebote

von Wilfried Mödinger

2001. XI/282 S., 93 Abb. gb. € 29,-/sFr 51,60. ISBN 3-8282-0177-6

Auch für die Kirchen und religiösen Gemeinschaften gibt es einen Wettbewerb und Markt. Die Kirchen und religiösen Gemeinschaften sind herausgefordert, neue Produkte und Angebote zu entwickeln, ungewohnte Vertriebswege zu gehen und in einer aufgeschlossenen Art und Weise mit dem Kunden zu kommunizieren. Im Hintergrund aber stehen, wie beim Umgang mit jedem Instrument, ein verantwortungsbewußter Umgang und die fachliche Kompetenz. Die Fachkompetenz mit Blick auf die Anwendung des Marketing wird mit zwei Schwerpunkten vermittelt: Zum einen geht es darum, ein Unternehmen als Ganzes in der Öffentlichkeit zu vermarkten, zum anderen muß die Handlungsweise im Markt durch ein so genanntes Marktprogramm aktiv gesteuert werden.

Band 3: Internet-Branding

von Claudia Fantapié Altobelli und Matthias Sander

2001. XIV/237 S., gb. € 27,-/sFr 46,30. ISBN 3-8282-0190-3

Naturgemäß kann sich auch das Markenwesen dem neuen Medium Internet angesichts seiner rasant gestiegenen Bedeutung nicht verschließen. Netzmarken ("Online-Brands"), die erst durch das Internet möglich wurden, sind entstanden. Gleichzeitig versuchen etablierte Unternehmen aus der "Old Economy" das Internet für ihre Marken zu nutzen. Aufgrund der besonderen Charakteristika des Internet muß der richtige Umgang mit diesem neuen Medium jedoch erst erlernt werden. Hier gilt es, Fehler zu erkennen und abzustellen - ein Prozeß, der von vielen Anbietern erst noch durchlaufen werden muß. Das vorliegende Buch stellt daher einerseits das Medium Internet dar und analysiert detailliert seine generellen Einsatzmöglichkeiten im Marketing. Darüber hinaus wird die Markenführung im Internet sowohl für Marken aus der "Old Economy" als auch bei Netzmarken bzw. Online-Brands dargestellt. Auch wird gezeigt, wie eine integrierte Markenführung geleistet werden kann und welche organisatorischen Implikationen das Medium Internet an die Unternehmen stellt.

tt LUCIUS LUCIUS *Stuttgart*

Band 4: Pharma-Marketing

Innovationsmanagement im 21. Jahrhundert

von Fred Harms und Marc Drüner

2003. XXVI/390 S., gb. € 42,-/sFr 72,50. ISBN 3-8282-0203-9

In den nächsten Jahren wird sich das Marketing pharmazeutischer Produkte grundlegend verändern. Mit den sich verschärfenden Randbedingungen erfordert der Verkauf innovativer Medikamente ein Umdenken bei der Vermarktung. In Zukunft wird vor allem für den forschenden Pharmazeuten die Positionierung innovativer Konzepte über mehrwertsteigernde Zusatzleistungen zum entscheidenden Erfolgsfaktor. Duale Beziehungen zwischen Pharmaunternehmen und Arzt oder Apotheker sind überholt. Das vorliegenden Buch liefert die Grundlagen und zeigt Wege eines zukunftsorientierten Pharma-Marketing auf.

Band 5: Nachhaltiges Marketing-Management

Möglichkeiten einer umwelt- und sozialverträglichen Unternehmenspolitik

von Ingo Balderjahn

2003. XI/243 S., gb. € 29,-/sFr 50,70. ISBN 3-8282-0188-1

Das gesellschafts- und wirtschaftspolitische Leitbild nachhaltigen Wirtschaftens findet zunehmend Eingang in die politische Diskussion, wissenschaftliche Forschung und in die Wirtschaftspraxis. Neben der Umweltverträglichkeit werden nun verstärkt Fragen der Sozialverträglichkeit wirtschaftlichen Handelns politisch diskutiert, wissenschaftlich bearbeitet und praktisch umgesetzt. Das gesellschaftspolitische Leitbild der Nachhaltigkeit liefert den einzelnen Akteuren eine Vision von einer zukunftsfähigen Wirtschaft. Das vorliegende Buch setzt hier an und liefert einen Überblick darüber, welche Optionen markt- und kundenorientierte Unternehmen haben, ökonomisch, ökologisch und sozial erfolgreich zu handeln.
Das Buch richtet sich an Studenten von Universitäten und Fachhochschulen sowie Wissenschaftler, Politiker und Praktiker, die einen schnellen und übersichtlichen Einstieg in das Thema wünschen.

Band 6: Gesundheits-Marketing

von Fred Harms und Dorothee Gänshirt

2005. XXIX/496 S., gb. € 59,-/sFr 100,-. ISBN 3-8282-0317-5

In einer Zeit, in der die Menschen ihr Leben individuell gestalten, wirkt sich dieser Gestaltungswille auch auf die medizinische Versorgung aus. Die Medizin wird daher in immer stärkerem Maße zu einem normalen Bestandteil unseres Lebens. Patienten verstehen sich immer mehr als selbstbewusste Manager der eigenen Gesundheit. Sie haben ein stark wachsendes Informationsbedürfnis: Folglich hat auch in Deutschland der Gesundheitsmarkt diese "neue" Zielgruppe entdeckt. Für diese Form des "Patienten im Visier" Ansatzes liefert dieses Buch die Grundlagen und zeigt neue Wege in der direkten Patientenkommunikation auf.

LUCIUS
et LUCIUS   *Stuttgart*

Claudia Mast/Simone Huck/Karoline Güller

Kundenkommunikation

Ein Leitfaden

2005. X/424 S., 74 Abb., kt. € 25,90 / sFr 45,30. UTB 2492. ISBN 3-8252-2492-9

Im Zeitalter stagnierender Märkte und steigender Wettbewerbsintensität wird die Kommunikation mit dem Kunden zu einem entscheidenden Erfolgsfaktor für Unternehmen. Traditionell ist dies ein Feld des Marketings, das die Vorteile von Produkten hervorhebt. Angesichts veränderter Bedingungen in Märkten und Gesellschaft sowie zunehmend selbstbewusster und wechselbereiter Kunden muss Kommunikation jedoch weit mehr sein als nur Absatzförderung. Eine integrierte und crossmediale Kundenkommunikation wird unverzichtbar: Neue Kommunikationswege setzen auf Emotionalisierung, Dialogorientierung sowie Glaubwürdigkeit, um Kunden zu gewinnen und langfristig zu binden.

Der Leitfaden gibt einen Überblick über die PR-orientierte Kommunikation mit dem Kunden. Im Mittelpunkt der Analyse stehen: die Besonderheiten der Zielgruppe Kunden, Kundenzeitschriften, Medien als Multiplikatoren, Kampagnen zur Kundengewinnung und -bindung sowie innovative Wege der Kundenansprache. Kommunikationsverantwortliche aus Unternehmen und Agenturen sowie Journalisten geben zahlreiche Hinweise, Tipps und Beispiele aus der Praxis der Kundenkommunikation.

Aus dem Inhalt

LUCIUS & LUCIUS   Stuttgart